国家社会科学基金资助项目"我国资本投资效率研究"
（项目批准号：12BJL021）

中国资本投资效率及其影响因素研究

A Study on Capital Investment Efficiency and its Influencing Factors in China

蒲艳萍　著

中国社会科学出版社

图书在版编目（CIP）数据

中国资本投资效率及其影响因素研究/蒲艳萍著. —北京：中国社会科学出版社，2016.10
ISBN 978 - 7 - 5161 - 8895 - 8

Ⅰ.①中… Ⅱ.①蒲… Ⅲ.①资本投资—投资效率—研究—中国 Ⅳ.①F832.48

中国版本图书馆 CIP 数据核字（2016）第 217291 号

出 版 人	赵剑英
责任编辑	刘晓红
责任校对	周晓东
责任印制	戴　宽

出　　　版	中国社会科学出版社
社　　　址	北京鼓楼西大街甲 158 号
邮　　　编	100720
网　　　址	http：//www.csspw.cn
发 行 部	010 - 84083685
门 市 部	010 - 84029450
经　　　销	新华书店及其他书店

印刷装订	三河市君旺印务有限公司
版　　　次	2016 年 10 月第 1 版
印　　　次	2016 年 10 月第 1 次印刷

开　　　本	710 × 1000　1/16
印　　　张	19.75
插　　　页	2
字　　　数	302 千字
定　　　价	72.00 元

凡购买中国社会科学出版社图书，如有质量问题请与本社营销中心联系调换
电话：010 - 84083683

序

　　资本作为推动经济增长最重要、最基本的要素性资源，其投入的有效性不仅是经济学的经典选题，而且历来受到政府与投资者的极大关注。各国经济发展的实践证明，经济增长离不开资本要素的投入，但投资规模只是经济增长的必要而非充分条件。一方面，缺乏技术进步的资本投资规模扩张，伴随的是资本边际报酬的递减与经济增长优势的减弱；另一方面，低效率、高污染的粗放型经济增长模式给环境带来巨大压力，造成国家未富而资源、环境先衰。在资本资源与环境压力双重约束下，提高资本投资效率成为经济长期可持续增长的充分条件。

　　改革开放以来，中国经济取得了举世瞩目的持续高速增长，但经济增长更多地依靠投资拉动，这种资本规模外延扩张的粗放型经济增长模式，在创造世界经济增长奇迹的同时，不仅出现了资本投资效率不高的问题，而且也付出了沉重的环境污染和环境治理代价，使经济增长的可持续性面临巨大挑战。经济增长离不开资本投入的增加，但经济增长的可持续性很大程度上不是取决于资本的供给能力，而是取决于充分利用和有效配置资本的能力，取决于投资选择、投资效率和投资所推动的技术进步及其性质。因此，通过技术进步与制度创新，有效提高资本投资效率成为中国经济长期可持续增长的内在要求。

　　本书将资本投资效率分解为资本投资宏观效率、资本积累动态效率、资本配置效率和工业资本回报率四个效率层次，对各层次的资本效率进行测算与结果解释，对影响各层次资本投资效率的因素进行实证检验与结果分析，这是对中国资本效率问题研究的深入推进。笔者从整体、区域、城乡、产业、行业、省际等多视角对各层次中国资本投资效率进行了全方位分析与评价，拓展了资本效率问题研究的深度、精度和广度，为后续同类研究作了很好的尝试与探索，树立了一个较为规范的、全面的研究范式。无论是单独分析中国整体、某个区域、某个省份、某个产业、某个行业，还是从宏观效率、动态效率、配置效率、工业资本回报率，乃是研究工业、农业及服务业资本投资效率，均可从本书中找到相关研究，这个价值非常突出。国内学者利用全要素生产率研究效率问题的文献很多，但在一般的全要素生产率研究中，存在没有考虑环境约束或考虑环境约束但没有考虑投入产出的松弛性问题等不足。本书在测算全要素资本投资效率时，采用加入非合意产出的扩展的 SBM 模型及共同前沿生产函数，有效解决了投入产出松弛的问题和非合意产出存在下的效率评价问题，这一做法不仅在理论上有所创新，更为客观评价环境约束下中国资本投资效率提供了支撑。在测算资本投资与资本配置效率时，作者区别测算与分析了含财政投资与不含财政投资的资本积累动态效率，工业、农业、服务业的资本投资与资本配置效率及工业与服务业内部不同行业的资本配置效率，这不仅切合中国实际，为下一步中国经济发展中如何提升不含财政投资或混合型投资（PPP）的资本投资效率提供了前瞻性的理论分析，而且为引导后续社会资本投入，将稀缺的资本资源配置到效益较好且具有较高成长潜力的产业、区域和部门，提升资本配置效率提供了理论依据。

中国是发展中国家，一方面，与发达国家相比，基础设施建设，特别是经济欠发达地区及广大农村地区的基础设施建设整体还比较落后，加大对欠发达地区及农村地区基础设施建设投资，加快欠发达地区及农村地区资本积累，对经济长期可持续增长无疑是必要的。另一方面，受经济增速从高位向中位下行、产业结构性调整导致传统产业淘汰使部分人因失业而收入减少、压缩"三公"消费后私人消费未能及时补给，以及收入分配结构不合理、社会保障水平低等的影响，国内消费在短期内很难实现较快增长；受外需不振、成本上升、贸易环境不佳等因素影响，出口不可能再像过去 20 年那样成为拉动经济增长的重要因素。因此，在今后一段时间内中国经济增长仍将高度依赖投资。与此同时，基于中国高储蓄的经济结构，国民经济正常增长也需要保持较高的投资率与之匹配。但受资源与环境约束，中国经济增长再也不能走主要依靠资本投入的外延式扩张老路，必须通过制度创新、技术进步等途径提高资本投资效率，将粗放型经济增长模式转变为集约型经济增长模式。为此，在未来中国经济仍需大规模资本投入的背景下，深入、系统研究资本投资效率，包括构建适合转型期中国实际的、能准确测度、客观评价资本投资效率的指标体系，多视角、全方位测算与评价资本投资效率，准确把握与解释经济运行中资本投资效率变动的原因与源泉，深入揭示影响资本投资效率的因素，正确处理投资效率与结构平衡、区域协调发展、城乡统筹发展之间的关系，积极探讨提升资本投资效率的路径选择，将是一个具有重要学术价值与实践意义的永恒主题。希望本书作者和感兴趣的读者能相互切磋，继续深化对这一领域的研究。

北京大学光华管理学院

2016 年 5 月 18 日

目　录

第一章　绪论 ·· 1

　　第一节　问题的基本背景 ······························· 1

　　第二节　研究的目的与意义 ··························· 2

　　　　一　研究的目的 ································· 2

　　　　二　研究的意义 ································· 3

　　第三节　研究的主要内容、思路与方法 ··············· 4

　　　　一　研究的主要内容与思路 ····················· 4

　　　　二　研究的方法 ································· 6

　　第四节　主要观点及创新点 ··························· 6

　　　　一　主要观点 ··································· 6

　　　　二　主要创新 ··································· 8

　　第五节　相关概念的界定与说明 ····················· 13

　　　　一　资本存量、资本流量与资本增量 ············· 13

　　　　二　固定资本形成额、固定资产投资额与固定资产
　　　　　　净值年均余额 ····························· 13

　　　　三　总产值与增加值 ························· 14

　　　　四　资本投资效率、经济动态效率与资本配置效率 ······ 14

　　　　五　相关指标选择说明 ····················· 15

第二章　资本效率：相关理论与研究综述 ············· 16

　　第一节　资本投资与经济增长理论 ··············· 16

　　　　一　资本投资与经济增长的关系 ············· 16

　　　　二　资本投资宏观效率测度 ················· 21

第二节 资本积累动态效率理论 ………………………………… 23

　　一 索洛经济增长模型与动态效率 ……………………… 23

　　二 拉姆齐—卡斯—库普曼斯模型与动态效率 ………… 25

　　三 代际交叠模型与动态效率 …………………………… 26

　　四 AMSZ 准则与动态效率 ……………………………… 27

　　五 动态效率理论述评 …………………………………… 30

第三节 资本配置与经济增长理论 ………………………………… 31

　　一 平衡增长理论 ………………………………………… 31

　　二 不平衡增长理论 ……………………………………… 33

　　三 区域经济非均衡发展理论 …………………………… 34

　　四 资本配置效率的测算 ………………………………… 35

第四节 国内外相关研究综述 ……………………………………… 37

　　一 资本投资宏观效率研究现状 ………………………… 37

　　二 资本积累动态效率研究现状 ………………………… 44

　　三 资本配置效率研究现状 ……………………………… 49

　　四 研究现状述评 ………………………………………… 52

第五节 金融发展、市场化与资本效率：作用机理 ……………… 54

　　一 金融发展与资本配置效率 …………………………… 55

　　二 市场化与资本配置效率 ……………………………… 59

第六节 本章小结 …………………………………………………… 61

第三章 中国资本存量的估算 ……………………………………… 62

第一节 中国整体资本存量的估算 ………………………………… 62

　　一 估算方法及指标选择说明 …………………………… 62

　　二 中国整体资本存量的估算结果 ……………………… 65

第二节 中国省际资本存量的估算 ………………………………… 68

　　一 估算方法及指标选择说明 …………………………… 68

　　二 中国省际资本存量的估算结果 ……………………… 70

第三节 中国工业资本存量的估算 ………………………………… 72

　　一 估算方法及指标选择说明 …………………………… 72

　　二 中国工业资本存量的估算结果 ……………………… 75

第四节　本章小结 ··· 76

第四章　中国资本投资状况分析 ································· 77

第一节　中国资本投资的整体与城乡分布状况 ··············· 77
第二节　中国资本投资的区域及产业分布状况 ··············· 81
第三节　中国资本投资的经济类型状况 ························· 85
第四节　中国资本投资的资金来源和构成状况 ··············· 87
第五节　本章小结 ··· 89

第五章　中国资本配置与产出状况分析 ····················· 91

第一节　中国农业资本配置与产出状况 ························· 91
　一　农业资本配置与产出的整体状况 ····················· 91
　二　农业资本配置与产出的区域状况 ····················· 94
　三　农业资本配置与产出的省际状况 ····················· 95
第二节　中国工业资本配置与产出状况 ························· 98
　一　工业资本配置与产出的整体状况 ····················· 99
　二　工业资本配置与产出的区域状况 ····················· 100
　三　工业资本配置与产出的省际状况 ····················· 102
　四　工业内部不同行业资本配置与产出状况 ············ 105
第三节　中国服务业资本配置与产出状况 ····················· 109
　一　服务业资本配置与产出的整体状况 ·················· 109
　二　服务业资本配置与产出的区域状况 ·················· 110
　三　服务业资本配置与产出的省际状况 ·················· 111
　四　服务业内部不同行业资本配置与产出状况 ········· 115
第四节　本章小结 ··· 118

第六章　中国资本投资宏观效率实证分析 ················· 120

第一节　中国资本投资宏观效率描述性分析 ·················· 120
　一　中国资本总量投资效率 ································· 120
　二　中国产业资本投资效率 ································· 124
　三　中国区域资本投资效率 ································· 126

第二节 中国工业资本回报率的实证分析 ……………… 128

　　一 方法介绍 ………………………………………… 129

　　二 中国工业资本回报率变化轨迹 ………………… 131

第三节 基于环境绩效的中国资本投资效率实证分析 ……… 135

　　一 理论模型与研究方法 …………………………… 136

　　二 变量选择与数据处理 …………………………… 139

　　三 实证结果及分析 ………………………………… 140

第四节 本章小结 …………………………………………… 148

第七章　中国资本投资动态效率实证分析 ……………… 150

第一节 数据来源及处理说明 ……………………………… 150

第二节 中国资本投资动态效率实证检验 ………………… 153

　　一 整体资本投资动态效率检验 …………………… 153

　　二 区域与省际资本投资动态效率检验 …………… 156

　　三 产业资本投资动态效率检验 …………………… 162

　　四 工业内部不同行业资本投资动态效率检验 ………… 171

第三节 本章小结 …………………………………………… 176

第八章　中国资本配置效率实证分析 …………………… 177

第一节 中国农业资本配置效率测算 ……………………… 177

　　一 模型设定 ………………………………………… 178

　　二 农业整体资本配置效率 ………………………… 178

　　三 不同区域农业资本配置效率 …………………… 181

　　四 不同省际单位农业资本配置效率 ……………… 182

第二节 中国工业资本配置效率测度 ……………………… 184

　　一 工业整体资本配置效率 ………………………… 185

　　二 工业资本配置效率的区域差异 ………………… 187

　　三 工业资本配置效率的省际差异 ………………… 188

　　四 工业内部不同行业资本配置效率 ……………… 191

第三节 中国服务业资本配置效率测算 …………………… 196

　　一 服务业整体资本配置效率 ……………………… 197

二　服务业资本配置效率的区域差异 ⋯⋯⋯⋯⋯ 198

三　服务业资本配置效率的省际差异 ⋯⋯⋯⋯⋯ 199

四　服务业内部不同行业资本配置效率 ⋯⋯⋯ 201

第四节　本章小结 ⋯⋯⋯⋯⋯⋯⋯⋯⋯⋯⋯⋯⋯⋯ 202

第九章　中国资本投资效率影响因素的实证分析 ⋯⋯⋯⋯⋯ 204

第一节　中国资本投资宏观效率影响因素的实证分析 ⋯⋯ 204

一　变量选择及数据采集说明 ⋯⋯⋯⋯⋯⋯⋯⋯ 204

二　理论模型及实证结果分析 ⋯⋯⋯⋯⋯⋯⋯⋯ 206

第二节　中国工业资本回报率影响因素的实证分析 ⋯⋯⋯ 211

一　研究假说 ⋯⋯⋯⋯⋯⋯⋯⋯⋯⋯⋯⋯⋯⋯⋯ 211

二　理论模型与数据说明 ⋯⋯⋯⋯⋯⋯⋯⋯⋯⋯ 213

三　实证检验与结果分析 ⋯⋯⋯⋯⋯⋯⋯⋯⋯⋯ 216

第三节　中国资本投资动态效率影响因素的实证分析 ⋯⋯ 226

一　变量选择与模型构建 ⋯⋯⋯⋯⋯⋯⋯⋯⋯⋯ 226

二　实证结果分析 ⋯⋯⋯⋯⋯⋯⋯⋯⋯⋯⋯⋯⋯ 230

第四节　本章小结 ⋯⋯⋯⋯⋯⋯⋯⋯⋯⋯⋯⋯⋯⋯ 233

第十章　中国资本配置效率影响因素的实证分析 ⋯⋯⋯⋯⋯ 235

第一节　中国农业资本配置效率影响因素的实证分析 ⋯⋯ 235

一　理论模型及指标选择 ⋯⋯⋯⋯⋯⋯⋯⋯⋯⋯ 235

二　实证结果分析 ⋯⋯⋯⋯⋯⋯⋯⋯⋯⋯⋯⋯⋯ 237

第二节　中国工业资本配置效率影响因素的实证分析 ⋯⋯ 239

一　省际工业资本配置效率影响因素的实证分析 ⋯ 239

二　工业行业资本配置效率影响因素的实证分析 ⋯⋯ 250

第三节　中国服务业资本配置效率影响因素实证分析 ⋯⋯ 255

一　模型选择与指标选取 ⋯⋯⋯⋯⋯⋯⋯⋯⋯⋯ 255

二　变量描述与单位根检验 ⋯⋯⋯⋯⋯⋯⋯⋯⋯ 257

三　实证结果分析 ⋯⋯⋯⋯⋯⋯⋯⋯⋯⋯⋯⋯⋯ 259

第四节　本章小结 ⋯⋯⋯⋯⋯⋯⋯⋯⋯⋯⋯⋯⋯⋯ 264

第十一章　提高中国资本投资效率的对策 ································ 266

第一节　树立投资规模与投资效率并重的经济增长和
　　　　经济发展观 ·· 266

第二节　加快市场化进程，促进企业平等竞争 ··············· 267

第三节　打破国有行业与行政垄断，大力发展非公有制
　　　　经济 ·· 269

第四节　加快金融市场开放，充分发挥金融体系资本
　　　　配置功能 ·· 271

第五节　明确政府与市场边界，减少政府对实体经济的
　　　　干预 ·· 272

第六节　加大人力资本投资力度，加快人力资本积累 ········ 277

第七节　加大科技研发与创新力度，促进技术进步与
　　　　技术创新 ·· 278

第八节　扩大行业开放度，改善外贸结构和外资质量 ········ 280

第九节　优化产业资本配置，提高产业资本配置效率 ········ 281

第十节　扩大居民消费，促进经济向消费驱动型增长
　　　　方式转变 ·· 282

第十二章　研究结论与研究展望 ································ 286

第一节　研究结论 ·· 286

第二节　研究展望 ·· 290

参考文献 ·· 293

后　记 ·· 303

第一章 绪论

第一节 问题的基本背景

纵观发达国家经济发展的历史，投资是拉动经济增长的重要引擎。发达国家在工业化过程中，以制造业为主的产业投资和道路、交通、通讯等基础设施建设投资，推动了一轮又一轮的经济增长。但是发达国家所经历的"高投资—工业化—高增长"模式不能作为一种成功经验被简单复制。Brander（1992）对中国台湾、中国香港、韩国等116个国家和地区1960—1988年平均投资率与人均经济增长率进行实证研究证明，高投资未必带来高增长。改革开放以来，投资对中国经济增长的拉动作用一直处于重要地位。1981—2012年，中国全社会固定资产投资由961亿元增加到374694亿元，增长389倍。2008年全球金融危机后，中央政府为确保经济平稳增长，出台"四万亿元"投资刺激计划。从逻辑上讲，投资规模只是经济增长的必要而非充分条件，只有投资规模，缺乏投资效率，难以实现经济长期可持续增长。一方面，缺乏技术进步的资本投资增加，伴随的是资本边际报酬的递减和经济增长优势的减弱。另一方面，低效率、高污染的粗放型经济增长模式给环境带来巨大压力，造成国家未富而资源、环境先衰。林毅夫等（1994）认为，对发展中国家的经济而言，在资本、劳动力和自然资源三类生产要素中，资本最为稀缺，是经济增长的"瓶颈"，资本投资的效率对经济增长的影响最大。中国资本资源较劳动力和自然资源更为稀缺，在资本稀缺与环境压力双重约束下，提高资本投资效率成为经济长期可持续增长的充分条件。但很多学者的研究显示，20 世纪 90 年代中后期以来，中国资本投资效率出现了较为严重的问题，经济增长的质量令人担忧。张军（2002，2005）等认为，中国 90 年代以来存在一定程度的资本过度积累，资本投资主要发生在公共和国有部门的分配格局存在非效率。Rawski（2002）从低投资回报率、大范围产能过剩等角度对中国投资体制与投资效率提出批评，认为投资效率很有可能成为制约中国经济增长的"阿喀琉斯之踵"。沈坤荣和孙文杰（2004）认为，中国高度依赖大规模投资和大量能源消耗的粗放型经济增长模式，造成环境压力加大，导致行业投资结构性失衡，引起过度投资和经济过热。党的十八届三中全会提出"市场在资源配置中起决定性作用"，目的是提高包括资本在内的要素性资源的配置效率，实现国民经济长期可持续增长。那么，中国资本投资与资本配置的效率究竟如何？中国资本投资是否动态有效？影响资本投资与资本配置效率的因素有哪些？如何提升资本投资宏观效率、改善资本积累动态效率？如何将稀缺的资本资源配置到效益较好且具有较高成长潜力的产业、区域和部门，使资本配置逼近帕累托最优状态？已成为学术界和政府高度关注和亟须深入研究与解决的重要课题。

第二节　研究的目的与意义

一　研究的目的

本书主要达到以下目的：第一，考察中国资本投资、资本配置的总量与结构特征。第二，通过对资本投资宏观效率、工业资本回报率、资本积累动态效率和资本配置效率的测算与比较，全方位考察中国资本投资与配置的有效性及其动态变动趋势，为引导后续资本投入提供理论依据。第三，对不同视角下的中国资本投资与资本配置效率测算结果进行原因分析和理论解释。包括资本投资宏观效率及其变动、工业资本回报率及其变动、资本积累动态有效与无效、资本配置效率高低的原因及其理论解释，准确把握经济运行中资本投资与资本配置效率变动的原因与源泉，为政府相关政策制定提供实证证据。第四，揭示影响中国资本效率的重要因素。对影响资本投资宏观效率、工业资本回报率、资本积累动态效率及资本配置效率的因素进行理论梳理与实证检验，为政府通过相关体制改革与制度创新，促进资本资源优化配置与充分利用，加快转变经济增长方式，创新经济发展模式，提升经济增长质量提供政策依据。第五，探索提升资本投资宏观效率、改善资本积累动态效率、改进资本配置效率、促进经济长期可持续增长的对策。

二 研究的意义

资本作为推动中国经济增长最重要、最基本的要素性资源，其投入的有效性受到政府、学界及投资者的极大关注，资本投资的效率和投资规模共同构成经济增长的"动力之源"。近年来，很多学者的研究表明，中国资本投入低效甚至无效。因此，考察中国资本投资与配置的特征，测算中国资本投资与配置的效率，揭示影响中国资本投资与资本配置效率的主要因素，探索提升中国资本投资与配置效率的有效途径，对促进中国经济长期可持续增长具有重要理论与现实意义。

（1）对中国资本投资效率进行系统研究，有助于丰富和完善现有资本投资与经济增长及资本投资效率理论，树立更加全面、科学的经济增长观和经济发展观，促进国民经济又好又快发展。

（2）对中国资本投资宏观效率、工业资本回报率、资本积累动态效率、资本配置效率进行全方位测算，不仅对客观评价中国经济增长绩效，考察经济增长方式转变的进度与资源优化配置程度具有重要参考价值，而且可以丰富资本投资效率的研究成果，提高对中国资本投资效率研究的深度、广度与精度。

（3）理论上检验一国（地区）资本投资的效率，既是政府经济决策的基础，也是引导后续资本投入，加快转变经济增长方式，创新经济发展模式，提升经济增长质量的必要条件。

（4）对中国资本投资效率影响因素的研究，有助于解释中国经济增长的发生机制，并通过相关政策制定与制度创新，促进资本资源自由流动并发挥其结构效应，提升与改善资本投资效率。

（5）对中国资本配置效率影响因素的实证研究，可为政府通过投资、金融、财政等相关体制改革与制度创新，为资本投资提供良好的政策与制度环境，促进资本资源流向增长潜力大、价值创造能力强的地区、产业和行业，实现资本优化配置，提升资本配置效率提供政策依据。

第三节　研究的主要内容、思路与方法

一　研究的主要内容与思路

（1）理论借鉴与文献回顾。对国内外关于资本投资与经济增长理论、资本投资效率理论相关文献进行研读，对国内外关于资本投资宏观效率、资本回报率、资本积累动态效率及资本配置效率测度方法及影响因素研究的相关文献进行系统回顾与梳理；结合中国统计数据的特点，选择不同资本效率的测算方法；对影响资本效率的重要因素及其作用机理进行理论分析与逻辑梳理，提出相关因素对资本效率影响的推论与理论假设，构建研究的理论框架。

（2）中国资本存量的估计。合理估算资本存量是研究资本投资效率的基础。在比较分析资本存量估算已有研究成果的基础上，结合中国统计数据的特点，选择合理的资本存量估算方法，对 1952—2010年中国资本存量、1978—2010 年中国各省际单位资本存量、1978—2010 年中国工业资本存量进行估算，为测算中国资本投资宏观效率及工业资本回报率奠定基础。

（3）中国资本投资与资本配置现状分析。借助固定资产投资统计资料，分别从总量和结构双重视角，对中国资本投资的整体、区域、城乡、产业、产业内细分行业等现状进行统计性描述分析，揭示中国资本投资的特征及其变动趋势，为测算及解释中国资本投资宏观效率奠定基础；对中国农业、工业和服务业固定资产形成额、工业固定资产净值、行业增加值、行业利润总额等进行比较分析，揭示资本资源在产业、行业、省际和区域间的配置状况及其产出特征，为估算及解释中国资本配置效率奠定基础。

（4）中国资本投资效率实证分析。首先，通过投资—产出比、资本—产出比、增量资本—产出比等指标，对中国资本投资宏观效率及其变动趋势进行描述性分析；对中国工业资本回报率进行估算，考察中国工业资本回报率的变动轨迹，并进行结果解释；基于环境约束视角，对中国整体、不同区域和省际全要素资本效率进行实证分析与结果解释。其次，以 AMSZ 准则为基础，并结合中国国民收入统计账户的特点，从投资—收益角度分别对中国整体、区域、三次产业、工业及工业内部不同行业的资本积累动态效率进行实证分析与结果解释。再次，基于 Jeffrey Wurgler（2000）模型，对中国农业、工业、服务业整体资本配置效率及其动态变化，农业、工业和服务业资本配置效率的省际与区域差异，工业和服务业内部不同行业资本配置效率差异进行实证分析与结果解释，全面考察中国资本配置效率的产业、区域、省际及行业差异。

（5）中国资本投资效率影响因素的实证分析。结合国内外相关研究文献和经济学基本原理，并考虑中国转型期的实际，提出相关因素对资本投资宏观效率、工业资本回报率、资本积累动态效率及资本配置效率影响的推论与理论假设；分别利用省际面板数据和行业面板数据，就不同因素对资本投资宏观效率、工业资本回报率、资本积累动态效率的影响，以及对农业、工业和服务业资本配置效率的影响进行实证分析与结果解释，验证推论与理论假设。

（6）提高中国资本投资效率的对策。结合实证研究结论与中国实际，借鉴发达国家经验，对提升资本投资宏观效率、改善资本积累动态效率、改进资本配置效率的相关对策进行探讨。

研究思路如图 1-1 所示。

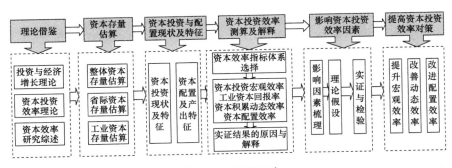

图 1-1　研究思路

二 研究的方法

本书采用理论分析与实证分析相结合的研究方法。

（1）理论分析。对国内外关于资本投资与经济增长理论、资本投资效率理论及相关研究文献进行梳理、研读与评述；借鉴相关研究文献和经济学基本原理，构建多维度资本投资效率测算指标体系；对不同类型的资本投资效率测算结果进行原因分析与理论解释；对影响资本投资宏观效率、工业资本回报率、资本积累动态效率、资本配置效率的因素进行理论分析和逻辑梳理，提出推论与理论假设。

（2）实证分析。对中国整体资本存量、省际资本存量、工业资本存量的估算及其变动趋势分析；对中国资本投资状况、资本配置与产出状况进行描述性分析；通过投资—产出比、资本—产出比、边际资本—产出比等指标，对中国整体、城乡、产业、区域资本投资效率及其变动趋势进行描述性分析；对资本投资宏观效率及工业资本回报率进行估算；以 AMSZ 准则为理论基础，从投资—收益角度对中国资本积累动态效率进行实证检验；借鉴 Jeffrey Wurgler（2000）模型，对中国农业、工业和服务业整体、区域、省际及行业资本配置效率进行测算；对影响资本投资宏观效率、工业资本回报率、资本积累动态效率、资本配置效率的因素进行实证分析与检验。

第四节 主要观点及创新点

一 主要观点

本书在对不同层次的资本投资效率进行多视角、多维度解析与实证研究基础上，挖掘出 8 个学术观点。

（1）经济增长与经济发展离不开资本投入，但资本投资规模只是经济增长的必要而非充分条件，只有投资规模，缺乏投资效率，难以实现经济长期可持续增长。

（2）改革开放以来，中国经济快速增长主要来自生产要素积累，但投资规模并不意味着规模经济，投资增加并不必然带来经济增长，缺乏效率的投资对经济增长的影响不具有长期性和可持续性。一方面，缺乏技术进步的资本投资增加，伴随的是资本边际报酬的递减与经济增长优势的减弱；另一方面，低效率、高污染的粗放型经济增长模式给环境带来巨大压力。在资本稀缺与环境压力双重约束下，提高资本效率成为经济长期可持续增长的充分条件。

（3）经济增长的可持续性很大程度上不是取决于要素的供给能力，而是取决于充分利用和有效配置要素的能力；资本投资在影响长期经济增长方面的作用，依赖于投资选择、投资效率和投资所推动的技术进步及其性质。

（4）中国投资体制和金融部门的改革滞后，以至于各级政府主导的投资选择与决策、相互分割的市场环境和局部的发展目标，不断将中国经济推向偏离要素比例的技术轨道，降低了资本投资促进实体经济增长的效率。

（5）中国资本投资的城市、产业及区域偏向，导致资产投资大量向城市、工业和东部集聚，农村、农业和中西部资本投资长期稀缺。资本投资在城乡、产业、区域间的严重失衡，影响区域经济协调发展、城乡统筹发展、产业结构与行业结构平衡，阻碍经济长期可持续增长。

（6）资本配置效率存在产业、行业、区域和省际差异，各级政府在兼顾产业与行业结构平衡、区域协调发展与城乡统筹发展的同时，应积极引导民间资本和社会资本重点投资产业中行业效率较高且增长潜力大的部门和地区，夯实投资带动经济增长的微观基础。

（7）提高资本效率，必须从根本上消除对民营等非公有制企业的金融歧视和以国有企业为代表的借款预算约束软化等制度性障碍和政策性约束，通过发展多层次、多元化的资本市场，创造有利于私人资本、民营资本形成和中小企业发展的资本形成机制，改变资本形成主要发生在公共和国有部门的格局，改革现有的与国有部门相匹配的金融体制和银行部门体制。

（8）提高资本投资效率，必须正确区分政府与市场边界，充分发挥市场在资源配置中的决定性作用。凡是能由市场决定价格的都交给市场，通过市场机制引导资本流动，改善资本错配状况；减少政府对实体经济的干预程度，优化政府投资规模与投资结构，政府主要侧重偏向促进消费增长的社会基础设施领域和生态建设投资；充分发挥民间资本在投资中的主导作用，更多地采用公私合作投融资模式，加强政府公共投资与民间投资的合作。

二 主要创新

本书主要从研究内容与研究方法上进行创新，研究内容上的创新表现在：

（1）多层次、多视角、综合运用多种研究方法、选择多层次指标体系，全方位考察中国资本效率问题，推动了资本效率研究问题的深化，丰富了资本效率理论及其研究内容，形成了更全面、深入、系统的中国资本效率研究成果。

本书将资本效率分为资本投资宏观效率、工业资本回报率、资本积累动态效率和资本配置效率四个效率层次，全方位考察资本效率问题。从整体、区域、城乡、产业、行业、省际等多层面就各层次的资本效率进行全方位分析与评价，提高了资本效率问题研究的精度与深度。为增强研究结果的信度，研究中综合运用多种方法，选择多种指标，从不同视角考察资本投资效率问题。如在考察资本投资宏观效率时，用资本—产出比、投资—产出比、增量资本—产出比等指标对中国整体、城乡、区域、产业、省际资本投资效率及其变动趋势进行分析；通过估算工业资本回报率评价资本要素投入的利用效率；以全要素生产理论为基础，采用数据包络分析里的 SBM （Slacks - based Measure）分析法，测算有无环境约束下中国全要素资本效率；在对各层级资本效率进行测算基础上，对资本效率的测算结果进行理论解释，对影响资本效率的因素进行逻辑梳理与实证检验。

（2）研究资本投资宏观效率时，以全要素资本效率衡量资本投资宏观效率，并考虑绿色经济发展理念与发展模式的要求，采用加入非合意产出的扩展的 SBM 模型及共同前沿生产函数，有效解决了投入产出松弛的问题和非合意产出存在下的效率评价问题。

本书将资本作为多种生产要素投入中的一种，以全要素资本效率衡量资本投资效率。但由于传统的全要素资本效率仅考虑资本和劳动等生产要素的投入约束，没有将环境约束考虑在内，即全要素生产率仅考虑了合意产出而忽略了对非合意产出的研究。忽视资本投资所带来的环境绩效，可能误导资本投资政策，导致环境过度污染，不利于绿色经济发展。近年来，国内部分学者在资本效率研究中虽将环境因素作为一种非合意产出纳入模型，但没有充分考虑投入产出的松弛性问题。本书综合考虑绿色经济发展理念、发展模式的要求与投入产出的松弛性问题，将环境污染作为非合意产出，采用加入非合意产出的扩展的 SBM 模型及共同前沿生产函数，基于环境绩效视角考察中国整体、区域及不同省际单位的全要素资本效率，有效解决了投入产出松弛问题和非合意产出存在下的效率评价问题，为政府客观评价环境约束下中国资本效率，积极推进投资体制改革，加快转变经济增长方式，促进经济与环境协调发展提供了政策依据。

（3）以 AMSZ 准则为基础，结合宏观经济理论、中国转型期实际和中国统计账户的特点，从投资—收益角度对中国资本积累动态效率进行实证检验与结果解释；在对国家整体层面资本积累动态效率进行检验基础上，深入区域、产业及行业检验资本积累动态效率，使对中国资本积累动态效率的检验结论更具可靠性；对影响中国资本积累动态效率的因素进行实证分析与检验，形成了更深入、更系统的中国资本积累动态效率研究成果。

考虑由于统计口径导致核算资本收益和总投资时存在精准性问题，本书以 AMSZ 准则为基础，在准确界定投资与收益概念内涵基础上，借鉴前人研究成果，并结合中国国民收入统计账户的特点，通过对资本收益和劳动收益的分离，更为精准地对中国资本总收益进行重新核算。在核算资本总投资时，考虑发达国家大规模基础设施建设已经完成，总投资主要是私人投资，而中国固定资产投资中包括用于大规模基础设施建设、以社会效益为主的政府财政投资，为避免对私人投资收益的低估，在核算动态效率时总投资中应扣除政府财政投资；但考虑财政投资项目对私人企业部门的收益具有外溢效应时，将财政投资完全排除可能高估私人投资收益。为此，本书在检验整体资本积累动态效率时，将总投资分为含财政投资和不含财政投资两种情况，分别从投资—收益角度对中国资本积累动态效率进行检验，并对两种检验结果进行对比分析。深入区域、产业及行业检验资本积累动态效率，提高了资本积累动态效率研究的深度；对资本积累动态效率影响因素进行实证分析与检验，丰富与拓展了资本动态效率的研究内容与研究成果。

（4）对资本配置效率的估算不仅包括整体、区域、省际和产业，而且深入具体产业内部分析不同行业的资本配置效率，不仅包括工业，而且首次对农业和服务业整体、省际、区域与行业资本配置效率进行测算，增强了资本配置效率研究的深度与广度；首次对影响农业与服务业资本配置效率的因素进行实证分析与检验，拓展了资本配置效率的研究内容，丰富了资本配置效率的研究成果。

国内外对资本配置效率的前期研究主要侧重国家整体及区域层面的工业资本配置效率，很少研究产业内部不同行业的资本配置效率及同一产业不同省际单位的资本配置效率，缺失对农业与服务业资本配置效率的深入研究。本书基于 Jeffrey Wurgler 模型，通过对中国农业、工业、服务业整体资本配置效率及其动态变化，农业、工业、服务业资本配置效率的省际和区域差异，工业和服务业内部不同行业资本配置效率的差异进行实证分析，全面考察中国资本配置效率的产业、省际、区域及行业差异，拓展了资本效率问题研究的空间，形成了更深入、更系统的资本配置效率研究成果，为后续同类研究作了很好的尝试和探索。

（5）结合国内外相关研究文献和经济学基本理论，并考虑中国转型期的实际，对资本投资与配置效率测算结果进行深入分析，准确把握经济运行中投资效率变动的原因与源泉；对影响资本效率的因素进行实证分析与检验，丰富了资本效率的研究内容与研究深度，形成了资本效率问题的系统研究成果。

国内对资本效率问题的研究主要集中在资本积累是否过度、资本效率的测算、资本投资是否有效的判别与检验等方面，对资本效率结果的解释及影响资本效率因素进行的研究，特别是实证研究严重缺失，由此导致政策主张各持己见，真正能指导决策行为的系统研究成果很少。本书结合国内外相关研究文献和经济学基本理论，并考虑中国转型期的实际，对资本投资宏观效率、工业资本回报率、资本积累动态效率、资本配置效率的测算结果进行深入分析与结果解释，准确把握经济运行中资本效率变动的原因与源泉。在对影响中国资本效率的因素及其作用机理进行理论分析与逻辑梳理基础上，提出相关因素对资本效率影响的推论与理论假设，并结合相关统计数据，对影响资本效率的因素进行实证分析与检验，验证推论与理论假设。其研究成果不仅丰富了资本效率的研究内容，拓展了资本效率的研究深度，形成了资本效率问题的系统研究成果，而且为政府通过财政、金融、投资等相关体制改革与制度创新提升资本投资效率提供了政策依据。

（6）在指标选择上，根据研究问题的不同，并结合中国实际，在对不同指标进行系统理论分析基础上，仔细甄别和筛选既符合中国实际又能反映研究问题本质特征的指标，增强了研究结果的信度和对策建议的效度。

国内学者测算资本配置效率时，多数选择固定资产投资额、固定资产净值、行业总产值、行业增加值等指标。本书对农业与服务业资本配置效率的测算选择行业固定资本形成总额与行业增加值指标，对工业资本配置效率的测算选择行业固定资产净值与行业利润总额指标。根据国家统计局的指标解释，固定资本形成总额不包括全社会固定资产投资额中的土地购置费、旧设备和旧建筑物购置以及其他费用中不形成固定资产的部分，不包括全社会固定资产投资额中由于出售、易货交易和实物资本转移而转出的旧固定资产价值部分。近年来随着城镇化进程的加快，包括在全社会固定资产投资总额中的土地征用、购置及迁移补偿费、旧设备和旧建筑物购置费增长迅速，但其本身并不形成生产性资本，因此测算资本配置效率时选择资本形成总额指标优于固定资本投资额。对中国工业资本配置效率的测算，国内多数学者选择工业固定资产净值（或工业固定资产投资总额）及工业行业增加值。本书选择工业固定资产净值作为投入指标。考虑自 2008 年开始中国不再统计工业内部各行业的增加值，选择工业行业增加值作为产出指标核算工业资本配置效率最新只能测算到 2007 年，本书选择工业行业利润总额作为产出指标。其主要优点如下：一是理性投资者以利润最大化为目标，社会资本投资主要受利润引导；二是能跟踪和运用最新工业统计数据。在分析金融发展对资本配置效率的影响时，由于中国没有对非国有企业贷款的统计数据，国内现有研究文献通常用银行信贷总额与地区 GDP 的比重衡量区域金融发展水平。但在中国现有体制下，银行对国有企业的指令性贷款大量存在，用银行信贷总额与地区 GDP 的比重表示地区金融发展水平，会导致对区域金融发展水平的高估，由此降低研究结果的信度。本书借鉴 Aziz 和 Duenwald（2002）、张军和金煜（2005）、李敬等（2007）及李青原等（2013）等学者基于银行国有企业贷款占银行信贷的比重和国有企业产出占总产出的比重之间存在密切关系的研究成果，采用回归分析方法，对银行国有企业贷款额和非国有企业贷款额进行分离，间接估算出各地区银行信贷总额中非国有企业贷款的比重与银行非国有企业贷款额，并用银行非国有企业贷款额占地区 GDP 的比重衡量地区金融发展水平。

本书在研究方法上的创新主要表现在：

（1）测算资本投资宏观效率时，以全要素资本效率衡量资本投资宏观效率，并考虑绿色经济发展理念与发展模式的要求，采用 DEA 中加入非合意产出的扩展的 SBM 模型及共同前沿生产函数，有效解决了投入产出松弛问题和非合意产出存在下的效率评价问题。

（2）对工业资本回报率影响因素的实证分析，采用"从一般到特殊"的动态建模方法，有效避免了回归模型建立过程中解释变量选择的随意性，使动态模型更规范、更科学、信度更高。

（3）在检验资本积累动态效率时，考虑中国国民收入统计账户的特点与中国转型期的实际，尝试通过对总收益中资本收益和劳动收益的分离，更为精确地核算中国资本投资的收益，建立适合中国实际的 AMSZ 检验法则，使对中国资本投资动态效率的检验结论更具可靠性。

（4）对工业资本配置效率影响因素的实证分析，现有文献大多采用不同影响因素与工业行业利润总额或行业增加值的交互项来间接判断各影响因素对工业资本配置效率的影响。本书采用类似"跨国研究"的方法，分别建立省际面板数据模型和行业面板数据模型，直接测算不同因素对省际和行业工业资本配置效率的影响，并对影响工业资本配置效率省际差异和行业差异的因素进行区分，增强了研究结论的有效性。

第五节　相关概念的界定与说明

一　资本存量、资本流量与资本增量

资本存量，指经济社会在某一时点上的资本总量，是一定时点上企业现存的全部资本资源，资本存量反映企业现有生产经营规模和技术水平。①

资本流量，指一定时间段的资本存量的变化量。

资本增量，指一定时期内增加到资本存量中的资本流量。增量资本的投入构成投资，一旦投资行为完成便形成新的时点上的资本存量。

二　固定资本形成额、固定资产投资额与固定资产净值年均余额

固定资本形成额，指常住单位在一定时期内购置、转入和自产自用的固定资产扣除用于销售和转出部分后得到的价值。

固定资产投资额，指以货币形式表现的、在一定时期内建造和购置固定资产活动的工作量及与此有关费用的总称。它是反映固定资产投资规模、速度、比例关系和使用方向的综合性指标。全社会固定资产投资包括国有经济单位投资、城乡集体经济单位投资、其他各种经济类型单位投资和城乡居民个人投资。

固定资产净值年均余额，指固定资产净值在报告期内余额的平均数。

固定资产净值年均余额 = (1—12 月各月月初固定资产净值 + 1—12 月各月月末固定资产净值)/24

固定资产净值指固定资产原值减去历年已提折旧额后（累计折旧）的净额。

固定资产投资额和固定资本形成额的区别主要表现在：第一，固定资本形成额是生产总值统计中的指标，目前国内统计年鉴中只有年

---

① 根据在生产过程中所处的状态可将资本存量分为正在参与再生产的资产存量和处于闲置状态的资产存量（包括闲置的厂房、机器设备等）两类。

度数据；固定资产投资额是固定资产投资统计中的指标，国内统计年鉴有月度和季度统计数据。第二，固定资产投资额存在重复统计；[①]固定资本形成额则扣除了由于出售、易货交易和实物资本转移而转出的价值。第三，在统计口径上，固定资产投资额自 1997 年起，统计起点由 5 万元提高到 50 万元；固定资本形成额中包含部分无形资产的净增加额。第四，相比较而言，在反映资本投入上，固定资本形成额数据质量优于固定资产投资额。

固定资产投资额和固定资本形成额的联系主要表现在：第一，固定资产投资额是核算固定资本形成额最基本的资料来源，固定资产投资额和固定资本形成额长期变动趋势相似，可作为相互验证或推算的依据。第二，固定资本形成额与固定资产投资额均属于流量指标。但计算期发挥作用的固定资产除计算期投入使用的固定资产外，还包括此前各期投入但在计算期仍在发挥作用的固定资产，因此在测算资本效率（或资本回报率）时，需将计算期及之前各期的固定资产相加，再减去每一期的损耗，得到固定资本形成存量净额，然后与计算期的经济产出进行比较。

三　总产值与增加值

总产值，指物质生产部门的常住单位在一定时期内生产的货物和服务的价值总和，反映物质生产部门生产经营活动的价值成果，是综合反映一定范围内生产总规模的指标。

增加值，指常住单位生产过程创造的新增价值和固定资产的转移价值。它反映生产过程中产出超过这一过程中间投入的价值。

根据国家统计局规定，增加值可用生产法和收入法计算。按生产法计算：增加值 = 总产出 − 中间投入。按收入法计算：增加值 = 劳动者报酬 + 生产税净额 + 固定资产折旧 + 营业盈余。

四　资本投资效率、经济动态效率与资本配置效率

资本投资效率，是一定时期内资本投资与产出的比较。

经济动态效率，指从长期增长的动态角度看，一个经济体的储蓄

---

① 如上一期留存下来的固定资产被其他生产单位在计算期购买或租赁而产生的费用计入固定资产投资额。

是否与经济最优增长所要求的储蓄水平相一致。其核心问题是资本积累是否过度，故经济动态效率也称为资本积累动态效率。

资本配置效率，是指在一定技术水平下，资本投入要素在各产出主体的分配所产生的效益。

资本配置效率具有两层含义：一是资本市场本身的效率，指资本市场能否高效和低成本地为需要资金的企业和行业及时提供所需资金，这与资本市场的制度环境、技术环境等密切关联。二是资本资源通过资本市场流向不同效益水平的行业和企业的情况，反映资本市场将稀缺资本资源配置到效率最高的企业或产业部门的有效程度。本书中考察的资本配置效率指的是第二种情况。

五　相关指标选择说明

在中国统计年鉴中，整体、产业、行业及各省际单位固定资产投资额统计数据较为完整，固定资本形成额仅有全国整体及各省际单位的年度统计数据，工业及内部各行业固定资产净值年均余额的数据较为完整，但缺乏农业、服务业及其内部各行业固定资产净值年均余额与固定资本形成额的统计数据。考虑数据的可得性及不同统计指标对效率测算质量的优劣，在核算不同资本效率时分别选择不同的统计指标。在对资本投资宏观效率进行测算时，分别采用经估算得到的中国整体及各省际单位的资本存量与工业资本存量测算全要素资本效率和工业资本回报率；在通过投资—产出比、资本—产出比、边际资本—产出比对整体、城乡、产业、区域资本投资效率进行描述性分析时，采用固定资产投资额指标。在对资本积累动态效率进行测算时，以AMSZ准则为基础，选择包括固定资产投资与存货投资在内的总投资指标，从投资—收益视角考察中国资本积累动态效率。在测算资本配置效率时，对农业整体、区域、省际资本配置效率的测算，选择经过估算的农业固定资本形成总额与农业行业增加值指标；对工业整体、省际、区域及工业内部各行业资本配置效率的测算，选择工业各行业固定资产净值与工业行业利润总额指标；对服务业整体、区域、省际及行业资本配置效率的测算，选择经过估算的服务业固定资本形成总额与服务业行业增加值指标。

第二章 资本效率：相关理论与研究综述

本章在就国内外学者关于资本投资与经济增长理论、资本效率理论及国内外对资本效率相关研究文献进行系统回顾与评述的基础上，逻辑梳理出影响资本效率的主要因素，并就金融发展、市场化程度等主要因素对资本效率的影响机理进行理论分析，构建本书的理论框架。

第一节 资本投资与经济增长理论

各国学者历来重视投资对经济增长的作用，但经济增长不仅与资本投资规模有关，更取决于资本投资效率，特别是在资本资源稀缺约束下，提高资本投资效率成为经济长期、可持续增长的充分条件。本节就资本投资与经济增长的关系、资本投资效率测算方法进行系统回顾与梳理。

一 资本投资与经济增长的关系

亚当·斯密是最早研究投资与经济增长关系的经济学家。斯密（Adam Smith，1776）在《国民财富的性质和原因的研究》中分析了"资财蓄积对各种资本的影响"以及"资本的不同用途，对国民产业量及土地和劳动年产物量，会直接发生不同的影响"。斯密认为，由于分工和专业化，资本积累变得十分重要。国民产值的增长主要由资本积累和资本的正确配置两个因素决定，经济增长最基本的决定因素是资本形成率，即投资率。斯密不仅认为资本积累决定国民产出增长，而且把资本积累看作"普遍的国民财富和福利的绝对增加"。斯

密所说的资本既包括物质资本也包括人力资本。斯密认为，资本包括
"机械和器具、建筑物、改良的土地"及"社会上一切人民学到的有
用才能"。

凯恩斯（Keynes，1936）在《就业、利息与货币通论》中，研究
了"决定总产量与就业规模发生变化的力量"问题。凯恩斯认为，
"总产量和就业量的大小取决于投资支出"。凯恩斯认为，有效需求由
消费需求和投资需求构成。由于边际消费倾向递减、资本的边际效率
递减和流动性偏好"三大社会心理因素"的作用，造成消费需求和投
资需求不足，进而导致商品滞销，失业增加，整个国民经济在存在大
量失业和闲置资源的情况下达到均衡，即形成"富裕中的贫困"现
象。他认为，为弥补收入与有效需求之间的缺口，只有采取必要的政
策，其中刺激投资是有效的方法。凯恩斯的有效需求理论认为"整个
生产和就业水平决定于投资总量"。

20 世纪 40 年代末，R. Harrod（1939）和 E. Domar（1946）分别
基于凯恩斯理论，在技术水平不变和资本—产出比固定的假设下建立
经济增长模型，该模型把资本作为直接考察的唯一生产要素，劳动被
假定为按比例同资本相结合。哈罗德和多马认为，资本投资对经济增
长具有重要决定作用。他们建立的经济增长基本模型为：

$$g = \frac{s}{C} \tag{2.1}$$

式（2.1）中，g 代表收入增长率，如果 Y 表示国民收入，则有
$g = (Y - Y_{t-1})/Y_{t-1} = \Delta Y/Y$；s 代表社会储蓄率，即 $s = S/Y$；C 为资
本—产出比，如果令 K 表示资本，则有 $C = \Delta K/\Delta Y = I/\Delta Y$，因为总投
资量等于总储蓄量，即 $I = S$，则有 $\Delta YC = Ys$，故式（2.1）成立。

式（2.1）表明经济增长率与社会储蓄率 s 成正比，与资本—产
出比 C 成反比。在资本—产出比既定情况下，要使在一定储蓄率下形
成的储蓄量被投资全部吸收，就必须保证一定的增长率；要实现一定
的增长率，也必须保证一定的投资率。

20 世纪 50 年代中后期和 60 年代早期，新古典综合增长模型有了
进一步发展。宇泽弘文（Hirofumi Uzawa，1965）、索洛（Solow，
1957）等在单一商品模型的基础上提出两部门经济增长模型。两部门

经济增长模型假设社会生产分为资本品和消费品两大部门，两部门均使用外生给定的劳动和均质的资本两种生产要素投入，分别生产均质的资本品和消费品。生产要素在部门间具有充分流动性和可塑性，完全竞争和生产要素替代效应将根据利润最大化法则实现要素的最优配置，从而保证充分就业的均衡增长。消费品生产方程为：

$$C = F_C(K_C,\ N_C) \tag{2.2}$$

式（2.2）中，K_C 和 N_C 分别表示消费品生产中的资本和有效劳动投入。在规模收益不变的条件下，可将式（2.2）写为：

$$c = \frac{C}{N_C} = F_C\left(\frac{K_C}{N_C},\ 1\right) = F_C(k_C,\ 1) = f(k_C) \tag{2.3}$$

令净投资或资本增量为 $\hat{K}$，折旧率为 δ，则资本品生产方程为：

$$\hat{K} + \delta K = F_I(K_I,\ N_I) \tag{2.4}$$

令人均资本增量为 k，整个经济的资本与劳动比例方程为：

$$k = \frac{K}{N} = \frac{K_I + K_C}{N_I + N_C} \tag{2.5}$$

两部门经济增长模型运用边际生产力机制调节资本与劳动比例 k，以实现充分就业的均衡增长。由于在两部门经济中整个经济的资本与劳动比例 k 要受到各部门的资本与劳动比例 k_I 与 k_C 的相对关系影响，因此两部门经济增长模型的资本和劳动比例的稳定均衡值可能有多个，也有可能不存在。

琼·罗宾逊（Joan Robinson，1956）提出"黄金时代"[①] 的经济增长模型，该模型假定由资本与劳动比例决定的技术系数保持不变，当劳动增长率与资本增长率相等时，就实现了"黄金时代"。因净国民收入 Y 等于工资总额与利润总额之和，设工人数为 N，人均工资为 W，利润率为 π，资本为 K，产品和资本设备的一般价格水平为 P，则：

$$P \cdot Y = W \cdot N + \pi \cdot P \cdot K \tag{2.6}$$

等式两边同时除以 P，经整理得到：

---

① "黄金时代"是指劳动处于充分就业和资本充分利用的均衡状态。

$$\pi = \frac{L - \dfrac{W}{P}}{\theta} \qquad (2.7)$$

式（2.7）中，$L = Y/N$ 为劳动生产率，$\theta = K/N$ 为技术系数，$L -$ （W/P）可视为净资本报酬率。因此，利润率与净资本报酬率成正比，与技术系数成反比。罗宾逊认为，在均衡增长的情况下，如果工人储蓄为零，则全部储蓄都来自利润，而储蓄又全部转化为投资。令资本家的储蓄倾向为 S_P，储蓄为 S，则有：

$$S_P \cdot P = S \qquad (2.8)$$

由于在均衡增长条件下，全部储蓄必须转化为投资。在等式两边同时除以 K 得：

$$\pi = \frac{P}{K} = \frac{1}{S_P} \cdot \frac{I}{K} \qquad (2.9)$$

式（2.9）中，I/K 为资本增长率，如果技术的发展使资本价值对产量价值之比在整个时期内保持不变，则 I/K 就是经济增长率。式（2.9）表明，利润率与资本家的储蓄倾向成反比。在资本家储蓄倾向不变的条件下，资本积累与利润率存在相互制约关系。

卡尔多（Nicholas Kaldor, 1961）从理论上分析了资本投资、技术进步与经济增长之间的关系。他认为，所有技术都包含在物质资本里，没有投资参与，就没有技术进步。在新古典模型中，不管有没有投资参与，技术都随时间进步。在这个意义上，所有技术进步都是"非物化"的。他还认为，要避免经济增长的不稳定性，关键在于把技术进步和资本产出率结合起来。如果技术进步比资本存量增长快，则资本的边际生产率会上升，由此会导致更多的投资积累。相反，如果资本投资比技术进步增长快，资本的边际生产率会下降，由此会导致投资增长速度放慢。

约翰逊（H. G. Johnson, 1964）认为："定义经济发展的收入增长必定是资本积累或投资的结果，但投资必须定义为包括诸如增加物质资本，提高人口的健康、训练、技能和教育水平，把劳动转移到生产率更高的职业和运用现有的知识和发现以及操作方法等多种多样的活动，所有这些活动，通过使用现有资源形式发生成本。如果减去成本之后的报酬率超过一般利润率，或者这些资本带来的价值量大于为获得这些资本而发生的成本支出，那么，这些活动的投资就是值得的。从计划角度看，有效的经济发展涉及按可供选择投资项目的相对报酬率所确定的优先次序对投资资源进行分配。"在约翰逊看来，资源的合理配置在经济增长中起决定性作用，投资活动不仅影响投资资源合理配置，而且影响甚至决定其他经济资源的合理配置，因此投资活动是决定经济增长的核心要素。

卡莱茨基（Michal Kalecki，1969）把国民收入的最终支出分为生产性固定资本投资、增加的存货、非生产性固定资本投资、集体消费、个人消费及进出口差额。如果进出口为零，则国民收入等于消费加投资。在既定的国民收入中，消费和投资之间存在此消彼长的关系。卡莱茨基认为，经济增长由三部分决定：一是由投资引起的国民收入增加，增加量 $\Delta Y = (1/m) \cdot I$，m 为生产性固定资本投资系数。二是由设备报废引起的生产能力缩减，缩减量 $\Delta Y = \alpha Y$，α 是折旧系数，表示国民收入缩减量占国民收入的一个固定比例。三是由改善现有生产能力利用率而引起的国民收入增加量 $\Delta Y = \mu Y$，μ 是现有生产能力利用程度的改善系数。因此，年国民收入总增量为：

$$\Delta Y = \frac{1}{m}I - \alpha Y + \mu Y \tag{2.10}$$

等式两边同时除以 Y 得：

$$\frac{\Delta Y}{Y} = \frac{\frac{1}{m}I}{Y} - \alpha + \mu \tag{2.11}$$

以 r 代表国民收入增长率 $\Delta Y/Y$，以 i' 代表生产性固定资本投资占国民收入的份额 I/Y，得到：

$$r = \frac{1}{m}i' + \mu - \alpha \tag{2.12}$$

一般经济增长模型表明，决定经济增长率 r 的主要因素是投资率 i'、生产性固定资本投资系数 m、折旧系数 α 和改进系数 μ。卡莱茨基认为，虽然提高积累率或投资率并不一定能加速经济增长，但投资是促进经济增长的重要变量，投资在一定程度上决定经济增长，且经济增长速度的变化决定投资结构的变化。卡莱茨基虽认为资本效率是影响经济增长的重要变量，但未就资本效率对经济增长的作用机制进行分析。

对资本投资与经济增长关系理论的回顾发现，西方不同经济增长理论均直接或间接地把资本或投资作为经济增长的重要源泉之一，但研究存在两方面不足：第一，大多数学者未对投资效率与经济增长的关系进行深入分析，且不同理论对资本或投资的重要性认识差别很大。认为资本或投资是经济增长主要决定因素的经济学家，主张主要通过增加资本或投资，并合理配置资本（或投资）促进经济增长。认为技术进步是经济增长主要决定因素的经济学家，主张主要通过技术进步促进经济增长。第二，西方经济学家普遍认为市场机制能自发解决资本或投资在经济活动各部门中的优化配置问题，因此，他们在分析资本投资与经济增长的关系时，往往倾向于总量分析，忽视结构分析。

二 资本投资宏观效率测度

在市场机制完善的发达国家，投资数量、投资结构与投资方式由追求利润最大化的微观企业自主决策，很少存在过度投资、投资结构不合理和投资效率问题，因此国外系统研究宏观投资效率的文献较少。目前，国内宏观投资效率的测度主要有三种方法：一是直接测算，即测算投资—产出比（I/Y）、资本—产出比（K/Y）及增量资本—产出比（$\Delta K/\Delta Y$）的变动，并通过与其他国家对比或与历史数据对比，判断是否出现"过度"或"过快"的资本积累。实际中，通过测算投资或资本对 GDP 的回归拟合系数评价资本投资宏观效率。二是通过测算资本回报率考察资本效率。三是利用数据包络分析方法（Data Envelopment Analysis，DEA）测算全要素生产率（Total Factor Productivity，TFP）增长率。

投资—产出比（I/Y），指一定时期内单位 GDP 所需要增加的固定资产投资，用总投资占总产出的比重表示。该比值越高，投资效率越低。

资本—产出比（K/Y），指一定时期内单位实际产出所需要的实际资本存量，用一定时期内实际资本存量占实际产出的比重表示。该比值越高，投资效率越低。

张军（2005）提出关于增长核算学的一个简单分解方法，在规模报酬不变、技术进步外生和竞争市场假设下，产出增长率可分解成：

$$g_y = \alpha g_l + (1 - \alpha) g_k + e \tag{2.13}$$

式中，g_y、g_l 和 g_k 分别是产出、劳动和资本增长率，α 是劳动的产出弹性，e 为索洛残差或全要素生产率（TFP）增长率。对式（2.13）进行转换可得：

$$g_k - g_y = \alpha(g_k - g_l) - e \tag{2.14}$$

或者：

$$g(K/Y) = \alpha \cdot g(K/L) - g(TFP) \tag{2.15}$$

式（2.15）表明，在新古典生产理论假设条件下，资本—产出比（K/Y）的变动是资本—劳动比（K/L，即人均资本）变动与全要素生产率（TFP）变化率之间"净效益"的结果。如果 K/L 保持不变，则TFP的增长将全部转化为 K/Y 的下降。

边际资本—产出比（ICOR），又称增量资本—产出比或资本的边际效率，反映资本增量（I）和 GDP 增量（ΔY）之间的比例关系。ICOR 提高，说明增加单位总产出所需要的资本增量越多，投资效率下降；反之，投资效率提高。

若 ΔK、ΔY 分别表示资本增量与总产出增量，有：

$$ICOR = \Delta K/\Delta Y \tag{2.16}$$

由于资本存量的变动（ΔK）等于投资流量 I，则有：

$$ICOR = \Delta K/\Delta Y = I/\Delta Y = I/\Delta GDP \tag{2.17}$$

式（2.17）中，$\Delta GDP/I$ 表示每单位投资带来的产出增加量，资本—产出比（K/Y）的倒数（Y/K）表示资本平均产出率，投资—产出比（I/Y）的倒数（Y/I）表示每单位投资所带来的产出。因此，ICOR、K/Y 和 I/Y 越高，说明投资效率越低；如果 ICOR、K/Y 和 I/Y 上升快，说明出现了"过度投资"或"投资效率恶化"。

在实际中常用投资对 GDP 回归拟合系数作为衡量投资是否有效及投资效率高低的指标，这是现有研究中大多数学者进行投资效率计量检验时常用的方法。一般而言，如果投资对 GDP 回归拟合系数为正且系数越大，投资效率越高；反之，如果投资对 GDP 回归拟合系数为正且系数越小，投资效率越低。

　　资本投资回报率，指企业投入一定资本进行运作而获得的净收入，用资本投资回报与资本投资额的比值表示。该比值越高，资本投资回报率越高。

　　全要素生产率（TFP）增长率，TFP 增长率是一些文献用来衡量资本投资宏观效率的辅助性指标。TFP 指"生产活动在一定时间内的效率"，是用来衡量生产效率的指标，用总产量与全部要素投入量之比表示。从经济增长角度看，生产率、资本、劳动等要素投入都贡献于经济增长，因此，TFP 一般为资源（包括人力、物力、财力）开发利用的效率。从效率角度看，生产率等同于一定时间内国民经济中产出与各种资源要素总投入的比值。TFP 的增长既包括非体现的技术进步，也包括体现的与资本质量提高相对应的技术进步及与劳动力质量提高相对应的人力资本增长，以及其他不可观察的因素的贡献，这些因素可归结为效率改善、技术进步和规模效应三个来源，因此 TFP 增长率只能相对衡量资本投资效率提高的程度。

第二节　资本积累动态效率理论

　　资本积累动态效率是分析资本积累和经济增长的核心。本节就资本积累动态效率理论及其判断方法进行回顾梳理。

一　索洛经济增长模型与动态效率

　　索洛的经济增长模型是研究经济动态效率的理论基础。索洛模型采用新古典生产函数 $Y(t) = F[K(t)，A(t)L(t)]$，集中考察产出 Y、资本 K、劳动力 L 和技术水平 A 之间的关系。在模型中，索洛假设技术进步服从劳动扩张型技术进步，增长率为 g；因此，模型主要考察资本 K 和劳动力 L 对经济增长的影响，生产函数变为 $Y(t) = F[K(t)，N(t)]$，边际产出为正且呈递减趋势，规模报酬不变；满足稻田条件（要素无穷少时，边际产出无穷大，即 $\lim_{L \to 0} f'(L) = \lim_{K \to 0} f'(K) = \infty$；要素无穷多时，边际产出无穷小，即 $\lim_{L \to \infty} f'(L) = \lim_{K \to \infty} f'(K) = 0$）；储蓄率为常数 s，资本以一个不变的比率 δ 折旧，劳动数量按一个不变的

比率 n 增长。

任何时点上物质资本存量的净增加等于总投资减去折旧，即：

$$\Delta K = I - \delta \cdot K = s \cdot F(K, N) - \delta \cdot K \qquad (2.18)$$

对式（2.18）求解，写成人均资本形式，得到索洛模型的基本微分方程：

$$\Delta k = s \cdot y - (\delta + n + g) \cdot k \qquad (2.19)$$

对式（2.19）两边同时除以 k，得：

$$g_k = \frac{\Delta k}{k} = s\frac{f(k)}{k} - (\delta + n + g) \qquad (2.20)$$

索洛模型中，在平衡增长路径上，人均资本成为常数，则最优人均资本存量 k^* 满足 $sf(k^*) = (n + g + \delta)k^*$，此时对应每一个外生变量的储蓄率 s 均有唯一的一个 k^* 与之相对应。在平衡增长路径上，如果资本存量持续增加，且存在资本边际产出 $f'(k^*) < n + g + \delta$ 时，那么随着储蓄率 s 提高，居民的消费水平反而会下降，家庭福利减少。如果资本存量增加，且出现资本边际产出 $f'(k^*) > n + g + \delta$ 时，均衡路径上储蓄率 s 的提高会提高当前和未来居民的消费水平，家庭福利增加。当经济实现长期均衡后，增长率等于人口增长率和技术进步率之和，与储蓄多少无关。即储蓄只具有水平效应不具备增长效应，只能改变经济增长路径，即改变每个人的平均产出水平，但不会改变处于平衡增长路径上每个人的平均产量的增长率。

Phelps（1965）在索洛经济增长模型的基础上，提出著名的经济增长黄金定律：当一个经济体的资本存量达到一定水平，使资本的边际生产率等于人口增长率与劳动生产率增长率之和时，经济便处于最优增长路径上，该资本存量称为黄金律资本存量。当经济体中资本存量大于黄金律资本存量时，资本存在过度积累，此时经济出现动态无效，可通过减少资本投资、增加消费改善经济动态效率；当经济体中资本存量小于黄金律资本存量时，资本不存在过度积累，经济动态有效，可通过增加资本投资、减少消费促进经济增长。用公式表示为：

$$f'(k^*) = n + g + \delta \qquad (2.21)$$

式（2.21）是经济实现黄金律增长所需满足的条件。实际上，Phelps 从理论的角度初步提出了判断和检验一个经济动态效率的三种方法：

（1）估计资本的净报酬率，判断其是否大于等于实际经济增长率。即比较资本的净收益报酬率 $f'(k^*) - \delta$ 和经济增长率 $n + g$ 的大小。人口增长率与劳动生产率增长率之和刚好是实际的经济增长率。一般地，将资本的净报酬率大于等于经济增长率时的经济运行状态称为动态有效状态；反之则称为动态无效状态；当资本的净报酬率恰好等于经济增长率时，称经济处于最优增长路径上。

（2）直接比较真实利率是否大于等于经济增长率。黄金定律为判断实际经济运行的效率提供了一个依据，即比较实际利率与经济增长率的大小。实际利率大于等于经济增长率时，经济动态有效；实际利率小于经济增长率时，经济动态无效。

（3）直接比较某一时段经济总投资与从总投资中获得的总利润或总收益的大小。如果总投资大于总资本收益，经济动态无效；反之则经济动态有效。

二　拉姆齐—卡斯—库普曼斯模型与动态效率

由索洛模型推导出的黄金定律只能保证人均消费最大化，不能保证行为人的效用最大化。为克服索洛模型的缺陷，拉姆齐（Ramsey，1928）开始考虑居民消费行为的影响，储蓄不再作为外生变量，提出了最优消费与最优储蓄的概念。随后，卡斯（Cass，1965）和库普曼斯（Koopmans，1965）在 Ramsey 模型的基础上构建了拉姆齐—卡斯—库普曼斯模型。该模型包括厂商和家庭两个部门，厂商在竞争市场中雇用家庭提供的劳动力及资本进行产品生产和销售，家庭向厂商提供劳动力并向厂商出租家庭拥有的资本，实现消费和储蓄。拉姆齐模型中虽然技术和劳动力仍是外生变量，但储蓄率受居民消费行为影响。拉姆齐模型假设行为人是"长生不老"的，家庭生命周期是无限期的，个人在利他主义驱动下无限期实现储蓄和消费，追求自身效用最大化，并在完全竞争的产品市场与要素市场中探讨生产、消费和储蓄的动态均衡路径。在拉姆齐模型中，当经济处于稳态均衡时，存在人均资本存量小于黄金律水平所确定的人均资本存量，推导出了经济增长的修正黄金定律。修正的黄金定律采用人均消费效用最大化来确定经济处于稳态均衡的资本存量，在均衡状态下始终存在资本存量小于黄金律水平所确定的资本存量，因此该模型不存在资本过度积累、经济动态无效的情形。即修正的黄金律关系为：

$$f'(k) = \rho + n + g \tag{2.22}$$

式（2.22）中，ρ 为时间偏好，又称为主观贴现率，n 为人口增长率，g 为技术进步率。该模型表明资本的边际生产率等于主观贴现率、人口增长率与技术进步率之和，当主观贴现率 ρ 为零时，其等价于索洛模型中的黄金律。

三 代际交叠模型与动态效率

拉姆齐—卡斯—库普曼斯模型得出经济总是动态有效的，不存在资本的过度积累，原因是该模型对行为人作出"长生不老"的强假设。考虑现实中人的寿命是有限的，该模型所具有的唯一均衡、确定性路径和帕累托有效均衡等独特性质将不一定成立。代际交叠模型是将行为人的生命期引入模型，从理论上探讨经济出现动态无效可能性的现实模型。

由萨缪尔森（Samuelon，1958）提出并经戴蒙德（Diamond，1965）扩展的代际交叠模型，假设市场经济由个人和企业组成，个人生存两期：青年期和老年期。第 t 期的青年人将在 $t+1$ 期变为老年人，每期存在一代青年人和一代老年人。个人在青年期从事生产并获得收入，在老年期只消费不生产。在 t 时期的年轻人的储蓄产生资本存量，此资本存量与 $t+1$ 期的年轻人提供的劳动相结合，生产 $t+1$ 期的产出，N_t 为 t 期工作的人数，n 表示人口增长率，则 $N_t = N_0(1+n)^t$。

该模型假设市场为竞争的，本书采用新古典生产函数：$Y_t = F(K_t, N_t)$，其中，Y_t、K_t、N_t 分别为 t 期产量、资本存量和有效劳动数量，并假定生产函数满足规模报酬不变和稻田条件，技术进步为外生变量。因此，本书假设生产函数为 Cobb – Douglass 生产函数，即：

$$f(k_t) = k^a, \ 0 < a < 1 \tag{2.23}$$

$$f'(k_t) = \alpha k^{\alpha-1} \tag{2.24}$$

假设技术进步率 $g = 0$，即不考虑技术对经济的影响。则均衡增长路径上的资本存量 k^* 为：

$$k^* = \left[\frac{1-a}{(1+n)(2+\rho)}\right]^{\frac{1}{1-a}} \tag{2.25}$$

将式（2.25）代入式（2.24），得到资本的边际产出：

$$f'(k^*) = \frac{a}{1-a}(1+n)(2+\rho) \tag{2.26}$$

在稳态中，满足黄金律水平的资本存量为：$f'(k_{gold}) = n + \delta$，当资本存量满足这一等式时，个人实现最优消费，即一生效用总和最大。但是，$f'(k^*)$ 与 $f'(k_{gold})$ 之间的大小不确定，当 a 足够小时，均衡增长路径上的人均资本边际产出 $f'(k^*)$ 可能会小于 $f'(k_{gold})$，此时均衡增长路径上的资本存量大于黄金律资本存量，资本出现过度积累，经济动态无效。这是由于行为人在老年时期没有劳动收入，要维持第 $t+1$ 期的消费，必须在第 t 期进行资本积累，经济跨期积累的存在导致动态无效出现的可能性。计划者可重新配置资源，减少资本积累，增加消费，在不损害年轻人福利的前提下改善老年人福利，实现帕累托最优。

四 AMSZ 准则与动态效率

Abel、Mankiw、Summers 和 Zeckhauser（1989）认为传统的检验经济是否动态有效的方法主要是通过比较经济增长率和资本收益率，而在不确定性的经济中存在不同种类、不同风险和不同期限的资本投资收益率，同时也不存在明显的经济增长率，通过比较无风险收益率与经济增长率的大小不能准确判断资本是否存在过度积累。因此，他们对 Diamond（1965）的模型进行了一般化处理，将不确定性引入Diamond 的两期代际交叠模型中，推导出一个判断现实经济是否动态有效的净现金流准则——AMSZ 准则。

Abel 等（1989）假设人口增长和技术进步都是随机的，每个人的寿命分为两期并且追求效用最大化。则最大化效用函数与个人预算约束①为：

---

① 代际交叠模型中假设青年人不拥有资本，他们只向企业提供劳动以获得收入，并把收入在当期消费与储蓄之间加以分配，老年人则要把他们原来积蓄下来的财富全部用于消费。

$$U = u(c_t^y) + E_t v(c_{t+1}^0) \qquad (2.27)$$

$$c_t^y = w_t - V_t s_t \qquad (2.28)$$

$$c_{t+1}^0 = (D_{t+1} + V_{t+1}) s_t \qquad (2.29)$$

式（2.27）至式（2.29）中，c_t^y 和 c_{t+1}^0 分别是 t 期年轻人的消费和 $t+1$ 期老年人的消费，E_t 是预期，表示依据 t 期可得信息的条件期望算子，w_t 是工资率，s_t 是个人在股票市场组合中所占的份额，V_{t+1} 是支付股利后的市场组合的价值，D_{t+1} 是总的分红。令 R_{t+1} 为 t 期到 $t+1$ 期资产的报酬率，则资本资产定价的标准一阶条件为：

$$E_t [v'(c_{t+1}^0) R_{t+1} / u'(c_t^y)] = 1 \qquad (2.30)$$

式（2.30）对市场资产组合的收益率也成立，即 $R_{t+1} = R_{t+1}^M = (V_{t+1} + D_t)/V_t$，这里的 R_{t+1}^M 为整个市场资产组合的报酬率。总消费恒等式为：

$$C_t = N_t c_t^y + N_{t-1} c_t^0 \qquad (2.31)$$

式（2.31）中，N_t 是 t 期劳动力的总供给，即在 t 期有 N 个人出生，每个人年轻时无弹性地提供一个单位的劳动力，在老年时不再工作，期间总的劳动力供给即为 N_t，则个人在股票市场组合中总的份额有：$N_t s_t = 1$。

由式（2.28）和式（2.29）可知：总消费等于劳动收入和股利分红之和，即：

$$C_t = w_t N_t + D_t \qquad (2.32)$$

令 Y_t 为总产出，则 $\pi_t = Y_t - w_t N_t$ 为总利润，$I_t = Y_t - C_t$ 为投资，则由此可得：

$$D_t = \pi_t - I_t \qquad (2.33)$$

此处股利① D_t 等于利润 π_t 减投资 I_t，也等于总消费减去劳动收入，即：

$$D_t = C_t - w_t N_t \qquad (2.34)$$

企业利用资本和劳动生产，假设采用一般化的生产技术，则生产

---

① 这里的股利不是一般意义上的概念：公司股票回购代表股利支付，新股发行代表负的股利支付。因此，"股利"代表从企业到家庭的除劳动收入外的净商品流，关于其符号没有预先假设。

函数为：

$$Y_t = F(I_{t-1}, I_{t-2}, \cdots, I_{t-i}; N_t, \theta_t) \tag{2.35}$$

式（2.35）中 I_t 是 t 期的总投资，θ_t 是 t 期的自然状态，假定生产技术为规模报酬不变，则竞争性工资率为：

$$w_t = \partial F(I_{t-1}, I_{t-2}, \cdots, I_{t-i}; N_t, \theta_t)/\partial N_t \tag{2.36}$$

资本总收益为：

$$\pi_t = \sum_{i=1}^{\infty} F_t^i I_{t-i} \tag{2.37}$$

式（2.37）中，F_t^i 是生产函数对 $t-i$ 期投资的偏导数，即 $\partial F(I_{t-1}, I_{t-2}, \cdots, I_{t-i}; N_t, \theta_t)/\partial^{t-i}$。假设 $F_t^i \geqslant 0$，则式（2.35）就存在：当 $i > n$ 时，则 $F_t^i \equiv 0$。式（2.37）表明总利润由寿命期内总的资本投资收益构成。

现分析在何种条件下，竞争均衡是动态有效或无效的。假设 $\Omega(\theta_t)$ 为出生于 t 期且处于 θ_t 状态下的所有个人的事前效用函数：

$$\Omega(\theta_t) = u[c_t^y(\theta_t)] + E\{v[c_{t+1}^0(\theta_t)] \mid \theta_t\} \tag{2.38}$$

对于某个状态 θ_t，有可能增加 $\Omega(\theta_t)$，而对于任何其他的 θ_t'，不减少 $\Omega(\theta_t')$，即存在可能的帕累托改进，则初始的竞争均衡是动态无效率的；如果帕累托改进是不可能的，则竞争均衡是动态有效率的。因此可以得出如下定理：

定理 1：如果对于所有时期 t 和所有自然状态，有 $D_t/V_t \geqslant \varepsilon > 0$ 成立，则均衡状态是动态有效的；如果存在 $D_t/V_t \leqslant \varepsilon < 0$，则均衡状态是动态无效的。其中，$V_t$ 表示有形资本在 t 期的市场总价值，D_t 代表 t 期资本的净收益，即总资本收益减去总投资，ε 为任意数。这一定理成为检验经济动态效率时遵循的标准准则。

定理 1 的含义是，由于在几乎所有经济中，企业的总价值通常都是正的，所以该准则表明，如果在一个经济中，商品从企业到投资者是净流出，那么均衡是动态有效的；相反，如果在一个经济中，商品从投资者到企业是净流入，那么均衡就是动态无效的。

Abel 等（1989）在定理 1 的基础上提出了检验现实经济的动态效率的净现金流准则，即 AMSZ 准则。在具体运用该准则时，Abel 等用资本总收益和总投资的差来代表净现金流：资本净收益 = 资本总收益－总投资，并将资本总收益和总投资分别定义为：总资本收益＝国民收入＋折旧－劳动者报酬；总投资＝固定资产投资＋存货投资。

五　动态效率理论述评

Phelps（1961）提出的经济增长黄金定律，认为判断经济是否动态有效可通过比较实际利率与经济增长率的大小实现。Diamond（1965）在代际交叠模型中引入人的生命周期，从理论上证明自由竞争经济中可能出现动态无效。随着动态效率理论的逐渐完善和研究的发展，许多经济学家在此基础上发展了一系列实证检验经济动态效率的方法，但由于采用的方法和判别标准不同，得出的结论差异较大。目前用来检验经济是否动态有效的方法主要有三种：一是通过判断经济中的资本存量是否超过黄金律水平的资本存量。如果经济中资本存量超过黄金律水平所确定的资本存量，资本存在过度积累，经济动态无效；反之，经济动态有效。该方法的难点在于选择何种收益率来衡量实际经济中的利率水平，选择不同的基准利率可能会得出不同的结论。[①] 二是通过判断资本的边际生产率是否超过经济增长率（一般选择企业利润率衡量资本边际生产率）。如果资本边际生产率大于经济增长率，则认为经济动态有效；反之，经济动态无效。[②] 三是采用AMSZ准则判断经济是否动态有效，即资本总收益是否大于总投资，资本净收益是否大于零。如果资本总收益大于总投资，资本净收益为正，资本不存在过度积累，经济动态有效；反之，经济动态无效。[③]

在确定性均衡经济中，上述三种方法均可检验经济的动态效率，但在不确定性均衡经济中，三种检验方法则存在差别。方法一需要选择实际利率指标，通过比较实际利率与经济增长率的大小检验动态效

---

① Ibbotson（1987）选择美国短期国债的真实收益率作为实际利率，其研究结果发现1926—1986年美国经济动态无效；Cohen（1995）选择企业利润率作为实际利率，研究结果表明1980—1994年美国经济动态无效。

② Tobin（1965）、Solow（1970）、Feldstein（1977）等用企业资金回报率衡量资本边际产出率与经济增长率比较，研究美国经济动态效率；Feldstein和Summers（1977）的研究发现，美国资本边际报酬率大约为10%，高于经济增长率，经济动态有效。

③ Abel等（1989）利用AMSZ准则对1929—1985年美国、1965—1984年英国、法国、德国、意大利、加拿大和日本及1953—1985年所有OECD国家的经济数据进行检验，结果显示这些国家经济动态有效。

率。由于中国利率尚未完全市场化，资金供求关系很难通过市场利率真实反映，加之中国股票和债券市场等筹融资体系尚不完善，选择短期国债收益率和股票收益率均不能代表实际投资收益率，因此用第一种方法检验中国经济动态效率存在很大局限性。方法二通过比较企业利润率与经济增长率的大小检验动态效率需要计算企业利润率。由于中国市场化程度不高，国有企业在国民经济中所占比重较大，国有企业利润尚受到许多非市场因素的影响，因此选择企业利润率也难以准确判断中国经济的动态效率。目前，国内主要采用第三种方法，即通过资本总投资与总收益的比较，检验中国经济的动态效率，判断经济中是否存在资本过度积累。

第三节　资本配置与经济增长理论

资本对经济增长的作用不仅与资本存量有关，更取决于资本配置效率的高低。资本配置是经济增长中资源配置（Allocation of Resources）的重要组成部分，如何使资本配置产生最大效能是每一经济制度的基本问题。优化资本配置，不仅可使稀缺资本资源得到高效利用，提高资本配置效率，而且可促进经济增长模式由粗放型向集约型转变，提高经济增长质量，实现经济长期可持续增长。

一　平衡增长理论

20 世纪 50 年代，西方发展经济学界围绕发展中国家如何选择经济增长途径展开了平衡增长模式和不平衡增长模式的争论。这两种经济增长途径实际上是资源配置的两种方式，因而可看成是两种资本配置理论。

罗森斯坦－罗丹（P. Rosenstein－Rodan，1943）提出的"大推进"理论（the theory of the big－push）认为，由于国民经济各部门之间存在供给、需求及储蓄的不可分性，发展中国家实现工业化和经济发展，必须形成一定规模的、能同时推动国民经济各部门齐头并进、平衡增长的投资量。在供给方面，许多投入要素、生产过程均具有不可分割性，国民经济中某一部门的增长与其他部门供给的增长互为条件。如电力、交通运输、通讯、供水等社会基础设施必须达到必要的规模才能发挥作用，否则，资本事实上并未形成，经济增长得不到促进。由于基础设施建设周期长，必须先于直接生产性投资，且这些部门的建立可以诱发直接生产部门的建立，但对它们的投资必须达到一定规模才能形成生产能力和产生外部经济效应。在需求方面，各关联产业在投资决策过程中互相依存、互相提供需求。如果仅集中投资于某一部门或某一行业，则会导致该部门或该行业的大部分产品出现无人购买的困境。如果对许多部门或行业同时投资，则能互相提供生产所需的投入要素和产品的销售市场，形成市场需求的互补性，由此突破需求不足的限制，并形成外部经济效益。在储蓄方面，进行大规模投资需要大量储蓄，但储蓄并不随收入同比例增长。只有当收入增长超过一定限度后，储蓄才会急剧上升，才会使更大规模的投资成为可能。发展中国家一方面面临人均国民收入较低，居民储蓄低下的困境，另一方面即使最小临界投资规模也需要大量储蓄。因此，为保证投资资金的来源，必须在投资提高诱发的居民收入增长时，使储蓄增长率超过收入增长率，边际储蓄率高于平均储蓄率，否则，储蓄不充分将使投资规模受到限制。基于供给、需求及储蓄的不可分割性，罗森斯坦－罗丹提出，发展中国家要克服"有效需求不足"和"资本供给不足"的双重发展障碍，必须实行"大推进"战略，集中大量资本，对国民经济的所有部门按同一投资率进行全面的、大规模投资，使各部门同时发展，相互依存，互为市场，由此打破发展"瓶颈"，推动整个国民经济全面、均衡、快速发展。

纳克斯（Nurkse, 1953）的"贫困恶性循环"（vicious circle of poverty）理论，通过对需求和供给的分析认为，资本稀缺是妨碍经济增长的主要因素。供给方面表现为储蓄与投资间的恶性循环。低收入意味着低储蓄能力，低储蓄能力又引起资本形成率（投资率）不高，资本短缺造成生产率低下，由此导致收入不高。需求方面表现为收入与需求之间的恶性循环。低收入意味着低购买力，低购买力又引起投资引诱不足，投资生产的资本不足使生产率低下，结果导致收入不高。纳克斯认为打破这两个恶性循环的关键是同时对国民经济各部门进行大规模投资，通过全面投资引起部门间的互相购买及消费者支付能力的提高，由此产生足够的投资引诱，为投资规模的进一步扩大和经济增长创造条件。

与罗森斯坦－罗丹主张对国民经济各部门按同一比率进行投资不同，纳克斯认为，由于各部门产品价格与收入弹性不同，国民经济各部门的生产和投资应按不同比率进行，价格与收入弹性高的部门多投资；反之则少投资。

二　不平衡增长理论

赫希曼（A. D. Hirschman，1958）认为，发展中国家应将稀缺的资本资源集中配置于一部分产业部门，以此为动力逐渐扩大对其他产业部门的投资，从而带动整个国民经济发展。赫希曼用"引致投资最大化"原理说明不平衡增长理论。他先区分了"社会间接资本"和"直接生产资本"。他认为，社会间接资本是用于基础设施和基础工业中的投资。该类投资所需的投资规模大、建设周期长、收益慢且低，但具有很强的外部性，社会收益远远超过自身经济收益。直接生产资本是用于工业、农业等产业部门中能直接增加产出和收益的投资。虽然两类资本在经济发展中均不可或缺，但由于发展中国家资本有限，只能根据发展目标，对社会间接资本和直接生产资本进行优先选择，由此形成过剩发展和短缺发展两种不平衡增长途径。前一种不平衡增长途径是先对社会间接资本重点投资，使其处于超前发展状态，以便为直接生产活动提供良好的外部环境和生产条件，使直接生产活动的生产成本下降和利润率上升，进而刺激直接生产活动投资增加，最后使社会间接资本和直接生产活动达到平衡。后一种不平衡增长途径是先对直接生产活动重点投资，使社会间接资本处于短缺状态，这会使直接生产活动成本上升，结果会迫使投资向社会间接资本转移以使二者达到平衡。这两种不平衡增长途径都能产生投资诱导效应。赫希曼主张，资本稀缺的发展中国家应暂时延迟对基础设施和基础工业的投资，集中资本优先发展直接生产部门，以尽快获得投资收益，增加直接生产部门的产出和收入。当直接生产部门的生产发展和收入增加后，再利用一部分收入投资于基础设施和基础工业，促使社会间接资本和直接生产活动发展的平衡。

三 区域经济非均衡发展理论

为改变发展中国家人均收入低和地区经济发展不平衡状况，一些发展经济学家从区域经济角度阐述发展中国家选择经济增长的途径，提倡区域经济非均衡发展战略，即将有限的资本集中配置于某些地区，形成不同地区发展优先选择次序。

佩鲁（F. Perroux, 1955）提出的"发展极"（Development Poles）理论认为，经济空间存在着若干中心、力场或极，产生类似"磁极"作用的各种离心力和向心力，从而产生相互联合的一定范围的"场"，并总是处于非平衡状况的极化过程中。发展极是由主导部门和有创新能力的企业在某些地区或大城市的聚集发展而形成的经济活动中心。这些中心具有生产、贸易、金融、信息、交通运输、服务、决策等多种中心的功能，能产生吸引或辐射作用，促进自身并推动其他部门和地区经济增长。佩鲁认为，经济增长并非同时出现在所有地方，它以不同强度首先出现一些增长点和发展极。由于某些主导部门或有创新能力的企业或行业在一些地区或大城市的聚集，形成一种资本与技术高度集中、具有规模效益、自身增长迅速并能对邻近地区产生强大辐射作用的"发展极"。因此应将有限的资本集中，优先配置于能对邻近地区产生强大辐射作用的"发展极"，优先促进其增长与发展。

缪尔达尔（G. Myrdal, 1957）和赫希曼（A. Hirschman, 1958）认为，区域经济均衡增长不可能，经济发展并不同时在每处出现，经济增长一旦出现，其巨大动力将使经济增长围绕最初的出发点集中。任何一个具有较高收入水平的经济都是由一个或几个区域实力中心首先发展。他们提出在经济发展过程中，当某些先起步的地区已累积起经济发展优势时，政府应采用不平衡发展战略，通过发展计划和重点投资优先发展那些有较强增长势头的地区，以获得较好的投资效率和较快的增长速度，并通过这些地区的发展及其"扩散效应"带动其他地区发展。因此，发展中国家在经济发展初期，应让市场机制在资本配置中充分发挥作用，加快提高国民经济整体水平，而不是把主要精力放在缩小地区经济发展差距上。①

克鲁默（G. Krumme，1967）、海特（R. Hayor，1975）等认为，区域经济的盛衰主要取决于区域产业结构的优劣，而区域产业结构的优劣又取决于地区经济部门，特别是主导专业化部门在工业生命循环中所出现的阶段。如果一个区域的主导专业化部门由处在创新阶段的兴旺部门组成，则该地区为高梯度区；如果一个区域的主导专业化部门由处在成熟阶段后期或衰老阶段的衰退部门组成，则该地区为低梯度区。区域间客观上形成的这种技术梯度，为生产力的空间转移提供了可能。生产力的空间推移，首先是高梯度区域应用先进技术优先发展，新的产业部门、新产品、新技术、新思想等大都发源于高梯度区域，然后随着时间推移，逐步有序地从高梯度区域向处于二级梯度、三级梯度的低梯度区域推进。随着经济发展，推移的速度加快，区域间的差距逐步缩小，最终实现经济分布的相对均衡。按照区域经济发展梯度转移理论，一国在经济发展中，应将资本集中配置于高梯度区域，让其优先发展，然后通过高梯度区的发展带动低梯度区的发展，进而促进整个国民经济发展。

四　资本配置效率的测算

国外对资本配置效率的测算方法主要有两种。一种方法是新古典一般均衡理论，认为当要素价格等于边际生产率时，资本配置达到完全有效，经济整体表现出帕累托最优。另一种方法是由 Wurgler（2000）建立的量化测算资本配置效率的方法，即用行业投资增长对行业产值增长的敏感度度量资本配置效率。基本思路是，金融体系资本配置效率的提高意味着在高资本回报率的行业内继续追加投资，在低资本回报率的行业内适时撤出资本。

按照新古典一般均衡理论，当且仅当要素价格等于其边际产出时，资源配置完全有效。由于要素价格难以直接获取，考虑到如果各行业、各地区的资本边际产出不相等，且行业、地区间的资本流动不

---

① 第二次世界大战后西欧出现经济发展趋同现象的国家，并非是市场力量自发作用的结果，而是有意识的政府干预形成的。任市场力量自发发展，不论长远还是短期，地区经济发展都不能自动走向均衡。只有将市场力量和有意识的政府干预结合，才能产生强大的地区扩散效应，从而扭转落后地区与发达地区的差距，实现整体经济平衡增长。

存在障碍时，投资者会基于收益最大化原理不断调整投资方向，使资本在不同行业、不同地区间流动。资本配置效率提高意味着社会资本在各部门和各行业间高效流动，使资本资源配置到效率更好或更高的部门，结果使各行业资本的边际收益率趋于相等，最终实现资本边际产出相等，使资本配置处于最优状态。因此，可从"要素的边际产出相等"出发，通过测算资本边际产出对均衡状态的偏离衡量资本配置效率，若方差变小，说明资本边际收益率趋于均等，资本配置效率得到改善。

如果分别用 ΔK 和 ΔY 表示资本增量与总产出增量，则边际资本—产出比率 $ICOR$ 可用 $\Delta Y/\Delta K$ 表示（即 $IOCR = 1/ICOR = \Delta Y/\Delta K$）。实证分析中常用两种方法估计资本边际产出率。

（1）"函数估计"法。假设 $Y = F(K，L；x)$ 是总量生产函数，利用总产出 Y、劳动投入 L、资本存量 K 等数据对总量生产函数进行回归，估计参数值 x，然后计算出 $F_k = \partial Y/\partial K = F_k(K，L，x)$。在利用"函数估计"法估计资本边际产出率时，可能会由于选择总量生产函数的性质和结构不同，使估计结果产生较大差异，为增强结论的可信度，学者们通常假定性质一般的生产函数，或用几种函数分别进行测算。

（2）"调整推算"法。即利用所得税、利润率等财务数据调整推算出"平均资本收益率"等指标来替代资本边际产出率。在利用"调整推算"法估计资本边际产出率时，可能会由于所得税、利润率等财务数据的调整过程非常复杂而使估计结果产生很大误差。同时由于统计数据的质量和口径的原因，使"调整推算"法的可操作性和可比性较差，很难进行推广和进行国际比较。该方法通常只能考察某项措施实施后，资本配置效率是否得到提高，无法精确度量行业或国家资本配置效率的精确值，在实际应用中具有较大局限性。

Jeffrey Wurgler（2000）提出资本配置效率可用资本对产出变化的弹性来度量，并提出测度资本配置效率的投资弹性系数方法。投资弹性系数是衡量国民收入对投资变动敏感程度的指标，用当年投资增长速度与当年 GDP 增长速度之比表示。投资弹性系数越高，说明投资对国民经济增长的贡献率越大，投资效率越高。Jeffrey Wurgler 定义，一个国家如果可以做到"在相对高成长的行业追加投资，而从相对衰退的行业撤走资金，那么这个国家的资本配置就是有效率的，否则就是低效或无效的"。Jeffrey Wurgler 使用的回归方程为：

$$\ln \frac{I_{i,c,t}}{I_{i,c,t-1}} = \alpha_c + \eta_c \ln \frac{V_{i,c,t}}{V_{i,c,t-1}} + \varepsilon_{i,c,t} \tag{2.39}$$

式（2.39）中，I 表示国家 c 中行业 i 在第 t 年中的实际总固定资产形成额；V 是相应的实际产出增加值；I、V 均为经价格指数平减的实际值；方程中 η_c 为"行业投资对产出的弹性系数"，表明第 t 年国家 c 各行业的资金追加和撤出对盈利能力变化的弹性指标。一个国家的 η_c 越高，说明该国行业间的资本流动对行业兴衰的变化越敏感，该国行业间的资本配置越有效。该方法由于其模型具有微观理论基础，指标具有实际意义，便于横向和纵向比较，且模型变量为时间序列，可反映资本配置效率的动态变化，便于进行动态分析，因此在实践中得到广泛应用。

除上述测算资本配置效率的方法外，一些文献采用投资回报率、非国有经济投资额占全部工业固定资产总投资额的比重等一些辅助性指标间接考察资本配置效率。投资回报率是考察投资效率的有效指标，学者们通常通过测算全国独立核算工业企业的平均资金利税率、资本收益率等指标衡量投资效率。现有研究文献表明，集体企业、私人企业等非国有企业是中国经济增长重要的动力和活力源泉，非国有经济投资占总投资的比重可反映经济发展的效率水平，因此也可用该指标间接衡量资本配置效率的高低。

第四节　国内外相关研究综述

本节就国内外学者对资本效率的相关研究进行系统回顾与梳理，并对国内外研究现状进行简要评述。

一　资本投资宏观效率研究现状

国内外学者对资本投资宏观效率的研究主要集中在资本投资与经济增长的关系、资本投资宏观效率测度及影响资本投资效率的因素三方面。

在资本投资与经济增长关系的理论研究方面：A. Smith（1776）认为国民产出增长主要由资本积累和资本有效配置决定，投资增长是经济增长最基本的决定因素。J. M. Keynes（1936）从投资的需求效应出发，提出投资具有乘数效应，投资增加将有效刺激国民经济中其他相关部门有效需求的增加，从而推动国民收入增长。R. F. Harrod（1939）和 E. Domar（1946）从长期和动态角度对凯恩斯理论进行完善，得出资本投入是经济增长的唯一根本动力。Solow R. M.（1956）和 Swan T. W.（1956）以人均资本的增长体现经济增长率。P. A. Samuelson 认为，经济长期增长是技术进步或人口增长等一些经济体系的外生变量作用的结果，在外生变量推动下，经济能实现长期稳定增长。20 世纪 80 年代中期以来，经济学家 Romer P. M.（1986）和 Lucas R. E.（1988）提出新经济增长理论，认为经济系统内生决定的技术进步、知识和人力资本积累是经济长期增长的决定因素。由于技术创新、新知识生产、人力资本积累均意味着资本的投入，新经济增长理论中的资本积累包括物质资本、知识资本和人力资本积累，投资包括物质资本、知识资本和人力资本投资等多方面。内生经济增长理论将资本理解为物质资本与人力资本的结合，得出资本边际产出不会递减（King，Plosser and Rebelo，1988）。

对投资与经济增长关系的实证研究发现，物质资本投资与经济增长之间具有较强关联性，机器、设备等固定资产投资较其他投资更有利于促进经济增长（Blomstrom et al. ，1996），但经济增长率与资本形成率之间的强关联性不是资本形成带来的，而是由经济增长对资本积累的促进作用引致的（Lipsey and Kravis，1987）。De Long 和 Summers（1991）利用联合国数据进行研究发现，美国等国家固定资产投资与经济增长之间具有较大关联性，机器设备等生产性固定资产投资的乘数效应使固定资产投资成为经济增长的主要原因；但 Krugman（1994）的研究却发现，东亚和东南亚国家高增长模式，在大量增加物质资本投资的同时，全要素生产率 TFP 并未显著提高，由于资本边际报酬递减，东南亚增长模式不可持续。Kim 和 Lau（1994）、Young（1995）验证了 Krugman（1994）的研究结论。

对资本投资宏观效率的测度，国内外学者主要采用三种方法：

一是通过资本—产出比（K/Y）、增量资本—产出比（$ICOR = \Delta K/\Delta Y$）考察资本效率。数学家 Von Neumann（1937）通过构建动态方程系统模拟经济增长发现，当 K/Y 为常数时，经济增长实现最优。Samuelson（1990）进一步验证了在 Von Neumann 系统中，当经济处于平衡增长时，K/Y 为常数。在哈罗德—多马模型中，决定经济增长的最重要因素是储蓄率和 K/Y。Rains（1958）发现 1886—1929 年日本纺织业 K/Y 平均在 11.3—19.5 变动。Anderson（1961）的研究发现，由于技术进步，1880—1960 年美国具有代表性的制造业和铁路部门折算后的实际 K/Y 基本保持稳定。Romer 等（1990）从理论上证明当经济处于均衡状态时，K/Y 会收敛至一个定值，通过实证发现发达国家 K/Y 逐渐收敛，发展中国家 K/Y 差异较大。Walters（1966）研究发现，欧洲国家和美国的 $ICOR$ 与 K/Y 正相关，与经济增长率负相关。Leibenstein（1966）对世界范围内 134 个国家进行研究发现，有 129 个国家的实际 $ICOR$ 与 GDP 增长率呈负相关关系，Vanek 和 Studenmund（1968）对 62 个国家的研究验证了 Leibenstein 的结论，但 Kaldor（1966）的研究发现，G7 国家 $ICOR$ 与经济增长率之间强正相关。Krueger（1984）研究发现，1960—1973 年韩国、新加坡和中国台湾的 $ICOR$ 在 1.7—2.5，智利、印度及巴西的 $ICOR$ 分别为 5.5、5.7 和 3.8，Mun 和 Wai（2002）测算出 1970—1997 年新加坡 $ICOR$ 均值为 4。Krugman（1999）的研究发现，东亚国家 $ICOR$ 呈不断上升趋势，资本产出效率不断下降。

国内学者张军（2002）通过测算中国实际 K/Y 比率的变动模式，认为资本深化的加速是导致中国经济增长持续下降的原因，并认为中国资本形成主要发生在公共和国有部门，资本投资分配格局存在非效率。李治国等（2003）对名义 K/Y 比率的测算、蒲艳萍等（2009）对 1952—2006 年 K/Y 及其增长率的测算及王东（2012）对 1980—2010 年 K/Y 的测算均发现，20 世纪 90 年代中后期以来，中国资本利用效率逐渐降低，投资效率出现恶化趋势。在 $ICOR$ 研究方面，高善文（2004）的研究显示，20 世纪 90 年代末以来，中国工业部门 $ICOR$ 缓慢上升，整体 $ICOR$ 逐年下降，宏观投资效率不断上升，但吴敬琏（2004）及雷辉（2009）的研究却发现，2000 年以来中国 *ICOR* 持续上升，宏观投资效率不断下降。庞明川（2007）从 *ICOR* 和投资对 GDP 拟合系数的测算中得出，中国经济整体不存在投资过热或过度投资现象，但个别产业、地区和行业存在过度投资或投资低效问题。卢盛羽（2010）采用庞明川（2007）的方法对广东的研究显示，改革开放以来广东的宏观投资效率经历了从高效到恶化再到恢复的"U"形反转。于谨凯（2011）引入 *ICOR* 模型对区域投资效率估算显示，中国各区域投资效率均有降低趋势，但东中部投资效率整体较高，西部整体较低。

二是通过测算资本回报率评价资本投资宏观效率。Baumol 等（1970）最早运用以不变价为基础的回归模型，估算出美国资本回报率为 3%—4.6%。Friend 和 Husic（1973）及 McFetridge（1978）认为 Baumol 用企业账面资产对 *K/Y* 进行回归容易带来偏离，由此导致不同资金来源的投资回报之间差异消失。20 世纪 90 年代，学术界开始从不变价格转向采用市场价格估算资本回报率（Mueller et al.，1993；Klaus et al.，2003）。2006 年 5 月，世界银行在其发布的《中国经济季报》中指出，中国国有和非国有企业的净资产回报率分别从 1998 年的 2% 和 7.4% 提高到 2005 年的 12.7% 和 16%，2005 年中国工业企业平均净资产回报率超过 15%。这一论断迅速引发了国内外学术界对中国资本回报率的讨论。Louis Kuijs（2005）指出，中国 *K/L* 不断上升，企业盈利状况明显改善，资本回报率有很大提高；Martin Wolf（2006）的研究也表明中国存在较高的资本回报率，但 Stephen S. Roach（2006）则对世界银行提供的数据提出质疑。

国内学者单伟健（2006）在肯定中国工业资本回报率上涨事实的同时，认为世界银行报告高估了中国资本回报率的真实水平。白重恩等（2006）利用 Hall 和 Jorgenson（1967）以及 Caselli 和 Feyrer（2007）的模型，从宏观层面测出 1979—1992 年中国资本回报率约为 25%，1993—1998 年资本回报率虽有下降但仍保持在 20%，1998 年后稳定在 20% 左右且有上升趋势，对行业、地区的测算没有找到中国投资率过高的证据。卢锋和宋国青（2007）利用企业微观数据进行研究显示，1998—2005 年中国工业行业资本回报率出现强劲增长，工业固定资产净值税前利润率和总回报率等系列指标均呈先降后升走势，资本回报率按私营企业、外资企业、国有或国有控股企业依次递减。单豪杰和师博（2008）估算出1978—2006年中国工业部门资本回报率整体呈"U"形变化；黄先海等（2012）对中国省际工业资本回报率的测算结果，得出与单豪杰和师博（2008）相似的结论；方文全（2012）利用年度资本宏观数据对1993—2007年中国资本回报率进行再估测，得出中国资本回报率呈上升趋势。但辛清泉等（2007）测算出中国上市公司的资本投资回报率仅为2.6%，郭熙保和罗知（2010）用Caselli和Feyrer（2007）的方法，从宏观层面对地区资本回报率进行测算，得出中国资本边际报酬呈递减趋势；舒元等（2010）进一步对工业资本收益率测算结果进行分解显示，中国工业资本回报率的改善主要体现为总量效率，投资结构缺乏效率。

三是采用DEA方法，从TFP视角测算经济增长效率。DEA是前沿生产函数（Frontier Production Function）中的一种非参数效率评估技术。前沿生产函数理论认为，在实体经济运行中，基本经济单元在给定投入条件下，由于外部不可控因素的影响，会造成一定的效率损失，由此造成潜在的最大产出可能难以实现。因此，现实生产中无效的情况普遍存在，经济运行完全有效则极为少见。Charnes、Cooper和Rhodes（1978）提出DEA方法后，现代效率的测度和评价得到广泛运用和发展。但早期运用DEA模型对经济活动效率的分析，仅考虑要素投入的约束，没有将环境约束考虑在内。经济运行中的"低投入、高产出、少污染"是生产活动的理想境界，但在实际生产活动中，伴随期望产出的生产，各种废水、化学需氧量、二氧化硫等污染物排放也不断增加。这些生产活动中不受欢迎的副产品被称为"非期望产出"或"非合意产出"。各国学者对如何在DEA的框架下纳入非合意产出进行了大量研究。Fare等（1989）最早运用投入产出的弱可处置性处理污染变量，但由于非线性规划使用极不方便，应用受限。Chung等（1997）提出方向性距离函数（directional distance function）的DEA方法，虽较好地解决了非期望产出的效率评价问题，但由于未考虑松弛问题，且可能由于径向及产出角度的选择给分析结果带来偏差。Tone（2001）提出的传统SBM（Slacks – Based Measure）模型，作为非径向非角度的 DEA 分析方法，综合考虑了各决策单元的投入和产出，并提供了松弛问题的有效解决途径，但未将非合意产出考虑在内。为综合考虑投入、产出、污染三者之间的关系，并较好地解决效率评价中的松弛问题，Tone（2004）在传统 SBM 模型的基础上提出加入非期望产出的扩展 SBM 模型。作为一种非参数评估方法，扩展的 SBM 模型依靠投入产出数据得到相应的技术前沿及各决策单元相对于参照技术的效率评价，既不需要设定生产者的最优行为目标，也不需要对生产函数的形式做特殊假定。扩展的 SBM 模型将松弛变量直接放入目标函数中，由此解决了投入产出松弛的问题和非合意产出存在下的效率评价问题。同时，扩展的 SBM 模型属于 DEA 模型中的非径向和非角度的度量方法，能有效避免因径向和角度选择差异带来的偏差和影响，更能体现效率评价的本质。

近年来，国内学者较多地运用 DEA 方法从 TFP 视角考察中国经济增长的效率。在宏观层面，Zheng 和 Hu（2004）、颜鹏飞等（2004）的研究均显示，中国 TFP 增长主要源于技术效率，由于技术进步速度减缓，20 世纪 90 年代中期后，中国 TFP 增长趋缓或出现递减；前沿技术进步是中国工业行业 TFP 增长的主要动力，企业技术差距的扩大严重阻碍 TFP 提高（涂正革等，2005）；王志刚等（2006）发现，TFP 增长率主要取决于技术进步率，中国区域生产效率呈东中西部梯度递减特征；张惠茹和李荣平（2010）的测算结果也显示，中国固定资产投资技术效率呈东中西部递减；田家林和黄涛珍（2010）的研究显示，中国生产性服务业整体投入产出效率不高，但东部明显高于中西部。在微观层面，姚洋和章奇（2001）利用工业普查数据进行企业微观研究显示，企业技术效率与企业所有制及企业规模有关，非国有企业技术效率高于国有企业，大企业技术效率高于小企业；郑京海等（2002）研究发现，中国企业特别是国有企业技术效率普遍偏低，且国有企业生产率增长主要来自对新技术的投资而非技术效率提高。

随着环境污染的加剧，国内学者开始关注环境约束下的经济增长绩效问题。唐宗琼和郑少峰（2007）运用 DEA 方法对 2003 年中国省际投资效率估算显示，东中西部省份投资有效性呈阶梯递减，投资有效的省份多集中在东部。胡鞍钢等（2008）对省际技术效率进行测算发现有无环境约束的技术效率存在显著差异。杨俊等（2009）将 SO$_2$ 作为非合意产出，吴军（2009）以化学需氧量（COD）和 SO$_2$ 排放量作为非合意产出分别对中国区域工业 TFP 增长率研究发现，技术进步是 TFP 增长的主要来源，TFP 增长存在显著区域差异，忽略环境因素会高估中国工业 TFP 增长率。朱承亮等（2011）研究发现，1998—2008 年中国经济增长效率虽整体呈上升趋势，但效率偏低且存在区域差异，考虑环境约束下的中国经济增长效率低于无环境约束的效率。岳书敬等（2009）研究发现，环境约束下中国工业行业增长的综合效率较低，且行业间效率差距较大；刘瑞翔等（2012）的研究也显示，资源环境约束下中国经济增长绩效呈下降趋势，且东部下降尤为明显。

在影响资本投资宏观效率的因素方面：Aschauer（1989）利用 1949—1985 年美国的数据，实证得出自 20 世纪 70 年代开始美国生产率下降的原因是政府财政投入减少。Easterly（1992）和 Rebelo（1993）对 1970—1988 年 28 个国家进行研究，得出政府投资与经济增长正相关。Cazzavillan（1993）利用 1957—1987 年欧洲 12 国的数据，得出政府投资的产出弹性为 0.25。20 世纪 90 年代开始，一些学者从国家间收入水平差距入手研究资本投资效率。Mankiw、Romer 和 weil（1992）将人力资本积累引入 Solow（1956）模型，发现包含人力资本积累的新古典增长模型可解释发展中国家人均收入差异的 78%。Milbourne 等（2003）、Ishise 和 Sawada（2009）在 Mankiw 等（1992）的基础上分别引入政府公共投资和社会资本，发现政府公共资本的产出弹性在 0.119—0.124，社会资本的产出弹性为 0.1 左右，社会资本对经济增长的促进作用小于其他资本投入。

姚洋和章奇（2001）的研究显示，企业所有制、企业规模、研究机构和企业自身研发支出、FDI 及企业所在地等均影响企业技术效率。颜鹏飞和王兵（2004）的研究显示，人力资本和制度因素对 TFP 有重要影响。何枫和陈荣（2004）认为实际 FDI 规模对技术效率具有显著正向影响，但张海洋（2005）在控制 R&D 情况下研究显示，外资活动对工业生产效率的影响不显著。涂正革和肖耿（2005）的研究认为前沿技术进步是中国工业行业 TFP 增长的主要动力；王志刚等（2006）的研究显示，国有化程度、财政支出占 GDP 的比重与生产效率负相关，出口占 GDP 比重、初始人力资本与生产效率正相关，TFP增长率主要取决于技术进步率；但沈能（2006）的研究却发现，中国制造业 TFP 增长主要得益于技术进步水平，技术进步效率的影响为负。王争等（2006）的研究认为，国有企业改革的制度性冲击促进中国工业规模效率提高，却使要素配置效率短期下降，劳动者受教育程度、非国有经济比重对工业技术进步与效率改善有积极作用。岳书敬和刘富华（2009）的研究发现，环境约束下，市场化水平、外商直接投资、自主研发与工业行业综合效率正相关，市场竞争、引进技术经费和技术改造与综合效率负相关。朱承亮等（2011）的研究则认为，在环境约束下，FDI、对外贸易对效率改善的促进作用受到制约，非国有经济发展、环境治理强度提高对环境约束下的效率改善有促进作用。

学者们对工业资本回报率影响因素进行的研究得出，中国真实工业资本回报率与实际 GDP（卢锋等，2007；单豪杰和师博，2008）、工业企业竞争程度（魏后凯，2003；陈志广，2004）、企业技术创新（黄德春和刘志彪，2006；赵红等，2010）显著正相关，与资本深化程度（黄先海，2012）、工业投入品的价格（陈仲常和吴永球，2005）显著负相关，中国工业利润率的变动受 TFP 和经济增长的影响（黄伟力，2007）。黄先海等（2012）的研究发现外贸依存度对工业资本回报率的影响存在区域差异，对东部和中部具有促进作用，对西部影响不明显，技术进步在一定程度上促进资本回报率提高，但其研究未对 2004 年前后中国统计口径的变化进行处理，也未明确是何种技术进步推动了资本回报率的提高。方文全（2012）的研究认为中国资本回报率上升的主要原因是技术进步导致资本份额上升，但资本回报率的长期变化趋势由投资增长和资本存量决定。

二 资本积累动态效率研究现状

国外对动态效率的研究主要集中在其判断标准的选择上。Ramsey（1928）率先从动态角度对经济增长过程中的最优资本积累问题进行了开创性研究，建立了著名的 Ramsey 无限期界最优化模型。Malinvaud（1953）和 Samuelson（1958）利用具有生命周期特征的代际交叠模型（OLG），证明在禀赋交换经济中可能存在的竞争均衡是非帕累托最优的。Diamond（1965）指出这种非帕累托最优来源于经济的跨期结构，他认为，当竞争性的经济达到资本的稳定状态时，即经济持续发生投资大于回报的情形，是动态无效率的。Phelps（1961）将动态效率引入增长模型，提出经济增长的黄金律准则，当资本的边际生产率等于经济增长率时，资本积累最有效。即现实经济资本存量大于黄金律资本存量，经济处于动态无效，并论证当资本储蓄超过它的黄金律水平时，可以通过允许当代人消费他们所储存的要用于以后消费的资产来实现帕累托改进。Phelps（1965）提出通过资本净报酬率与经济增长率、实际利率与经济增长率、总资本存量中总利润与总投资的比较三种判别投资是否动态有效的方法。Diamond（1965）将行为人的生命周期引入 Cass – Koopmans – Ramsey 模型，提出代际交叠模型，认为资本的边际生产率低于经济增长率或投资大于回报时，经济出现动态无效。基于此，Tobin（1965）、Solow（1970）、Feldstein（1977）等通过计算利润率来估计资本的边际产出以判断经济的动态效率，他们通过比较经济中资本的边际生产率和经济增长率研究美国经济动态效率。在研究真实经济运行效率方面，Feldstein 和 Summers（1977）通过计算发现，美国的资本边际产品率远高于经济增长率，经济动态有效。由于获得资本边际产出率数据困难，Ibbotson（1987）和 Cohen（1995）通过资本存量是否超过黄金律水平进行判断，但由于基准利率选择不同，Ibbotson（1987）发现 1926—1986 年美国短期国债平均真实收益率远低于其经济增长率，经济动态无效；Cohen（1995）则认为美国经济在 1980—1994 年动态有效。Mishkin（1984）对 1967—1979 年美国、加拿大、英国、法国、西德、荷兰和瑞典的经济数据研究发现，这些国家经济动态无效。由于基准利率的选择难以统一，采用真实利率和经济增长率的比较研究不具有广泛适用性。Abel（1989）认为，将无风险利率和资本报酬率相等作为判断经济动态效率的标准是不准确的。Abel A.、Mankiw G.、Summers L. 和 Zeckhauser R.（1989）通过将不确定性引入 Diamond（1965）的代际交叠（OLG）模型中，推导出一个判断经济是否动态有效的净现金流

准则——AMSZ 准则，即资本总收益是否大于总投资，资本净收益是
否大于零。并利用 AMSZ 准则分别对 1965—1984 年英国、法国、德
国、意大利、加拿大和日本、1929—1985 年美国及 1953—1985 年所
有 OECD 国家的经济数据进行检验，结果显示这些国家经济动态有
效。Leonard 和 Prinzinger（2001）对中国经济的动态效率研究发现，
1980—1996 年中国实际利率小于经济增长率，运用 AMSZ 准则计算的
净现金流为负，中国经济动态无效。Ibbotson（1987）指出，1926—
1986 年美国短期国债的平均实际回报是 0.3%，远低于经济的平均增
长率。Miskin（1984）对其他主要市场经济国家数据的检验得到相同
的结果。Lucas（1990）提出资本过度积累对应的是消费不足，存在
人力资本水平低、技术落后、制度不完善等约束资本潜在高收益的发
展中国家，可通过增加总消费消除经济动态无效。Anderson（1993）
对英国、加拿大和美国的动态效率进行检验，发现英国和加拿大经济
动态有效，美国经济动态有效性未得到数据支持。Kim 和 Lau（1994）
研究认为，有形资本投资与无形资本投资存在互补性，当有形资本投
资较少时，无形资本投资的作用很难得到发挥。因此，有形资本投资
较低的经济，可能导致人力资本投资和研发投资的边际生产率很低。
Thomas（1998）对 1960—1996 年美国、日本和德国以不变价格表示
的边际资本效率进行比较，发现资本边际生产力呈持续下降趋势。
B. Fakin（1998）利用 AMSZ 现金流量准则计算出 1980—1994 年斯洛
文尼亚资本投入的动态效率平均约为 10.39%。Leonard 和 Prinzinger
（2001）对 1980—1996 年中国实际利率和经济增长率比较，并使用
AMSZ 准则计算同期净现金流，发现中国经济动态无效。Duo Qin 和
Haiyan Song（2008）认为，中国投资需求很大程度受制于财政政策偏
向是中国经济动态无效的原因。

  国内学者直到 21 世纪才开始关注资本积累的动态效率问题，在
研究方法上大多借鉴 AMSZ 准则，研究重点主要集中在经济是否动态
有效及其影响动态效率因素的理论解释两方面。但由于指标选择及对
指标的处理方式不同，研究结论分歧较大。一种观点认为，中国存在
资本过度积累，经济动态无效。史永东和杜两省（2001）以及史永东
和齐鹰飞（2002）直接利用 AMSZ 准则，分别对 1992—1997 年及

1992—1998 年中国资本总收益和总投资进行比较，均得出中国经济由动态无效向动态有效转换。袁志刚和何樟勇（2003）对中国 1996—2001 年经济运行动态效率进行检验，得出中国经济在大多数年份动态无效。杨传凤（2004）的研究显示 1992—1998 年中国出现资本过度积累，经济运行动态无效。项本武（2008）通过对资本总投资和总收益进行重新测算显示，1992—2003 年中国经济在大多数年份动态无效，且资本投资动态效率与投资率负相关。黄飞鸣（2010）基于消费—收入视角，对中国 1985—2005 年经济动态效率进行验证，发现中国经济一直处于动态无效，并认为消费需求不足是造成中国经济出现动态无效的主要原因。夏杰长和李勇坚（2010）对 1978—2008 年中国服务业动态效率进行检验，得出服务业动态无效。任晓蓉和熊博（2012）对 1990—2010 年江西经济动态效率进行研究表明，江西资本存在过度投资，经济动态无效。

另一种观点认为，中国资本不存在过度积累，经济动态有效。刘宪（2004）采取不同资本总收益核算方法，对中国整体和区域经济运行动态效率检验发现，1993—2001 年中国经济整体并未出现动态无效，但动态效率存在区域差异，东中部经济动态有效，西部经济动态基本无效。黄伟力（2008）在考虑中国统计账户特点基础上，对 1985—2003 年中国经济运行的动态效率进行协整检验表明，中国经济整体动态有效，不存在资本过度积累。吕冰洋（2008）重新界定 AM-SZ 准则①，通过比较资本边际生产率与经济增长率大小及 AMSZ 准则对 1996—2005 年中国整体和区域经济动态效率检验表明，中国经济整体动态有效，经济动态效率受区域经济发展水平、经济发展周期影响。孟祥仲等（2008）的研究发现，20 世纪 90 年代以来中国经济绝对有效，但与发达国家相比，呈相对动态无效状态。李文溥和肖正根（2008）在重新核算中国资本投资和收益基础上，对中国经济动态效率检验显示，总体上中国不存在显著的投资大于收益情形，但净资本

---

① 吕冰洋（2008）将总投资分为包括财政投资和不包括财政投资两种情形，资本总收益考虑了对总税收的分离，采用国民收入减去非资本税收、企业补贴以及劳动者报酬剩余的部分。

收益存在恶化趋势，投资和资本密度越小的地区，经济动态无效情形越严重。蒲艳萍和王维群（2009）在利用 AMSZ 准则时，剔除了总收益中原来包含的劳动收入部分，对 1994—2006 年中国及区域资本动态效率研究发现，中国资本投资整体动态有效，但动态效率落后于发达国家，并呈东中西部递减特征。雷辉（2009）、张学勇（2011）的研究认为，中国经济动态有效，但效率呈下降趋势。徐维祥等（2011）的研究发现，1997—2008 年中国制造业资本积累动态效率整体在波动中不断提高，但行业内部动态效率差异较大。

国内缺少对资本动态效率影响因素实证研究的相关文献，但学者们从不同视角探索经济动态有效和无效的原因。技术创新和模仿带来技术进步提高、技术效率改进及动态和静态资源配置效率提高是资本投资动态有效的主要原因（吕冰洋，2008）。学者们将资本积累动态无效的原因归结为三方面：一是投资拉动的粗放型增长方式。认为中国经济动态效率低下，是由于大量依靠投资拉动的粗放型经济增长方式造成资本深化和资本边际生产率降低、TFP 对经济增长贡献较低（史永东和齐鹰飞，2002；任晓蓉，2012）及企业缺乏自主创新能力、没有形成内生经济增长态势（吕冰洋，2008）造成的。二是中国二元经济结构导致的资本深化及城市偏向的投资偏好和投资政策，使资本投资大量向现代部门聚集，资本投资边际效率降低，经济动态无效。由于资本—劳动比率快速上升，使资本边际报酬下降（张军，2002），以及资本投资向现代部门倾斜的偏好，使现代部门在实际投资大于均衡投资时，投资继续向现代部门配置，导致资本边际产出迅速下降（袁志刚和何樟勇，2003；项本武，2008）。三是对未来不确定性预期，导致居民边际储蓄倾向提高，资本过度积累。由于人们对未来预期不稳定、收入分配结构不均衡及劳动力人口正处于储蓄高峰期，导致居民边际储蓄倾向偏高，储蓄过度是经济动态无效的原因（袁志刚和何樟勇，2003；王晓芳和王维华，2007；项本武，2008；孟祥仲等，2008）。刘宪（2004）、李文溥和肖正根（2008）、黄飞鸣（2010）、石奇和孔群喜（2012）分别从区域发展不平衡、产业结构不合理、市场经济发育程度低及政府主导型经济、消费需求不足及政府财政支出解释动态无效的原因。

三　资本配置效率研究现状

国内外学者对资本配置效率的研究主要集中在资本配置效率的测度及影响因素两方面。

国外测度资本配置效率主要有两种方法。一种方法是新古典一般均衡理论提出的用边际产出水平度量资本配置效率。认为当要素价格等于边际生产率时，资本配置完全有效，经济整体实现帕累托最优。Cho（1988）基于生产函数理论，用资本预期收益方差的变化衡量资本配置效率，指出若资本预期收益方差变小，边际收益趋于均等化，则资本配置效率会得到改善。Atsku Ueda（1999）和 Caselli（2006）利用此方法，通过测度当前状况和最优状况的偏离性衡量资本配置效率。Abdul A.、Nienke O. 和 Kenichi U.（2005）用托宾 Q 离散值表示资本预期边际收益，若托宾 Q 的离差变小，表示金融自由化推动资本向预期边际收益率高的项目流动，企业资本配置效率提高。Galindo 等（2007）使用 K/Y 度量资本配置效率，并采用生产函数对 12 个发展中国家资本配置效率进行比较分析。另一种方法是由 Jeffrey Wurgler（2000）建立的量化测算资本配置效率的方法，用资本形成对资本盈利能力的依赖性衡量资本配置效率。基本思路是，资本配置效率的提高意味着在高资本回报率的行业内继续追加投资，在低资本回报率的行业内适时撤出资本。Jeffrey Wurgler（2000）对 1963—1995 年 65 个国家制造业部门的样本数据进行实证分析表明，发达国家资本配置效率显著高于发展中国家，股票市场发达程度与一国资本配置效率正相关。

国外对资本配置效率影响因素的研究主要集中在金融发展水平对资本配置效率的影响。R. I. McKinnon（1973）从理论上研究金融市场机制、金融增长对资本配置效率的作用，金融压制导致资本配置效率降低（Shaw，1973）。Stiglitz（1985）的研究发现银行在动员储蓄及改善资本配置效率方面发挥重要作用，而 Rajan（1992）则认为，资本市场比银行等金融机构能更有效地发挥资本合理配置的作用。学者们认为，完善的金融体系不仅能降低交易成本、改善信息不对称、识别并投资于最有竞争力和创新能力的企业和行业（King and Levine，1993；Levine，1997；Basudeb Guha – Khasnobis et al.，2000），而且金融市场的国际化可使投资者在世界范围内进行投资，分散资金风险（Maurice，1995），由此提高资本配置效率。实证研究发现，金融发展程度与资本配置效率正相关（Beck and Levine，2002；Demirguc - Kunt A. and Maksimovic，V. 2002），与政府对金融部门的干预负相关（Abdul 等，2004），金融自由化增长能有效改善资本在企业间、行业间的配置（Almeida and Wolfenzon，2005），提高资本配置效率。Kan Li、Randall M. 和 Bernard Y.（2004）的研究显示，经济发达国家的股票价格能有效传递资本边际收益等信息，促进资本投向附加值高的项目，提高资本配置效率；低收入国家股票价格通过信息传递对改善微观经济资本配置效率的作用不显著。Harris R.（1997）利用面板数据模型，对印度尼西亚国家制造业公司研究发现，金融自由化影响企业特别是小型企业资本配置效率，它使企业摆脱约束，提高自身收益。

国内学者对资本配置效率的测度进行了很多探索，但主要借鉴Jeffrey Wurgler（2000）的方法，分别从国家、区域（省际）、行业、企业角度对资本配置效率进行测度。在国家层面：潘文卿和张伟（2003）发现，1978—2001 年中国资本配置效率整体呈上升趋势，区域配置效率呈东中西梯度递减特征；韩立岩和王哲兵（2005）发现，1993—2002 年中国整体资本配置效率处于较低水平，且随时间波动剧烈；高林（2012）发现，1993—2007 年中国资本结构配置效率较高，在增长行业增加投资的效率较高，在衰退行业存在过度投资。区域层面的研究发现，中国各区域资本配置效率整体水平低下（米运生等，2006），资本配置效率存在显著区域差异，呈东中西部依次递减态势，且省际差异显著（徐开国，2009），东部明显高于东北（宋冬林和赵震宇，2008）。韩昱和花小安（2009）、孙文博（2009）、叶德珠（2009）、许敏和郑垂勇（2009）、刘敏（2010）、杨广青和倪李澜（2010）等学者基于 Jeffrey Wurgler 模型，利用行业数据分别对湖北、山东、河北、广东、江苏、福建等省份的整体资本配置效率进行研究。行业层面的研究发现，1997—2003 年中国国有企业资本配置效率整体上显著低于非国有企业（方军雄，2007）；1991—1999 年中国工业行业资本配置效率处于较低水平（韩立岩和蔡红艳，2002）；中国工业行业资本配置效率低且呈不断下降趋势（刘赣州，2003）；2001—2006年中国工业行业资本配置效率整体较低且波动较大，工业内部各行业资本配置效率存在显著差异（蒲艳萍和王维群，2008）；中国整体农业资本配置效率极低，且呈东中西部梯度递增特征（薛薇和谢家智，2011）；1996—2009年中国高技术行业资本配置效率整体较低，年度波动大，且呈东中西部递减趋势（赵红，2012）。蒲艳萍和成肖（2013，2014）分别对农业与服务业资本配置效率进行测度发现，中国农业资本配置整体处于无效状态，农业资本配置效率呈中东西部梯度递减特征；中国服务业资本配置整体有效，且存在显著区域、省际和行业差异。在企业层面，李学峰（2006）对汽车制造业上市公司投资增长与资本回报率的关系进行研究显示，由于上市公司经营不连续、绩效不稳定使中国股票市场资本配置效率处于很低水平。成力为（2008）的研究发现，在中国制造业中，外资企业资本配置效率明显高于内资企业。宋秀珍（2011）对2007—2009年中国85个中小上市企业的研究显示，中国中小企业资本配置效率处于较低水平，不同行业间资本效率波动较大。郭炜和曹珊珊（2011）的研究发现，私营企业、外商和港澳台投资企业资本配置效率高于国有企业、股份制企业。

在影响资本配置效率的因素方面，国内学者重点聚焦市场化进程和金融发展水平对资本配置效率的影响。沈能和刘凤朝（2005）认为地区市场化、政府干预水平、对外开放程度造成区域资本配置效率差异。方军雄（2007）、许开国（2009）均发现市场化进程加快有助于改善资本配置效率，邵军等（2011）发现在市场化环境好的地区，企业集团内部资本配置有效。对金融发展与资本配置效率关系的研究结论分歧较大。李青原等（2013）的研究显示金融发展促进资本配置效率提高；潘文卿等（2003）发现金融发展与资本配置效率弱相关，国有银行信贷行为抑制资本配置效率提高，非国有银行信贷行为促进资本配置效率提高；曾五一和赵楠（2007）研究发现，金融因素显著影响不同省份固定资本形成，短期内金融机构贷款与区域资本形成正相关；王永剑等（2011）的实证研究显示，金融发展对资本配置效率的影响存在显著区域差异，东中部金融发展对资本配置效率有显著促进作用，西部金融发展与投资关系不明显；许开国（2009）认为，金融发展水平对资本配置效率影响不显著；张国富和王庆石（2010）的研究显示，国有银行信贷资金占地区 GDP 的比重与地区资本配置效率负相关，基础设施、人力资本、地区经济发展水平、开放程度与资本配置效率正相关。此外，许开国（2009）的研究发现，地区性行政垄断、产品市场需求、外商投资对资本配置效率影响不显著；成力为等（2009）的研究显示，地方财政支出竞争、重复建设及分割市场、对外资税收减免导致区域资本配置效率低下；张国富（2010）研究发现，行业产出水平、技术特质、外企比重、开放程度显著提高资本配置效率，大中型企业比重与资本配置效率负相关；蒲艳萍和成肖（2013，2014）的研究发现，市场化进程、二元结构、农业金融发展水平、农业分散化经营、农业劳动力结构性失衡对农业资本配置效率具有显著影响；金融发展水平、市场化程度、地区经济发展水平、人力资本积累显著影响服务业资本配置效率。

四　研究现状述评

国内外的前期研究成果为本书的研究提供了可资借鉴的理论与实践价值，促进了资本效率领域的研究进展，但国内研究主要存在以下不足：

（1）国内学者对资本宏观效率、资本动态效率的研究主要集中在资本积累是否过度、资本效率的度量、资本投资是否有效的判别与检验方面，对资本投资效率与资本积累动态效率结果的解释及影响因素进行的研究，特别是实证研究严重缺失或不深入，缺乏对资本效率深入研究的系统性成果。

（2）国内学者采用 DEA 从 TFP 视角对中国资本效率的研究得出了许多有意义的结论，但主要存在四方面的局限。一是部分学者对TFP 的研究仅考虑资本和劳动等生产要素的投入约束，没有考虑环境约束对经济增长效率的影响（易纲等，2003；颜鹏飞和王兵，2004；郑京海和胡鞍钢，2005；朱呈亮等，2009）。二是部分学者虽考虑了环境因素，但将环境污染作为一种投入纳入 DEA 模型，这显然不符合实际生产过程（Hailu and Veeman，2000）。三是国内学者尝试将环境因素作为非期望的"坏"产出纳入生产模型，考察环境约束下的

TFP，但没有充分考虑投入产出的松弛性问题（涂正革和肖耿，2009；胡鞍钢等，2008；王兵等，2008；杨俊等，2009；吴军，2009；岳书敬等，2009；朱承亮等，2011；刘瑞翔等，2012）。四是国内对环境约束下影响资本效率的因素进行实证分析的相关文献较少，缺少对有无环境约束下资本效率影响因素实证分析的比较研究文献。

（3）国内对中国资本积累动态效率的研究主要存在以下不足：一是现有文献大部分没有考虑中国国民收入统计账户的特点，直接借鉴AMSZ准则，未对总收益中资本收益和劳动收益进行分离，由此导致对资本投资获得的收益核算不准确，降低了对中国资本积累动态效率检验结论的可靠性。二是对资本积累动态效率的研究基本上局限在国家整体层面，缺少对区域、产业及行业资本积累动态效率的系统研究成果。三是对中国整体资本积累动态效率进行检验时，没有考虑转型期中国大规模财政投资及其外溢效应可能对社会资本投资产生收益低估或收益高估的影响。四是对资本积累动态效率影响因素的研究主要集中在理论分析层面，缺少实证研究成果。

（4）在资本配置效率研究方面，国内学者主要集中在工业行业层面，缺少对农业和服务业资本配置效率系统研究的相关文献。目前，国内对农业资本配置效率进行研究的仅有薛薇和谢家智（2011）、蒲艳萍和成肖（2013）等少数学者。薛薇和谢家智（2011）测算了2000—2009年中国农业资本配置效率，但未对影响农业资本配置效率的因素进行实证分析与检验；蒲艳萍和成肖（2013）在对中国整体、区域、省际农业资本配置效率测算的基础上，对影响农业资本配置效率的因素进行实证检验。除蒲艳萍和成肖（2014）对服务业资本配置效率进行测算及对影响因素进行实证研究外，目前，国内尚无对中国服务业资本配置效率测度及对服务业资本配置效率影响因素进行实证研究的相关文献。

（5）对工业资本配置效率影响因素的研究，现有文献大多运用行业面板数据，通过影响因素与行业利润总额或行业增加值的交互项，间接判断各因素对资本配置效率的影响，缺少运用省际面板数据，对省际工业资本配置效率影响因素进行实证研究的相关文献。在研究金融发展对工业资本配置效率的影响时，国内学者通常仅考虑银行业发展因素的影响，缺少构建包括银行、证券和保险在内的金融发展综合性指标，全方位考察金融发展对资本配置效率影响的实证研究成果。

（6）在资本效率核算指标的选择上，国内学者或直接套用国外学者的指标，或选择统计年鉴中现成的统计指标，忽视中国统计账户的特点和指标本身对所研究问题的真正含义，由此导致指标选择差异较大，研究结论各不相同，对策建议各持己见。如国内学者在测度资本投资宏观效率及工业资本回报率时，资本投入指标有的选择资本投资额，有的选择资本存量。在测算资本配置效率时，产出指标的选择有行业增加值、行业总产值及行业利润总额等，投入指标的选择有固定资产投资额、固定资本形成额、固定资产净值等，缺乏从理论上对不同指标进行分析判断，甄别筛选出符合中国实际且能真正反映所研究问题本质的指标。在分析金融发展对资本配置效率的影响时，在中国现有体制下，银行非国有企业贷款额与地区 GDP 的比重是衡量区域金融发展水平较好的指标，但由于中国缺乏对非国有企业贷款额的统计数据，现有文献大多直接用银行信贷额与地区 GDP 的比重衡量区域金融发展水平。由于中国现有体制下银行对国有企业的指令性贷款大量存在，用银行信贷额与地区 GDP 的比重衡量区域金融发展水平（在中国现有体制下，这一指标只能衡量地区金融发展的规模状况），可能导致对区域金融发展水平的高估，从而降低研究结果的信度。

第五节　金融发展、市场化与
资本效率：作用机理

在完善的市场经济国家，资本投资由追求利润最大化的企业自主完成，因此，国外学者对资本投资效率的研究主要针对微观企业，实际上是对微观企业资本配置效率的研究。相应地，国外学者对资本效率影响因素的研究也主要考察的是影响资本配置效率的因素。由于不同国家实行的经济体制、具体国情及所处的经济社会发展阶段不同，影响资本配置效率的因素存在巨大差异。根据经济学基本原理，金融发展水平与市场化程度是影响资本效率的重要因素，国内外学者对资本效率影响因素的研究也普遍围绕这两大因素展开，并取得了较为丰硕的理论与实证研究成果。本节主要就金融发展、市场化水平对资本配置效率的影响机理进行理论分析与逻辑梳理①，为实证研究资本效率的影响因素奠定基础。

一　金融发展与资本配置效率

1. 金融抑制、金融深化与资本配置效率

McKinnon（1973）提出金融抑制理论认为，发展中国家政府干预过多的金融体制使投资主要依赖内源融资而非外源融资。金融理论认为，实际存款利率的提高会刺激潜在投资者的储蓄积极性，有助于增加资本积累，促进外源融资的资本形成。但由于发展中国家存款利率被人为压低，加之通货膨胀率较高，由此导致资本实际存款利率过低甚至为负。长期低利率甚至负利率将严重挫伤潜在投资者的储蓄积极性，使资本积累速度放慢，造成社会资本严重稀缺。Shaw（1973）从金融中介视角提出金融深化（金融资产积累速度快于非金融资产）理论，认为发展中国家应进行市场化金融体制改革，通过取消信贷配给、放松金融管制、加强金融市场自由化等措施消除"金融抑制"的作用，实现利率、储蓄和投资协调发展，促进经济快速发展。

图 2-1 中，r_i 为实际利率；$S(g_i)$ 代表经济增长率为 g_i 时的储蓄函数，$S(g_i)$ 是经济增长率与实际利率的增函数；I 为投资函数，是实际利率的减函数；FF 代表金融抑制线，表示政府对利率进行管制使实际利率 r_0 低于均衡利率水平。利率 r 被限制在 r_0 时，储蓄和投资总额分别为 S_0 和 I_0，从投资函数 I 可见，实际利率为 r_0 时，意愿投资总额为 I_2，由此产生资金供求缺口（$I_2 - I_0$）。若不限制贷款利率上限，贷款利率将上升至 r_2，金融中介获得不合理利差（$r_2 - r_0$），资本将被分配至高利率高风险项目，大量中小企业被排斥在金融市场之外，导致资本配置出现扭曲；若同时限制贷款利率，则会产生资本的非价格配给。对国有企业的大量指令性贷款催生了金融中介的高额不

---

① 本书将资本效率分为资本投资宏观效率、资本回报率、资本积累动态效率及资本配置效率，由于不同效率的影响因素既存在共性，也存在差异性，本节仅介绍对资本效率具有重要影响的金融发展水平与市场化程度两个因素，对影响资本效率的其他因素在后续相关实证研究部分将分别进行介绍。

良资产，不仅造成资本在特权企业的浪费与低效使用，而且导致被排除在信贷市场之外具有较高配置效率的民营企业广泛存在"资本饥渴"。McKinnon（1973）认为，利率抑制从四方面影响资本配置效率的提高。一是低利率使人们偏向现时消费，导致储蓄率低于社会最优水平；二是潜在贷款者偏向从事较低收益率的直接投资而非增加资本积累；三是获得不合理利差的金融中介偏向选择资本密集型项目；四是获得信贷资金项目的收益率可能低于市场出清利率所设置的下限。图 2 - 1 中，当金融抑制从 FF 线上升至 $F'F'$ 时，即利率从 r_0 上升至 r_1 时，储蓄和投资总额增加，低收益率（位于 $F'F'$ 线以下）的项目将被具有更高收益率的项目取代，资本的平均收益得到提高，由此优化资本配置效率，经济增长率提高。均衡状态下，储蓄函数右移至 $S(g_1)$。

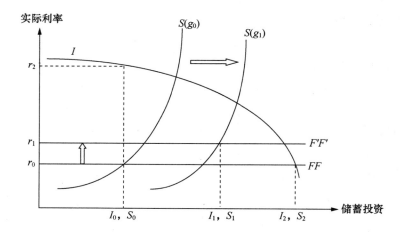

图 2 - 1　McKinnon 和 Shaw 的金融抑制深化理论模型

2. 金融发展改善资本配置效率

Pagano（1993）对内生增长理论中金融发展改善经济增长与资本配置效率的作用机制进行了探讨，其基础模型为 AK 模型：

$$Y_t = AK_t \tag{2.40}$$

式（2.40）中，Y_t、K_t 和 A 分别为总产出、总资本存量及资本的边际生产率。假设经济中只生产一种既可用来消费也可用来投资的商品。如果用来投资，每期的折旧率为 δ，则总投资 I_t 为：

$$I_t = K_{t+1} - (1-\delta)K_t \qquad (2.41)$$

假设 ϕ 为储蓄投资率，则封闭经济中资本市场的均衡条件是：

$$\phi S_t = I_t \qquad (2.42)$$

由此可计算出 $t+1$ 期的增长率 g_{t+1}：

$$
\begin{aligned}
g_{t+1} &= Y_{t+1}/Y_t - 1 \\
&= K_{t+1}/K_t - 1 \\
&= \left[\phi S_t + (1-\delta)K_t\right]/K_t - 1 \\
&= \phi S_t/K_t - \delta
\end{aligned}
$$

定义私人储蓄率 $s = S/Y$，则得到稳定状态下的增长率 g：

$$g = AI/Y - \delta = A\phi s - \delta \qquad (2.43)$$

式（2.43）表明金融发展可通过影响储蓄投资率 ϕ、资本边际生产率 A 和私人储蓄率 s 三种途径影响经济增长及资本配置效率。

第一，金融发展可提高储蓄转化为投资的效率 ϕ。金融中介从分散的个体集中储蓄用于投资活动，实现资本重新配置。在此投融资机制中，由于交易成本和信息不对称产生的信息成本的存在，金融中介会吸收一部分资本 $(1-\phi)$。随着金融发展，高效的金融中介能尽可能降低交易成本和信息成本，提高储蓄转化为投资的效率，配置更多资本，促进整体资本配置效率提高。

第二，金融发展可提高资本的边际生产率 A。金融体系通过三条途径实现这一功能：一是收集相关信息对各种可供选择的投资项目进行评估。Greenwood 等（1990）认为，投资既可用于安全但收益较低的项目，也可用于有风险但收益高的项目。与个人投资者相比，金融中介具有运用资产组合方式化解总体风险冲击的优势，有利于提高资本配置效率。二是通过提供风险分担，使个人投资者选择风险更高但更具生产率的项目。Levine（1991）认为，金融市场既可分散投资者的流动性风险，也可通过在金融市场出售股份降低收益率不确定的风险，增加用于长期收益高的投资项目的投资。三是金融体系可促进创新活动。金融中介既可通过识别新产品、新工艺项目鼓励企业创新，也可通过长期融资为企业分散新技术开发风险，促进企业进行创新活动。

第三，金融发展可改变储蓄率 s。内生增长理论认为，金融发展使个体更易获得信贷，同时降低存贷款利率差，由此对个体储蓄会产生不确性影响。

3. 金融功能理论

国外学者认为金融发展通过四种机制优化资本配置效率：

第一，动员储蓄，增加资本积累。Mckinnon（1973）指出，金融深化能刺激潜在投资者的储蓄积极性，有助于增加资本积累。Shaw（1973）把资本视为金融体系的一种债务媒介，得出与 Mckinnon（1973）一致的结论。Kapur（1976）认为，金融中介提供的流动资本量取决于实际资本需求、资本扩张率和贷款比率三个因素，资本扩张率和贷款比率的提高将促进资本积累。King 等（1993）利用80个国家1960—1989年的数据进行实证研究发现，金融发展与资本积累存在显著相关性。

第二，改善信息不对称，提高资本配置效率。Hick（1969）将19世纪中后期资本主义快速发展的根本原因归结为银行资本配置功能的发挥。Bagehot（1874）和 Schumpeter（1912）认为，银行能有效识别投资项目的"好"与"坏"，将资本配置到价值创造能力强的实体经济中。King 等（1993）认为，金融中介可通过对投资项目进行评估识别最具生产率的项目。Diamond（1984）认为，金融中介作为资金的直接贷款人，能更好地对各种借款者进行监督且有效克服"搭便车"现象，改善资本配置效率。Stiglitz（1985）指出，金融机构具有单个储蓄者不具备的节约收集、处理信息成本的专业优势和规模优势，能集中各类闲置资金，并将其配置到资本边际效率最高的项目。Leland 等（1997）实证研究证明，相对于分散的投资者而言，金融中介更容易寻找和了解项目信息。如果金融中介实行信息共享联盟，规模经济的存在会降低信息收集、处理成本，提高资本配置效率。Greenwood 等（1990）利用内生增长模型证明金融中介通过信息集散引导资本配置的机制。Blackburn 等（1998）认为，金融中介的投资项目筛选过程，客观上具有资本流动指示器的作用，有利于成本节约，优化资本配置效率。

第三，缓解代理问题，促进公司治理。Diamond 等（1981）和

Jensen 等（1990）认为，资本市场能有效缓解代理问题，资本市场的股价信息揭示功能可较好地反映经理人的表现和报酬。Boot 等（1997）认为，通过对经理人实施报酬合同等方式，可促使经理人在获取自身利益的同时关注公司发展，充分选择具有最高成长性和盈利性的投资项目，防止以权谋私现象发生。且金融市场对企业的监督在一定程度上能降低企业融资成本，解决道德风险和逆向选择等问题。

第四，风险分散，缓解流动性冲击。Greenwood 等（1990）认为，投资项目风险包括总体冲击和特定项目冲击，金融中介可通过运用大量资产组合方式尽可能降低总体冲击，提高资本配置效率。King 等（1993）认为，投资者可通过在股票市场出售股份缓解特异的流动性冲击，使高回报、高风险的证券得以流动，使人们可以分享开创性投资项目的价值，同时，股票市场也允许当事人通过证券组合降低收益率不确定带来的风险，使人们更愿意投资于流动性较差但更具生产性的项目，以避免不必要的投资终止。Levine（1991）认为，金融市场既可分散投资者的流动性风险，也可鼓励投资者减少收益率较低的短期项目，选择较高收益率的长期项目。Kunt 等（1996）认为，投资者可通过股票等证券融资方式转移流动性风险，促进资本流动，提高资本配置效率。

二　市场化与资本配置效率

市场化对资本配置效率的优化主要通过以下机制实现：

1. 降低行业垄断

戚聿东（1997）认为，垄断既可能来自存在众多厂商的竞争结构，也可能来自存在较少厂商的垄断结构。由于规模经济引起资本积聚而形成的垄断，不仅不会扭曲市场机制，而且会通过节省交易费用与推进技术创新，促进资本配置效率提高。由于产品市场和要素市场的非竞争性形成的垄断，一方面由于垄断厂商为获得垄断利润造成巨大成本损失，另一方面由于垄断造成市场供给不足，导致社会财富净损失，阻碍资本配置效率提高。提高产品市场和要素市场的竞争性和流动性，即提高市场化水平，潜在的竞争者会根据由市场供求关系决定的真实灵敏的价格信号进入该行业市场，从而按照竞争更加充分的价格提供更多的产品，引导资本更有效、便利地转移，促进资本配置优化。Jeffrey Wurgler（2000）认为，垄断造成要素市场和产品市场的非竞争性，降低了市场化程度，使潜在竞争者难以根据真实价格信号引导资本有效流动，从而阻碍资本配置效率提高。

2. 减少恶性增资

恶性增资①是导致资本配置缺乏效率，使企业走向失败的重要原因。周齐武等（2000）通过对国有企业管理者调查，发现恶性增资在国有企业中广泛存在。产生恶性增资的主要原因：一是负责失败项目的管理者可以通过拖延披露或隐瞒有关该项目的信息而获益；二是信息不对称，只有负责失败项目的管理者知道该项目的未来预期业绩不会好。提高市场化程度，尤其是要素市场和产品市场的完善，可使投资项目的信息更加及时、充分地得到披露，有助于降低恶性增资倾向。同时，要素市场和产品市场的充分发育，可为资本转移提供便利，促使失败项目及时清算，并将束缚其上的资本转移到相对高效的项目，促进资本配置优化。

3. 提高企业效率

陈钊（2004）认为，市场化程度的提高意味着政府管制的放松和国有企业预算约束的硬化，促使企业经营目标逐渐转向利润最大化，进而促使企业行为转变，最终导致企业重构的发生，企业或通过辞退冗员提高效率，或通过资本行业间重新配置改善绩效。市场化还可通过经理市场等要素市场的形成与完善，对企业提高资本配置效率产生影响。Barberis（1996）针对俄罗斯452家企业绩效的调查发现，企业私有化后，新经营者的进入调动了企业经营者的积极性和创造性，提高了企业重构的可能性，企业资本配置效率普遍得到提高。

4. 改变企业所有制

Bagehot（1874）指出："在英国，资本理所当然地、迅速地流向最需要它的地方……就像水流找到它的位置。"这表明完善的市场经济不存在"预算软约束"、"过度投资"、"投资结构不合理"等制度性扭曲问题，有利于资本优化配置。平新乔（2004）指出，在中国现有体制背景下，地方政府一方面通过实行许可证管理、技术检验、质

---

① 恶性增资是指对失败的项目，决策者倾向于追加分配更多资本的倾向。

量检验和环保标准、额外收费等在产权和市场机制上采取种种措施，对进入本地的外地企业甚至本地民营企业设置障碍，保护该地区国有企业。另一方面通过财政补贴、优惠银行贷款等各种措施，扶持本地国有企业，以增强地方政府官员的"寻租"空间。这些地方经济保护措施，造成要素市场分割，阻碍要素自由流动和市场机制在资源配置中发挥决定性作用。此外，国有企业资本配置可能是服务于充分就业、收入再分配及政治稳定等社会和政治目标，而非以价值最大化目标为导向。国有企业承担的社会和政治目标，又会衍生出预算软约束问题，由此扭曲企业微观行为。与私有企业相比，国有企业中不对称的控制权与剩余索取权的配置，也会导致其面临激励、监督和约束机制的弱化，导致国有企业管理层在决策过程中偏离经营绩效最大化目标，由此导致国有企业资本配置和经营效率低下。樊纲和王小鲁（2004）认为，市场化程度提高的微观基础表现为非公有制企业份额的增加；刘伟和李绍荣（2001）的研究发现，改革开放以来中国经济制度变迁的重要特征是国有制比重下降、非国有制比重上升，并由此提升了全社会劳动和资本效率。国内大量实证研究成果也为市场化程度提高促进资本配置效率改善提供了经验证据（沈能，2005；方军雄，2006；胡一帆，2006；李青原等，2010；邵军等，2011；蒲艳萍和成肖，2013，2014）。

第六节　本章小结

本章首先对资本投资与经济增长、资本积累动态效率、资本配置与经济增长的相关理论分析、理论模型及不同效率的测度方法进行系统梳理；其次在就国内外学者对资本投资宏观效率、资本回报率、资本积累动态效率及资本配置效率的研究现状进行系统回顾与梳理基础上，对国内外研究现状进行简要评述；最后就金融发展、市场化对资本配置效率的影响机理进行理论分析。国内外学者丰硕的理论与实证研究成果，为不同层次效率测度方法的选择、对不同效率测度结果的理论解释及不同效率影响因素的逻辑梳理提供了有益的启示与借鉴。

第三章　中国资本存量的估算

本章在比较分析资本存量估算已有研究成果的基础上，结合中国统计数据的特点，对 1952—2010 年中国资本存量、1978—2010 年中国各省际单位资本存量、1978—2011 年中国工业资本存量进行估算，为第六章测算中国资本投资宏观效率及工业资本投资回报率奠定基础。

第一节　中国整体资本存量的估算

一　估算方法及指标选择说明

对中国资本存量进行估算的文献大多采用简化的永续盘存法，即：

$$K_t = (1 - \delta)K_{t-1} + I_t/P_t \tag{3.1}$$

式（3.1）中，K_t 是 t 期以基年不变价格计价的实际资本存量；I_t 是以当期价格计价的资本投资额；P_t 是 t 期定基价格指数；δ 是折旧率。对资本存量的估算主要涉及基期固定资本存量 K_0、投资流量 I_t、价格指数 P_t 及折旧率 δ 的确定。本书对这四个指标的处理如下：

1. 基期固定资本存量 K_0

中国宏观统计没有公布早期的固定资本存量数据，因此需对基期的资本存量进行估算。由于不同文献对基期年份的确定和基年资本存量的估算方法不同，基期资本存量的估算结果存在较大差异。

张军扩（1991）援引美国经济学家帕金斯的假设（假定中国 1953 年资本产出系数为 3），推算出中国 1952 年的资本存量为 2000

亿元（1952 年价格）。贺菊煌（1992）根据 1964—1971 年和 1971—
1978 年两段时期内经济体制和国家政策比较稳定，假设这两阶段内资
本平均增长率相等，利用迭代法计算各年资本存量，得出 1952 年中
国生产性资本存量为 946 亿元（1990 年价格）。邹至庄（1993）利用
中国 1952—1985 年国有企业、城镇集体企业、乡村集体企业及个人
固定资产和流动资产积累的年度数据获得 1952—1985 年五部门资本
存量估算数据，并将 1952 年的农业资本存量设定为 450 亿元，最终
推算出中国 1952 年全社会固定资本存量为 1030 亿元（1952 年价
格）。张军和章元（2003）根据 1952 年上海固定资产原值、全国工业
企业固定资产净值和农业资本存量的年度数据，测算出中国 1952 年
的资本存量为 800 亿元左右（1952 年价格，不包括土地）。

目前，对基期（1952 年）资本存量值的估算比较有代表性的结
果如表 3 - 1 所示。

表 3 - 1　　已有研究中关于基期资本存量值估算结果的比较　单位：亿元

不同研究结果的对比	资本存量值
张军扩（1991）	2000（1952 年价格）
贺菊煌（1992）	946（1990 年价格）
Chow（1993）	1750、1030（不含土地）（1952 年价格）
王小鲁和樊纲（2004）	1600（1952 年价格）
Chow 和 Li（2002）	2213（1952 年价格）
何枫等（2003）	5428.26（1990 年价格）
Wang 和 Yao（2003）	1750（1952 年价格）
张军和章元（2003）	800（1952 年价格）
Holz（2006）	2087.54（2000 年价格）
单豪杰（2008）	342（1952 年价格）

资料来源：根据相关文献资料整理。

Barro 和 Sala - i - Martin（1992）认为，利用永续盘存法估算资本
存量时，基年选择越早，随着 K_0 逐渐折旧及未来 I_t 值越来越高，则
基年资本存量 K_0 估计的误差对后续年份资本存量估计的影响越小。
李宾（2011）通过验证分析也表明若基期越早，K_0 的选择越不构成

影响资本存量的主要因素。为此，本书选择 1952 年为基期。关于 K_0 的选择，根据对现有研究文献的对比分析，本书选择张军和章元（2003）对 K_0 的估算值 800 亿元作为基期资本存量值。

2. 投资流量 I_t

已有研究对投资流量 I_t 的选择主要分为三种。第一种采取总积累额、生产性积累额等积累性指标。但自 1993 年以来，中国统计体系从 MPS 转向 SNA，国家统计局不再公布积累额指标，因此采用积累额指标主要限于早期研究。如张军扩（1991）、邹至庄（1993）、Chow 和 Li（2002）、张军和章元（2003）。第二种是采取全社会固定资产投资额。如王小鲁和樊纲（2004）、张军和章元（2003）、Holz（2006）。第三种是采取固定资本形成总额。如何枫等（2003）、张军等（2004）、单豪杰（2008）、孙文凯等（2010）。

第一类指标由于数据的不可获得性使其无法沿用。李宾（2011）的经验分析表明，固定资本形成总额与全社会固定资产投资额在输出结果上相近，前者表现稍优，但由于固定资本形成总额在概念上存在一定缺陷，因此不能完全得出前者优于后者的结论。由于中国统计年鉴缺失 1980 年前的全社会固定资产投资额数据，为此本书采用固定资本形成总额作为投资流量。

3. 价格指数 P_t

价格指数通过平减当期的投资流量，使各年投资额具有可比性，是准确测算资本存量的重要指标之一，但现有统计年鉴只能查到 1991 年以后的固定资产投资价格指数。在已有研究文献中，1991 年以前的固定资产投资价格指数通常选用其他价格指数或构造固定资产投资价格指数进行替代。其中，张军等（2004）采用式（3.2）计算固定资产投资价格指数：

$$某年固定资产投资价格指数(1952=1)$$
$$=\frac{某年的固定资本形成总额(当年价格)}{1952\ 年的固定资本形成总额(1952\ 年价格)\times 某年的固定资本形成指数}$$

$$(3.2)$$

根据式（3.2）计算发现，在重叠的 1991—2004 年，根据式（3.2）计算的固定资产投资价格指数与中国统计年鉴公布的固定资产投资价格指数基本相同，因此，本书采取式（3.2）计算。

4. 折旧率 δ

已有研究文献对折旧率的设定主要有三种。第一种是常见取值5%（王小鲁和樊纲，2004）；第二种是根据中国法定残值率 3%—5% 计算得出在 10% 左右（张军等，2004；雷辉，2009）；第三种是根据分省（市、区）的折旧额加总得出全国的折旧额，然后计算折旧率（Chow 和 Li，2002）。折旧率的确定对资本存量估算结果影响较大，根据对三种折旧率的对比，本书沿用张军等（2004）和雷辉（2009）的方法确定折旧率。本书假定资本品的相对效率按几何方式递减，采用代表几何效率递减的余额折旧法：

$$d_t = (1-\delta)^t, \quad t = 0, 1, 2, \cdots, n \tag{3.3}$$

式（3.3）中，d_t 代表资本品的相对效率，t 代表时期，δ 代表重置率或折旧率。参考黄勇峰等（2002）的研究，本书取中国法定残值率 3%—5% 的中间值 4% 代替资本品的相对效率 d_t。全社会固定资产投资包括建筑安装工程、设备工器具购置和其他费用三类资产，由于这三类资产存在明显的寿命差异，须分别就三类资产的寿命期计算折旧率然后加权平均。本书对建筑投资的平均寿命期沿用黄勇峰等（2002）的估计，假定为 40 年；对设备和其他类型投资的平均寿命期沿用张军等（2004）和雷辉（2009）的假定，分别为 20 年和 25 年。为此，建筑安装工程、设备工器具购置和其他费用的折旧率分别为7.74%、14.87% 和 12.09%。1952—2010 年，中国建筑安装工程、设备工器具购置和其他费用三类投资占全社会固定资产总投资的比重分别为 62.28%、23.33% 和 14.39%。由此得出，中国固定资产投资的年平均折旧率为 9.82%。这一结果与张军等（2004）的估算结果9.6% 及雷辉（2009）的估算结果 9.73% 相近。

二　中国整体资本存量的估算结果

利用式（3.1），估算出的 1952—2010 年中国资本存量见表 3 - 2。

表 3 - 2 的结果显示，1952—2010 年，中国资本存量由 800 亿元增加至 179037.5 亿元，增加 222.8 倍，年均增加 3020.97 亿元，资本存量增长显著。20 世纪 90 年代后资本存量增长较快，进入 21 世纪，特别是 2008 年后，中国资本存量迅速攀升。

表 3 - 2   1952—2010 年中国固定资产投资价格指数及资本
存量估算结果（1952 年价格为 1）

年份	投资价格指数	固定资本存量（亿元）	年份	投资价格指数	固定资本存量（亿元）	年份	投资价格指数	固定资本存量（亿元）
1952	1	800	1972	0.967	3718.88	1992	2.330	20407.45
1953	0.988	838.14	1973	0.968	4040.16	1993	2.948	22918.1
1954	0.982	899.32	1974	0.969	4415.44	1994	3.255	25986.34
1955	0.940	965.79	1975	0.981	4879.20	1995	3.447	29493.37
1956	0.937	1105.32	1976	0.988	5275.67	1996	2.584	35903.67
1957	0.897	1205.25	1977	1.002	5666.88	1997	3.645	39501.38
1958	0.901	1456.48	1978	1.008	6175.77	1998	3.637	43477.45
1959	0.976	1759.87	1979	1.030	6688.82	1999	3.623	47633.93
1960	0.973	2073.17	1980	1.061	7278.35	2000	3.663	52195.81
1961	0.955	2107.91	1981	1.095	7786.72	2001	3.677	57337.93
1962	1.025	2071.75	1982	1.120	8364.21	2002	3.685	63547.81
1963	1.075	2068.58	1983	1.148	9043.98	2003	3.766	71511.00
1964	1.053	2141.13	1984	1.194	9954.02	2004	3.976	80866.31
1965	1.018	2274.78	1985	1.280	11064.03	2005	4.041	91299.72
1966	0.998	2459.02	1986	1.362	12282.76	2006	4.101	103781.1
1967	1.002	2540.59	1987	1.433	13727.46	2007	4.261	117985.1
1968	0.967	2601.55	1988	1.627	15269.34	2008	4.640	134002.0
1969	0.945	2776.66	1989	1.765	16273.80	2009	4.529	155438.9
1970	0.945	3081.67	1990	1.862	17268.52	2010	4.692	179037.5
1971	0.955	3410.46	1991	2.020	18577.85			

资料来源：根据《中国国内生产总值核算历史资料：1952—2004》及《中国统计年鉴》（1981—2011）中的相关数据，并用式（3.1）计算所得。

图 3 - 1 显示，中国资本存量整体呈逐年增加趋势，但增长率波动较大。1992 年后，中国资本存量及其增速明显加快；自 2003 年开

始，中国资本存量及其增速均呈迅速攀升态势。1952—2010 年，中国资本存量呈右半"U"形增长，年均增长率为 9.71%。1961—1963年，资本存量年增长率最低，接近负增长，这与 1959—1961 年三年困难时期导致资本存量的巨大消耗和资本形成的困难有关。进入 20世纪 80 年代，随着对外开放加快和经济建设加速，中国资本投资出现较快增长。1981—1988 年，中国资本存量增长率由 6.98% 上升到11.23%。随着 1988 年通货膨胀加剧，中央政府决定用 3 年时间治理经济环境，整顿经济秩序，资本存量增长率出现下降，由 1988 年的11.23% 下降到 1990 年的 6.11%。1992 年春邓小平南方谈话启动了新一轮经济增长，资本投资呈快速增长趋势，1992—1996 年资本存量增长率迅速提高，1996 年资本存量增长率达 21.73%，为 1990 年的3.56 倍。1996 年伴随经济增长过热，中央政府采用"双紧"的宏观经济政策以控制过高的投资需求，自 1997 年开始，资本存量投资增长率迅速下降，1997—2000 年资本存量投资增长率均不足 10%。进入 21 世纪，随着西部大开发战略的实施，资本存量投资出现较快增长，2001—2010 年，资本存量投资增长率由 9.85% 上升到 15.18%，增长 54.11%。

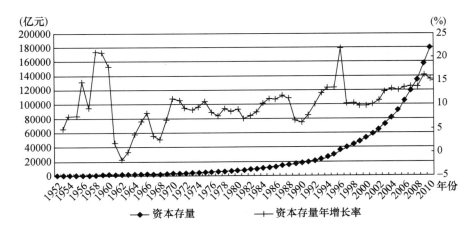

图 3-1　1952—2010 年中国资本存量及年增长率变动趋势

注：左轴表示资本存量，右轴表示资本存量年增长率。

资料来源：根据《中国国内生产总值核算历史资料：1952—2004》及《中国统计年鉴》（1981—2011）中的相关数据，并用式（3.1）计算所得。

第二节　中国省际资本存量的估算

一　估算方法及指标选择说明

对省际资本存量进行估算是考察省际资本投资效率的基础。中国没有各省际单位资本存量的统计数据，本节仍采用"永续盘存法"对1978—2010年中国31个省际单位按可比价格计算的资本存量进行估算，即式（3.1）。省际资本存量估算所选取的4个指标如下：

1. 基期固定资本存量 K_0

本书借鉴张军等（2004）对1978年中国省际物质资本存量的估算结果，1978年中国省际资本存量如表3-3所示。

表3-3　　　　　　　　　　1978年中国省际资本存量

地区	资本存量（1952年不变价）	固定资产投资价格指数（1952年不变价）	资本存量（1978年不变价）	地区	资本存量（1952年不变价）	固定资产投资价格指数（1952年不变价）	资本存量（1978年不变价）
北京	148	0.76	112.63	湖北	131	1.32	172.27
天津	147	0.75	109.96	湖南	190	0.81	154.28
河北	255	1.11	283.82	广东	204	1.08	220.52
山西	185	1.01	187.22	广西	130	1.07	138.71
内蒙古	82	1.01	82.41	海南	17	1.00	17.00
辽宁	125	2.87	359.13	重庆	210	0.72	151.30
吉林	99	1.09	108.21	四川	348	0.721	251.02
黑龙江	159	0.96	153.12	贵州	104	0.978	101.71
上海	242	0.69	167.46	云南	25	7.239	180.98
江苏	163	1.33	216.46	西藏	9	1	9.00
浙江	139	1.12	155.54	陕西	197	0.764	150.51
安徽	66	1.72	113.59	甘肃	228	0.732	166.90

续表

地区	资本存量 （1952 年 不变价）	固定资产投 资价格指数 （1952 年 不变价）	资本存量 （1978 年 不变价）	地区	资本存量 （1952 年 不变价）	固定资产投 资价格指数 （1952 年 不变价）	资本存量 （1978 年 不变价）
福建	68	1.01	68.34	青海	31	1.394	43.21
江西	91	1.68	153.06	宁夏	41	1.223	50.14
山东	348	0.88	304.50	新疆	77	0.864	66.53
河南	268	0.94	252.46				

注：因张军等（2004）将重庆并入四川进行估算，本书分别用 1978 年四川（不含重庆）、重庆的固定资本形成额占 1978 年四川和重庆总的固定资本形成额的比重乘以张军等（2004）对 1978 年四川资本存量的估算结果，分解出四川（不含重庆）和重庆的资本存量值。

资料来源：张军等（2004）对中国省际物质资本存量的估算。

2. 投资流量 I_t

中国各省（市、区）投资流量用各省（市、区）固定资本形成总额表示。根据《中国国内生产总值核算历史资料：1952—1995》、《中国国内生产总值核算历史资料：1952—2004》和《中国统计年鉴》可获得除重庆与西藏外各省份 1978—2010 年固定资本形成总额。通过对比发现，1991 年后各年西藏全社会固定资产投资额与固定资本形成总额非常接近，为此本书对西藏缺失的 1978—1991 年固定资本形成总额用同期西藏的全社会固定资产投资额代替。在《中国国内生产总值核算历史资料：1952—1995》中，四川省固定资本形成总额数据包含重庆，但《四川统计年鉴》中的固定资本形成总额数据不含重庆，本书用二者的差额估算出缺失的 1978—1996 年重庆市固定资本形成总额数据。

3. 价格指数 P_t

由于各省际单位自 1991 年才公布固定资产投资价格指数。1978—1990 年固定资产投资价格指数本书仍用张军等（2004）的公式（3.2）计算得出。其中，1978—1995 年各省（市、区）固定资本形成指数来自《中国国内生产总值核算历史资料：1952—1995》，根据式（3.2）可计算出 1978—1995 年各省（市、区）固定资产投资价格指数。通过对比发现，在时间重叠的 1991—2004 年，各省（市、区）公布的固定资产投资价格指数与按式（3.2）计算出的固定资产投资价格指数高度一致，本书取各省（市、区）公布的指数。对缺失固定资本形成指数的省（市、区）目前有两种处理方式：张军等（2004）、单豪杰（2008）用商品零售价格指数代替；颜鹏飞等（2004）、郑京海等（2005）用国内生产总值指数代替。本书通过对天津、广东、海南、重庆及西藏固定资产投资价格指数、商品零售价格指数和国内生产总值指数的对比分析发现，这 5 个省（市、区）绝大多数年份固定资本形成指数更接近商品零售价格指数。为此，1978—1988 年天津、1983 年及 1996—2000 年广东、1978—1990 年海南、1978—1993 年重庆及 1996—2004 年西藏缺失的固定资本形成总额指数分别用该省（市、区）商品零售价格指数代替，由于 1978—1995 年西藏商品零售价格指数无法获得，用国内生产总值指数代替。

4. 折旧率 δ

省际折旧率 δ 仍沿用前文所得中国各省（市、区）固定资产投资的年平均折旧率 9.82%。根据以上指标及式（3.1），可估算出 1978—2010 年中国 31 个省际单位固定资本存量值。

二　中国省际资本存量的估算结果

图 3-2 显示，中国各省际单位资本存量整体均呈逐年增长趋势，但资本存量及其变动趋势存在显著省际差异。1978—2010 年，中国资本存量最高的省份有江苏、广东、山东和浙江。2010 年，江苏、广东、山东和浙江资本存量分别为 26202.70 亿元、17215.3 亿元、13741.19 亿元和 17560.73 亿元，分别为同期各省（市、区）平均水平的 3.78 倍、2.50 倍、1.98 倍和 2.53 倍，分别占同期省际资本存量总额的 12.19%、8.01%、6.39% 和 8.17%；北京、河北、上海、江西和河南资本存量较高，各省（市、区）资本存量年均值均超过 2000 亿元。1978—2010 年，海南资本存量最低，年均值仅为 59.91 亿元，仅为同期省际平均水平的 3.81%，1978 年和 2010 年，海南资本存量分别为 17.0 亿元和 187.33 亿元，分别仅为同期省际均值的 11.2%

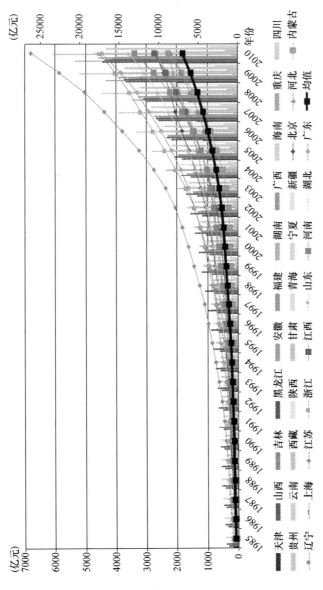

（亿元）

图 3-2　1985—2010 年中国 31 个省际单位资本存量变动趋势

注：①左轴代表天津、山西、吉林、黑龙江、安徽、福建、湖南、广西、海南、重庆、四川、贵州、云南、西藏、陕西、甘肃、青海、宁夏、新疆 19 个资本存量较小省（市、区）的资本存量，用柱形图表示；右轴代表广东、湖北、河南、山东、江苏、浙江、上海、辽宁、内蒙古、河北、北京 12 个资本存量较大省（市、区）的资本存量及 31 个省（市、区）资本存量省际均值，用折线图表示。

②本书估算出 1978—2010 年 31 个省（市、区）的资本存量数据，图中仅列出 1985—2010 年各省（市、区）的资本存量，未列出 1978—1984 年各省（市、区）的资本存量数据，由于数据较多，图中仅选择 1985—2010 年样本区间进行分析。

资料来源：根据《中国国内生产总值核算历史资料：1952—2004》和《中国统计年鉴》（1981—2011）中的相关数据，并用式（3.1）计算所得。

和 2.70%；西藏、宁夏、青海、天津、云南、贵州、广西、新疆等省
（市、区）资本存量也较低。资本存量增长最快的省（市、区）有江
苏、浙江、内蒙古和北京，1978—2010 年，资本存量分别增长 120.05
倍、111.90 倍、106.31 倍和 91.49 倍，年均定基增长率分别高达
24.36%、23.97%、23.68% 和 22.85%；广东、江西、福建、上海
和河南资本存量增长较快，2010 年分别比 1978 年增长 77.07 倍、
67.95 倍、65.86 倍、51.99 倍和 50.66 倍。资本存量增长最慢的省
（区）有海南、云南、宁夏、贵州和四川，2010 年资本存量分别仅比
1978 年增长 10.02 倍、13.98 倍、17.32 倍、17.95 倍和 18.08 倍，
年均定基增长率分别仅为 11.52%、13.09%、14.13%、14.31% 和
14.34%，远远低于同期 31 个省（市、区）资本存量的平均增速；天
津、山西、辽宁、湖南、广西、甘肃、黑龙江和陕西资本存量增速也
较慢，2010 年资本存量分别仅比 1978 年增长 21.92 倍、22.73 倍、
22.33 倍、24.36 倍、24.77 倍、24.79 倍、27.43 倍和 27.66 倍。特
别值得注意的是，江苏、浙江、广东和北京等省（市、区）资本存量
高且增速快，海南、天津、贵州、云南、宁夏和广西等省（市、区），
资本存量低且增速慢，内蒙古、上海、江西和河南等省（市、区）资
本存量较高且增速较快，福建和吉林资本存量较低但增速较快。整体
而言，西部各省（市、区）资本存量低且增速较慢，东部各省（市）
资本存量较高且增速较快。

第三节 中国工业资本存量的估算

估算工业资本存量是测算工业资本回报率的基础。目前，国内对
工业资本存量进行估算的文献较少，且采用的估算方法和指标也不统
一。鉴于估算总资本存量的研究成果较为成熟，本节借鉴中国资本存
量估算方法，并结合工业统计数据的特点，对 1978—2011 年中国工
业资本存量进行估算。

一　估算方法及指标选择说明

对工业资本存量的估算仍借鉴永续盘存法，即式（3.1）。

式（3.1）中，K_t 是 t 期以基年不变价格计价的实际工业资本存量；I_t 是以当期价格计价的工业资本投资额；P_t 是 t 期定基价格指数；δ 是折旧率。对工业资本存量的估算主要涉及基年工业固定资本存量 K_0、工业投资流量 I_t、价格指数 P_t 及折旧率 δ 的确定。本书对这四个指标的处理如下：

1. 基年工业资本存量

目前国内学者对基年的选择主要有 1952 年、1978 年和 1980 年三种，考虑数据的可得性和准确性等因素可能带来的偏差，并与同类研究进行比较，本书以 1978 年为基年。

一直以来，基期工业资本存量的估算由于采取的估算方法不同，得出的基期工业资本存量也大相径庭。1999 年，Rober E. Hall 等运用 1981 年的工业建筑设备投资除以 1981—1991 年工业建筑设备实际投资的几何平均增长率与折旧率之和，得出基期工业资本存量为 2580.3 亿元，这一估算结果与《中国工业经济统计年鉴》公布的 1981 年中国 3063.6 亿元的工业固定资产净值存在较大差距。黄勇峰等（2002）利用永续盘存法，运用中国早期投资和 GDP 数据，在 11.6% 的折旧率条件下计算出 1978 年中国工业资本存量为 2443 亿元，这一估算结果与《中国工业经济统计年鉴》公布的 1978 年中国工业固定资产净值 2423.7 亿元较为接近。比较两种方法和前期相关研究，基年工业资本存量采用《中国工业经济统计年鉴》公布的工业固定资产净值。

2. 投资流量

目前对投资流量主流的选择主要有全社会固定资产投资额和固定资本形成总额。全社会固定资产投资额的优势在于时间序列长且有建筑安装投资、设备投资等结构构成数据，但统计中资本投入除可再生资本外，还包括不可再生资本的投入。① 固定资本形成总额由固定资产投资额扣除处置的固定资产加未纳入统计范围的项目的价值构成。由于固定资本形成额在宏观总量统计层次上更有优势，许多学者开始使用固定资本形成额进行资本存量估算。但由于本书对中国工业资本

---

① 在永续盘存法中，要求使用的固定资产投资的数据属于可再生资本，不包括土地出让金、前期工程费等不可再生资本。

存量的估算时间跨度较长，许多年份存在数据缺失，为更准确地进行工业资本存量估算，本书采用《中国工业统计年鉴》中的工业固定资产原值的投资序列数据。由于《中国统计年鉴》公布的数据是工业固定资产原值扣除折旧后的数值，并未考虑价格因素的影响，为此，本书用工业投资序列 = 第 t 年的工业固定资产原值 − 第（$t-1$）年的工业固定资产原值表示。数据来自《中国统计年鉴》、《新中国六十年统计资料汇编》和《中国固定资产投资统计数据》等。

3. 价格指数

《中国统计年鉴》1992 年才公布固定资产投资价格指数，早期大多数学者估算资本存量时，1992 年前的固定资产投资价格指数均采用替代指标。宋海岩（2003）直接借用邹至庄（2003）估计的积累隐含平减指数对 1952—1977 年的数据进行处理。谢千里等（2001）采用建筑安装平减指数和设备安装购置平减指数的加权平均值计算 1978 年后的价格指数。唐国兴等（2003）用 1991—2001 年上海市固定资产投资价格指数对全国固定资产投资价格指数进行线性回归得出中国固定资产投资价格指数。张军等（2003）直接用上海市的固定资产投资价格指数替代全国固定资产投资价格指数。本书通过比较，对缺失的 1978—1990 年固定资产投资价格指数用《中国国内生产总值核算历史资料：1952—1995》和《中国国内生产总值核算历史资料：1952—2004》中的固定资产形成价格指数代替。

4. 折旧率

由于中国统计部门没有公布 1994 年以前的固定资产折旧率序列，大多数学者在研究中采用粗略估计折旧率的方法对 1994 年前各年资本存量进行扣减，但各研究者在折旧率的设定上存在很大差异。如 Perkins（1998）、王小鲁（2000）、郭玉清（2006）在固定资本形成的基础上假定折旧率为 5%，Hall 和 Jones（1999）、Young（2000）、孙辉（2010）假定折旧率为 6%，黄勇峰等（2002）则具体区分了固定资产投资中的建筑安装和设备投资的折旧率，通过加权算出制造业的折旧率为 10.96%。本书参照黄勇峰等（2002）的研究，仍选用几何效率递减的余额折旧法。

本书仍取中国法定残值率 3%—5% 的中间值 4% 代替资本品的相

对效率 d_t。通过比较以往的研究，本书借鉴黄勇峰等（2002）和白重恩等（2007）的建议，设定建筑安装工程和设备工器具购置年限分别为 38 年和 16 年，由此可得建筑安装工程和设备工器具的折旧率分别为 8% 和 17%。1990—1991 年中国工业部门建筑安装工程与设备工器具购置的投资结构中，设备工器具平均占比为 40.2%。假定工业投资的比例稳定，得出工业固定资产投资加权平均折旧率为 11.6%。

二　中国工业资本存量的估算结果

利用式（3.1）可估算出 1978—2011 年中国工业资本存量。

图 3-3 显示，改革开放以来，中国工业资本存量整体呈逐年上升趋势，但不同时期工业资本存量变动差异明显。1978—2011 年，工业资本存量从 2423.7 亿元增加到 243409.59 亿元，增长 99.43 倍；1978—1990 年，工业资本存量增长缓慢，12 年仅增长 2.21 倍；1991—1995 年，工业资本存量增长较快，1995 年比 1990 年增长 2.98 倍，年均定基增长率达 31.82%；1996—2002 年，工业资本存量仅增长 0.35 倍，年均定基增长率仅为 5.13%；2002—2008 年，工业资本

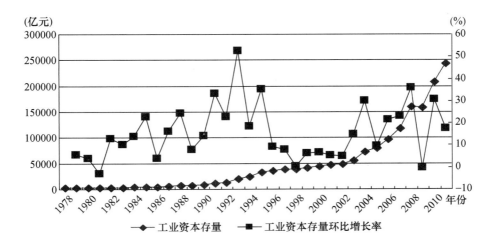

图 3-3　1978—2011 年中国工业资本存量及其环比增长率变动趋势

注：左轴为工业资本存量；右轴为工业资本存量环比增长率。

资料来源：根据《中国工业经济统计年鉴》、《中国统计年鉴》、《新中国六十年统计资料汇编》中的数据，并用式（3.1）计算所得。

存量快速由 48291.8 亿元增加至 159831.35 亿元，增长 2.31 倍，年均定基增长率达 22.08%；2009 年，工业资本存量较 2008 年略有减少，但自 2010 年开始，工业资本存量又呈快速攀升态势，2010—2011 年工业资本存量分别增加 48520.44 亿元和 35867.50 亿元，分别增长 30.57% 和 17.28%。中国工业资本存量环比增长率波动较大，整体呈上升—下降—上升的变动特征。1979—1995 年，工业资本存量环比增长率整体呈上升趋势，年均增长率为 17.26%；1996—2002 年，工业资本存量环比增长率处于低位运行且有缓慢下降趋势，年均增长率仅为 5.75%；2003—2011 年，工业资本存量环比增长率整体呈上升趋势，年均增长率达 20.18%。

第四节　本章小结

本章对 1952—2010 年中国整体资本存量、1978—2010 年各省份资本存量及 1978—2011 年工业资本存量进行估算，得出如下结论：①中国整体资本存量呈逐年增长趋势，但增长率波动较大。1992 年后，中国资本存量及增速明显加快；2003 年开始，中国资本存量及增速均呈迅速攀升态势。②中国各省际单位资本存量整体均呈逐年增长趋势，但资本存量及其变动存在显著省际差异。除海南和天津外，东部各省（市）资本存量均较高且增速较快；除内蒙古外，西部各省（市、区）资本存量均较低且增速较慢。③中国工业资本存量整体呈逐年上升趋势，但不同时期工业资本存量增长速度存在显著差异，中国工业资本存量环比增长率整体呈上升—下降—上升的波动特征。1990 年前中国工业资本存量增加较慢；1991—1995 年增加较快；1996—2002 年，受东南亚金融危机与国内经济市场疲软的影响，工业资本存量形成速度减缓，工业资本存量增加缓慢；自 2003 年开始，中国工业资本存量呈快速攀升态势。

第四章　中国资本投资状况分析

本章从总量和结构双重视角考察中国资本投资的现状及其特征，为第六章从资本—产出比、投资—产出比及边际资本—产出比视角考察中国资本投资宏观效率及第七章检验资本积累动态效率奠定基础。

第一节　中国资本投资的整体与城乡分布状况

由于统计年鉴中公布的固定资产投资额均以当年不变价格计算，为便于比较，本书以 1978 年不变的固定资产投资价格指数对各年固定资产投资进行平减。其中，中国及各省（市、区）固定资产投资价格指数的获得与处理方式与第三章相同。

图 4－1 显示，改革开放以来，中国固定资产投资规模不断扩张。1980—2010 年，全社会固定资产投资总额由 865.4 亿元增至 59751.2 亿元，增长 68.04 倍，年均定基增长率达 23.58%。中国全社会固定资产投资变动可分为三个阶段：1980—1990 年为初期增长阶段，固定资产投资年均增长率与年均投资额分别为 11.73% 和 1868.11 亿元；1991—2000 年为稳定增长阶段，固定资产投资年均增长率和年均投资额分别为 15.48% 和 6296.2 亿元；2000—2010 年为高速增长阶段，固定资产投资年均增长率和年均投资额分别为 20.88% 和 28379.75 亿元。

表 4－1 显示，中国城镇和农村固定资产投资均呈稳定增长趋势，但城镇固定资产投资规模远远超过农村，且二者之间的差距呈不断扩大趋势。1980—2010 年，中国城镇与农村固定资产投资分别由 739.04 亿元和 126.36 亿元增至 51868.58 亿元和 7882.62 亿元，分别

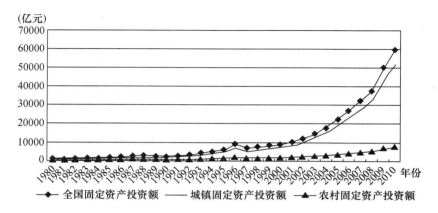

图 4 - 1 1980—2010 年全国、城镇及农村固定资产投资额变动趋势

资料来源:《中国发展报告》、《中国财政年鉴》等, 并按 1978 年不变固定资产投资价格指数平减。

增长 69.18 倍和 61.38 倍, 年均定基增长率分别为 23.68% 和 22.96%。虽然城镇和农村固定资产投资年均增长倍数及增长率接近, 但城镇固定资产投资绝对额远远超过农村, 城镇固定资产投资额平均为同期农村固定资产投资额的 3.92 倍。从比重看, 1980—2010 年, 城镇和农村固定资产投资占总投资的比重分别为 78.29% 和 21.71%, 城镇为农村的 3.61 倍。特别是 1992 年以来, 城乡固定资产投资差距呈逐年扩大趋势。1992—2010 年, 中国城镇与农村固定资产投资额之比从 1992 年的 3.04 倍上升到 2010 年的 6.58 倍, 固定资产投资进一步向城镇倾斜与集聚。

表 4 - 1 1980—2010 年中国全社会固定资产投资总额及城乡比重变动趋势 单位: 亿元、%

年份	全社会固定资产额	城镇固定资产投资额	农村固定资产投资额	城镇对农村的倍数	城镇所占比重	农村所占比重
1980	865.40	739.04	126.36	5.85	85.40	14.60
1981	884.65	654.60	230.04	2.85	74.00	26.00
1982	1107.36	810.45	296.91	2.73	73.19	26.81
1983	1255.70	890.69	365.00	2.44	70.93	29.07

续表

年份	全社会固定资产额	城镇固定资产投资额	农村固定资产投资额	城镇对农村的倍数	城镇所占比重	农村所占比重
1984	1547.37	1079.76	467.61	2.31	69.78	30.22
1985	2002.77	1469.08	533.69	2.75	73.35	26.65
1986	2309.52	1702.50	607.02	2.80	73.72	26.28
1987	2667.16	1920.76	746.40	2.57	72.02	27.98
1988	2945.19	2126.22	818.98	2.60	72.19	27.81
1989	2518.80	1789.84	728.96	2.46	71.06	28.94
1990	2445.29	1772.61	672.69	2.64	72.49	27.51
1991	2791.71	2024.93	766.78	2.64	72.53	27.47
1992	3495.60	2630.19	865.41	3.04	75.24	24.76
1993	4469.77	3523.01	946.76	3.72	78.82	21.18
1994	5277.55	4191.27	1086.29	3.86	79.42	20.58
1995	5854.21	4574.66	1279.55	3.58	78.14	21.86
1996	8938.39	6852.84	2085.55	3.29	76.67	23.33
1997	6897.29	5308.03	1589.27	3.34	76.96	23.04
1998	7872.82	6233.53	1639.30	3.80	79.18	20.82
1999	8306.25	6602.78	1703.47	3.88	79.49	20.51
2000	9058.43	7215.83	1842.61	3.92	79.66	20.34
2001	10201.58	8224.42	1977.15	4.16	80.62	19.38
2002	11899.02	9707.66	2191.37	4.43	81.58	18.42
2003	14872.84	12261.87	2610.98	4.70	82.44	17.56
2004	17867.52	14964.89	2902.63	5.16	83.75	16.25
2005	22149.46	18736.60	3412.86	5.49	84.59	15.41
2006	27036.86	22949.43	4087.42	5.61	84.88	15.12
2007	32485.93	27787.89	4698.04	5.91	85.54	14.46
2008	37543.63	32310.52	5233.11	6.17	86.06	13.94
2009	49989.49	43161.33	6828.16	6.32	86.34	13.66
2010	59751.20	51868.58	7882.62	6.58	86.81	13.19

资料来源：原始数据来自《中国发展报告》、《中国财政年鉴》等，并按1978年不变固定资产投资价格指数平减所得。

图 4 - 2 显示，中国各区域①城镇固定资产投资均远高于农村固定资产投资。2000—2010 年，东部、东北、西部和中部城镇固定资产投资与农村固定资产投资之比分别为 4.13、6.38、8.78 和 8.13。自2004 年开始，除东部外，其他区域城镇固定资产投资与农村固定资产投资之比均呈持续扩大趋势②，固定资产投资进一步向城镇倾斜与集聚，城乡固定资产投资差距呈持续扩大趋势。

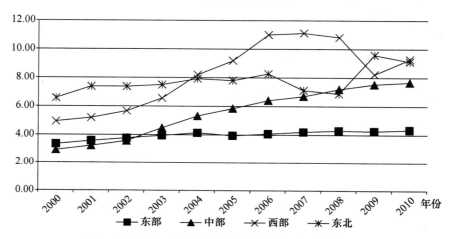

图 4 - 2　2000—2010 年中国各区城镇固定资产投资与农村固定资产投资之比变动趋势

资料来源：根据《中国固定资产统计年鉴》、《中国统计摘要》数据计算所得。

图 4 - 3 显示，中国各省（市、区）城镇固定资产投资均高于农村，但不同省（市、区）城乡固定资产投资差距存在明显差异。2000—2010 年，31 个省（市、区）城镇固定资产投资额平均为农村固定资产投资额的 5.78 倍。其中，城乡固定资产投资差距最大的是内蒙古、海南、陕西、北京、黑龙江和天津，城镇与农村固定资产投资额之比分别为 28.74、13.28、13.09、12.56、11.63 和 11.54；城

---

①　东部包括北京、天津、河北、上海、江苏、浙江、福建、山东、广东、海南 10 个省（市）级行政区；中部包括山西、安徽、江西、河南、湖北、湖南 6 个省级行政区；西部包括四川、重庆、贵州、云南、西藏、陕西、甘肃、青海、宁夏、新疆、广西、内蒙古 12 个省（市、区）级行政区；东北包括辽宁、吉林、黑龙江 3 个省级行政区。

②　特别是随着东北老工业基地的振兴，自 2009 年开始，东北地区城镇固定资产投资与农村固定资产投资之比迅速上升。

乡固定资产投资差距最小的是浙江、江苏和山东，城镇与农村固定资产投资额之比分别为 2.32、2.95 和 3.86。长期以来，由于政府实行城市偏向的投资政策，各省（市、区）资本资源均大量向城市集聚，由此导致农村发展资金严重匮乏，严重制约了资本资源在城乡之间的均衡配置，阻碍了城乡经济发展差距的缩小。

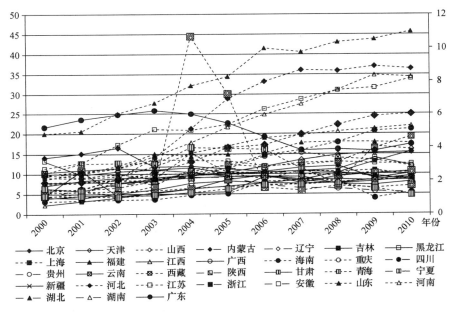

图 4 - 3　2000—2010 年中国 31 个省（市、区）城镇

固定资产投资与农村固定资产投资之比

注：左轴表示北京、天津、山西、内蒙古、辽宁、吉林、黑龙江、上海、福建、江西、广西、海南、重庆、四川、贵州、云南、西藏、陕西、甘肃、青海、宁夏、新疆 22 个省（市、区）城镇固定资产投资与农村固定资产投资之比；右轴表示浙江、江苏、广东、山东、河南、河北、湖南、湖北、安徽 9 个省份城镇固定资产投资为农村固定资产投资之比。

资料来源：根据《中国固定资产统计年鉴》、《中国统计摘要》数据计算所得。

第二节　中国资本投资的区域及产业分布状况

表 4 - 2 显示，中国各区域固定资产投资均呈逐年增长趋势，但东部固定资产投资额明显高于中部、东北和西部。1978—2010 年，中

国东部、中部、东北和西部固定资产投资额分别由 23.87 亿元、20.21 亿元、24.32 亿元和 11.23 亿元增加至 2556.76 亿元、2331.99 亿元、1868.83 亿元和 1029.63 亿元，分别增长 106.11 倍、114.39 倍、75.84 倍和 90.69 倍；东部、中部、东北和西部年均固定资产投资额分别为 552.51 亿元、372.92 亿元、311.51 亿元和 176.55 亿元，东部分别为西部、中部和东北的 3.13 倍、1.48 倍和 1.77 倍。2010 年，东部固定资产投资额分别为西部、中部和东北的 2.48 倍、1.10 倍和 1.37 倍。东部由于经济发达、市场环境及区位优势明显，资本集聚速度远远快于其他区域。区域资本投资差距的扩大，制约了资本资源在区域间的均衡配置，阻碍了区域经济协调发展与区域间发展差距的缩小。

表 4 - 2　　　　1978—2010 年中国各区域固定资产投资总额　　　单位：亿元

年份	东部	东北	中部	西部	年份	东部	东北	中部	西部
1978	23.87	24.32	20.21	11.23	1995	352.97	144.58	158.04	76.17
1979	27.61	25.36	19.92	11.74	1996	378.84	150.04	186.08	86.38
1980	31.75	36.47	23.56	13.42	1997	401.10	162.16	200.69	90.94
1981	39.48	40.40	25.56	13.28	1998	453.29	181.16	226.53	111.90
1982	49.26	47.65	34.68	16.25	1999	484.80	189.53	237.21	121.34
1983	52.86	47.32	41.03	18.15	2000	520.87	213.13	262.09	134.59
1984	67.77	61.66	52.46	24.25	2001	580.50	242.19	301.62	156.98
1985	84.84	80.31	67.77	33.43	2002	675.07	271.72	362.17	187.61
1986	106.24	90.25	75.00	36.77	2003	647.01	269.22	344.36	197.32
1987	132.20	99.90	79.58	39.29	2004	1012.77	406.42	561.70	285.63
1988	153.24	108.22	91.87	42.57	2005	1206.35	545.72	711.95	354.73
1989	135.36	95.71	82.49	41.46	2006	1424.66	732.32	895.80	429.49
1990	128.69	83.51	76.92	42.57	2007	1621.02	929.94	1118.12	529.11
1991	151.12	90.31	84.53	44.51	2008	1757.57	1151.50	1362.70	616.29
1992	198.23	114.35	97.58	51.49	2009	2208.72	1494.08	1915.23	848.54
1993	256.36	136.57	118.10	61.07	2010	2556.76	1868.83	2331.99	1029.63
1994	311.70	145.13	138.81	67.94	平均	552.51	372.92	311.51	176.55

资料来源：根据《中国统计摘要》、《中国固定资产投资统计年鉴：1952—1995》及《新中国六十年统计资料汇编》中的数据计算。

  图 4-4 显示，除 1989—1990 年外，改革开放以来中国各区域固定资产投资均呈正增长。[①] 1979—2010 年，四大区域固定资产投资增长可分为三个阶段：1979—1986 年，固定资产投资增长率较稳定，平均保持在 10%—20%；1987—2003 年，固定资产投资增长率波动较大，在 10% 上下波动；2004—2010 年，固定资产投资增长率在 2004年达到最高点后缓慢下降，但 2008 年全球金融危机后，为确保经济平稳增长，政府出台四万亿元投资刺激计划，固定资产投资增长率迅速攀升。值得注意的是，2004 年以来，随着新一轮西部大开发、中部崛起及东北老工业基地振兴战略的实施，西部、中部、东北固定资产投资额均明显增加，三区域固定资产投资增长率明显高于东部，区域间固定资产投资相对差距有所缩小。

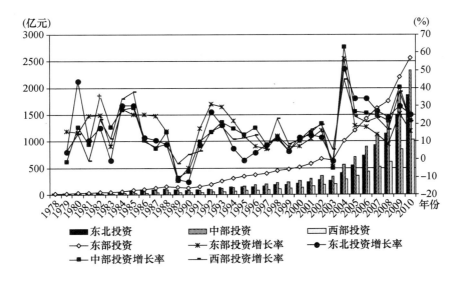

图 4-4 1978—2010 年中国各区域的固定资产投资额及其增长率变动趋势

  注：左轴为四大区域固定资产投资额；右轴为四大区域固定资产投资额增长率。

  资料来源：根据《中国统计摘要》、《中国固定资产投资统计年鉴：1952—1995》及《新中国六十年统计资料汇编》中的数据计算。

---

  ① 1989—1990 年固定资产投资额略有下降，与 1988 年通货膨胀加剧，中央政府决定用三年时间治理经济环境，整顿经济秩序有关。1989 年各级政府对固定资产投资项目进行优化清理，导致固定资产投资额出现下降。

图 4 - 5 显示，中国三次产业固定资产投资规模均不断增加，但不同产业间固定资产投资差距显著。1995—2010 年，中国第一、第二、第三产业固定资产投资额分别从 146 亿元、2399 亿元和 3310 亿元增加至 1702 亿元、25373 亿元和 32676 亿元，分别增长 10.66 倍、9.58 倍和 8.87 倍。第一产业固定资产投资增长倍数及年均增长率在三次产业中最高，但第一产业固定资产投资额远远低于同期第二、第三产业投资额。1995 年和 2010 年，第一产业固定资产投资额分别仅为第二、第三产业的 6.07%、4.40% 和 6.71%、5.21%。1995—2010 年各年，第一产业固定资产投资占总投资的比重均不足 3%，年均固定资产投资比重仅为 2.72%，远低于第二、第三产业固定资产投资比重。1996—2001 年，第二产业固定资产投资份额略有下降，同期第三产业固定资产投资份额有所上升。2001 年后，随着新型工业化进程的加快，第二产业固定资产投资比重呈持续上升趋势，第三产业固定资产投资比重呈下降趋势。可见，中国固定资产投资在产业间的配置极不均衡，与第二、第三产业比较，第一产业固定资产投资严重不足。

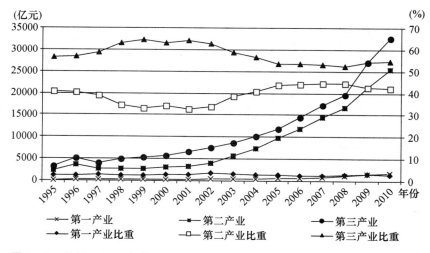

图 4 - 5 1995—2010 年中国三次产业固定资产投资额及其投资比重变动趋势

注：①左轴为三次产业固定资产投资额；右轴为三次产业固定资产投资额占总投资额的比重。②由于对第三产业固定资产投资统计口径的变化，考虑数据的可得性和指标的统一性，本书分析的样本区间选择 1995—2010 年。

资料来源：根据《中国统计年鉴》、《中国房地产统计年鉴》、《2001 年中国固定资产投资报告》数据，并按 1978 年不变固定资产投资价格指数平减。

第三节 中国资本投资的经济类型状况

图 4-6 显示，中国国有经济固定资产投资所占比重较大，但整体呈不断下降趋势，其他经济成分固定资产投资比重呈不断上升趋势。1980—2010 年，国有经济固定资产投资比重由 81.89% 下降至 32.55%，下降了 49.34 个百分点。1993—2010 年，其他经济成分固定资产投资比重一直呈上升趋势，由 10.35% 上升到 38.08%，且在 2004 年后超过国有经济固定资产投资比重，成为固定资产投资最大的经济类型。1993—2005 年，集体和个体经济固定资产投资比重相近并保持基本稳定。自 2006 年开始，集体经济固定资产投资比重逐渐下降并维持在 4% 左右，个体经济固定资产投资比重逐渐上升并维持在 24% 左右。2004 年以来，中国个体和其他经济类型固定资产投资增长较快，成为推动经济增长不可或缺的主要力量。

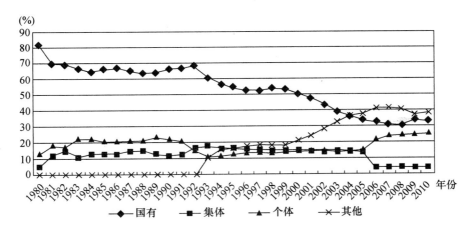

图 4-6 1980—2010 年中国各经济类型固定资产投资比重变动趋势

资料来源：根据《中国固定资产投资统计年鉴》数据，并按 1978 年不变固定资产投资价格指数平减。

表 4-3 显示，1993 年以来中国各类型经济的固定资产投资规模均不断增加。2010 年，中国国有经济、集体经济、私营个体经济、联

表4-3　　　　　　　1993—2010 年中国按登记注册类型
划分的全社会固定资产投资额　　　单位：亿元

年份	国有经济	集体经济	私营个体经济	联营经济	股份制经济	外商投资经济	港澳台商投资经济	其他经济
1993	2618.46	762.95	504.76	19.15	79.30	252.29	15.70	7.05
1994	2886.96	825.20	610.24	31.12	176.29	396.49	133.16	10.06
1995	3186.95	961.93	748.69	34.65	252.66	454.80	196.99	17.54
1996	4683.53	1424.42	1252.66	49.46	403.58	731.86	325.89	67.02
1997	3620.43	1064.93	948.39	34.05	383.63	540.90	259.16	45.82
1998	4259.65	1161.89	1037.76	16.77	539.62	454.42	369.79	32.97
1999	4437.03	1207.08	1167.35	27.24	689.68	398.81	338.90	40.19
2000	4541.76	1321.28	1295.94	26.07	1117.77	361.38	355.83	38.42
2001	4826.72	1447.05	1488.44	25.91	1552.57	388.03	434.04	38.84
2002	5163.74	1637.81	1783.27	37.80	2278.28	461.03	482.89	54.21
2003	5797.74	2143.80	2066.35	50.31	3408.25	678.17	635.71	92.53
2004	6345.03	2526.52	2504.93	55.15	4486.79	977.07	789.34	182.68
2005	7402.04	2986.49	3465.78	57.28	5872.34	1161.96	939.97	263.60
2006	8102.19	885.87	6005.00	127.74	8651.18	1502.57	1166.32	595.98
2007	9156.54	1097.05	7833.65	143.73	10417.9	1740.02	1419.03	677.94
2008	10580.20	1367.96	9290.18	140.31	11975.5	1835.78	1511.09	842.66
2009	15511.63	1888.07	12418.4	148.31	15322.6	1868.73	1578.42	1253.30
2010	17899.58	2157.38	15055.6	178.53	19114.2	1914.72	1782.10	1649.10

资料来源：根据《中国统计年鉴》数据，并按 1978 年不变固定资产投资价格指数
平减。

营经济、股份制经济、外商投资经济、港澳台商投资经济及其他经济
固定资产投资额分别比 1993 年增长 5.84 倍、1.83 倍、28.83 倍、
8.32 倍、240.04 倍、6.59 倍、112.57 倍和 232.90 倍，其中，股份
制经济、港澳台商投资经济及其他经济固定资产投资增长最快。
1993—2010 年，中国八大类型经济年均固定资产投资额分别为
6723.34 亿元、1492.65 亿元、3859.86 亿元、66.87 亿元、4817.90
亿元、895.50 亿元、707.46 亿元和 328.33 亿元，国有经济、股份制

经济、私营个体经济、集体经济是固定资产投资的主体。1993 年，八大类型经济固定资产投资占总投资的比重分别为 61.47%、17.91%、11.85%、0.45%、1.86%、5.92%、0.37% 和 0.17%，国有经济、集体经济、私营个体经济固定资产投资所占比重最高，三者合计占总投资的 91.23%，其中，国有经济是固定资产投资的绝对主体。2010年，八大类型经济固定资产投资占总投资的比重分别为 29.96%、3.6%、25.20%、0.3%、31.99%、3.20%、2.98% 和 2.76%，国有经济、股份制经济和私营个体经济成为中国固定资产投资最主要的经济类型，三者合计占总投资的 87.15%。特别值得注意的是，20 世纪 90 年代以来，随着市场经济体制改革加快，要素市场在资源配置中的作用得到强化，加之多种所有制经济作为社会主义市场经济的重要组成部分得到快速发展，使国有经济、集体经济固定资产投资比重大幅下降，私营个体经济、股份制经济、其他经济类型固定资产投资比重大幅上升。固定资产投资从以国有经济和集体经济为主逐渐向其他经济类型倾斜，改变了资本形成主要发生在公共和国有部门的格局，促进了固定资产投资结构的优化。

第四节　中国资本投资的资金来源和构成状况

图 4-7 显示，国内贷款、自筹资金和其他资金是中国固定资产投资最主要的资金来源。中国固定资产投资规模的扩大主要通过增加自筹资金和国内贷款实现，但固定资产投资中自筹资金和其他资金所占比重呈逐年上升趋势，固定资产投资中国内贷款所占比重 1992 年后呈逐年下降趋势。1981—2010 年，中国国家预算内资金、国内贷款、利用外资、自筹和其他资金额年均分别为 664.96 亿元、2233.15 亿元、519.01 亿元和 9630.46 亿元，2010 年较 1981 年分别增长 11.7倍、89.4 倍、31.01 倍和 105.88 倍。1981—2010 年，中国固定资产投资中国家预算内资金所占比重由 28.07% 下降到 4.72%；国内贷款所占比重呈先升后降趋势，总体略有增长，由 12.69% 增加至

18.74%；利用外资所占比重先增后减，总体略有下降，由3.78%下降至1.6%；自筹和其他资金所占比重持续上升，由55.45%上升至78.48%。自筹和其他资金所占比重上升，对充分发挥民间资本在全社会固定资产投资中的主导作用，促进投资主体多元化，提高资本效率具有重要意义。

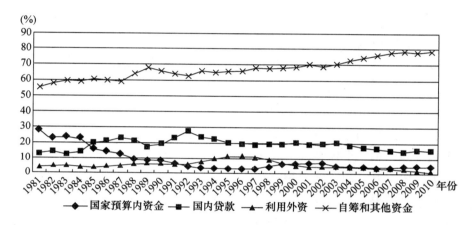

图4-7 1981—2010年中国固定资产投资的资金来源构成状况

资料来源：根据《中国统计年鉴》计算所得。

在《中国统计年鉴》中，中国固定资产投资按构成分为建筑安装工程、设备工器具购置和其他费用三大类。

图4-8显示，2010年，中国固定资产投资中，建筑安装工程、设备工器具购置和其他费用固定资产投资分别比1981年增长56.97倍、63.37倍和220.35倍。1981—2010年，三大类固定资产投资额年均分别为7553.31亿元、2842.89亿元和1818.59亿元，年均占比分别为64.06%、24.44%和11.5%，建筑安装工程投资是中国固定资产投资的主体。从三大类固定资产投资的变动趋势看，建筑安装工程固定资产投资占比呈逐年下降趋势，设备工器具购置固定资产投资占比稳中略有下降，其他费用固定资产投资占比呈不断上升趋势。

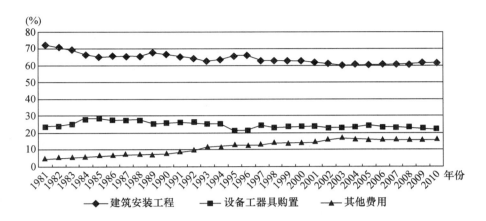

图4-8　1981—2010年中国固定资产投资的构成状况

资料来源：根据《中国统计年鉴》计算所得。

第五节　本章小结

本章对中国资本投资状况进行统计性分析，得出的基本结论是：①改革开放以来，中国整体、城镇和农村固定资产投资额均逐年增加，固定资产投资整体规模均不断扩张，但城镇固定资产投资额远远高于农村，且二者之间的差距呈不断扩大趋势。中国各区域及各省（市、区）固定资产投资均呈逐年增长趋势，但固定资产投资额及其变动存在显著区域和省际差异，整体而言，东部固定资产投资集聚速度远远快于其他区域。②中国三次产业固定资产投资额均逐年增加，但固定资产投资存在显著产业差异。第二产业固定资产投资额最高，第一产业固定资产投资额增速较快但投资绝对规模远远低于第二产业和第三产业，第一产业发展长期处于资本稀缺型发展模式。③中国各类型经济固定资产投资均不断增加，但国有经济、集体经济固定资产投资比重大幅下降，私营个体经济、股份制经济、其他经济类型固定资产投资比重大幅上升，资本形成主要发生在公共和国有部门的格局得到改善。④中国固定资产投资规模的扩大主要通过增加自筹资金和国内贷款实现，但国内贷款在固定资产投资中所占比重逐年下降，自筹资金和其他资金所占比重逐年增加，民间资本在全社会固定资产投资中的主导作用逐渐得到发挥。

第五章　中国资本配置与
产出状况分析

本章对中国农业①、工业、服务业固定资本形成额、工业固定资产净值、行业增加值、行业利润总额等指标进行比较分析，揭示资本资源整体、产业、行业和区域间的配置与产出状况，为第八章估算与分析资本配置效率奠定基础。

第一节　中国农业资本配置与产出状况

一　农业资本配置与产出的整体状况

国内学者对农业资本配置效率进行测算时，选择农业固定资产投资额和第一产业总产值指标。本章在分析农业资本配置与产出特征及第八章测算农业资本配置效率时，选择农业固定资本形成总额与农业增加值指标。主要基于以下考虑：根据国家统计局的指标解释，固定资本形成总额是一定时期内购置、转入或自产自用的固定资产价值扣除固定资产的销售、转出等价值后的净额。固定资本形成总额中不包括全社会固定资产投资额中的土地购置费、旧设备和旧建筑物购置以及其他费用中不形成固定资产的部分，不包括全社会固定资产投资额中由于出售、易货交易和实物资本转移而转出的旧固定资产价值部

---

① 本章中的农业固定资本形成总额及第八章中对农业资本配置效率测算中的农业均是指广义的农业，包括农、林、牧、渔业在内。由于在统计年鉴中各省际单位对农、林、牧、渔业的统计不尽完善，特别是对广义农业涉及的农、林、牧、渔各分项的增加值及各分项的投资数据极不完整，呈破碎化。考虑数据的可得性，本书中的农业用包括农、林、牧、渔在内的广义农业指标代表。

分，但包括不计入固定资产投资额的价值在 5 万元以下的固定资产投资及用于矿藏勘探的支出、计算机软件等无形固定资产的净增加额。近年来随着城镇化进程的加快，包括在全社会固定资产投资总额中的土地征用、购置及迁移补偿费、旧设备和旧建筑物购置费增长迅速，但其本身并不形成生产性资本，因此全社会固定资产投资的高增长并不意味着其对产出的贡献必然同步增加。固定资产投资额中由于未扣减出售、易货交易和实物资本转移而转出的相应价值，易造成对投资的重复计算。从资本配置效率的本质及指标的信度考察，选择农业固定资本形成总额指标优于农业固定资本投资额。考虑社会资本投资主要受利润引导，为此测算资本配置效率时产出指标选择农业增加值，即总产出中扣除为获得总产出而转换或消耗的非耐用货物和服务的价值等中间消耗后的价值。

1998—2003 年各省（市、区）农业固定资本形成总额，用各省（市、区）农、林、牧、渔业基础建设新增固定资产投资占各省（市、区）基础建设新增固定资产投资的比重乘以各省（市、区）固定资本形成总额估算得出，基础数据来自《中国统计年鉴（1999—2004）》，并以 1997 年为基期的固定资产投资价格指数平减。2004—2010 年各省（市、区）农业固定资本形成总额，用各省（市、区）农、林、牧、渔业固定资产投资占各省（市、区）固定资产投资的比重乘以各省（市、区）固定资本形成总额估算得出，基础数据来自《中国统计年鉴（2005—2011）》，并以 1997 年为基期的固定资产投资价格指数平减。各省（市、区）农业增加值数据来自《中国统计年鉴（1999—2011）》，并以 1997 年为基期的各省（市、区）农业生产资料价格指数平减。

自 2003 年开始，中国农业总产值核算执行新《国民经济行业分类标准》，在原有农、林、牧、渔业分类基础上，新增加农林牧渔服务业，但各省（市、区）对农、林、牧、渔服务业增加值的统计数据缺失严重。2003—2011 年，在全国 31 个省（市、区）中，仅有 16 个省（市、区）统计了农、林、牧、渔服务业增加值数据，且有统计的 16 个省（市、区）中部分年份也存在数据缺失。考虑到农、林、牧、渔服务业增加值占农业增加值的比重很低〔2003—2011 年，有统计的 16 个省（市、区）农、林、牧、渔服务业增加值占农业增加值的年均比重平均不足 3%]，且 2000—2002 年，全国所有省（市、区）均无农、林、牧、渔服务业增加值统计数据，因此，在分析农业资本配置状况及测算农业资本配置效率时，本书不考虑新《国民经济行业分类标准》中农、林、牧、渔服务业增加值对农业增加值的影响。

图 5-1 显示，农业固定资本形成总额和农业增加值整体均呈上升趋势。1998—2010 年，农业固定资本形成总额由 382 亿元增加到 4999.5 亿元，增长 12.09 倍，年均定基增长率为 23.9%；同期，农业增加值由 15655 亿元增加到 28368 亿元，增长 0.81 倍，年均定基增长率为 5.1%。农业固定资本形成总额增长率远高于农业增加值增长率且波动剧烈。1998—2010 年，农业固定资本形成总额年均环比增长率为 25.84%，增长率最高的 2004 年达 69.61%，增长率最低的 2000 年仅为 1.05%；1998—2010 年，中国农业增加值年均环比增长率仅为 5.41%，比农业固定资本形成总额年均增长率低 20.43 个百分点；除 2000 年和 2010 年外，中国农业增加值增长率均低于农业固定资本形成总额增长率，2008 年中国农业增加值增长率为负；2004 年、2007 年及 2010 年，农业增加值增长率较高，分别为 10.05%、9.09% 和 11.41%。

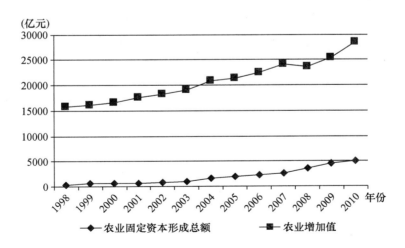

**图 5-1　1998—2010 年中国农业固定资本形成总额及
农业增加值的变动趋势**

资料来源：根据《中国统计年鉴》计算所得，并以 1997 年为基期剔除价格指数。

二 农业资本配置与产出的区域①状况

图 5 - 2 显示，中国各区域农业固定资本形成总额均逐年增加，呈"你追我赶"特征，但农业固定资本形成总额整体呈东中西部梯度递减特征。1998—2010 年，东部农业固定资本形成总额由 153 亿元增加到 1598 亿元，年均定基增长率为 21.6%，除 2002 年外，1998—2007 年东部农业固定资本形成总额均高于中部和西部；同期，中部农业固定资本形成总额由 102 亿元增加到 1841 亿元，且在 2004 年和 2008 年超过西部和东部，年均定基增长率高达 27.2%；西部农业固定资本形成总额由 127 亿元增加到 1256 亿元，年均定基增长率为 23.3%。东部、中部和西部各区域农业固定资本形成总额变动均经历了三个阶段。2003 年前，各区域农业固定资本形成总额增加较慢；2003—2007 年，各区域农业固定资本形成总额增加较快；2008—2010 年，各区域农业固定资本形成总额均出现快速增加。2007 年前，东部

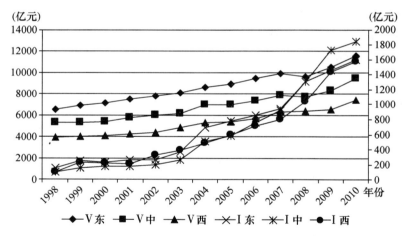

图 5 - 2　1998—2010 年各区域农业固定资本形成总额及

农业增加值的变动趋势

注：左轴表示农业增加值；右轴表示农业固定资本形成总额。

资料来源：根据《中国统计年鉴》计算所得，并以 1997 年为基期剔除价格指数。

---

① 东部包括北京、天津、河北、辽宁、上海、江苏、浙江、福建、山东、广东、海南 11 个省（市）级行政区；中部包括山西、吉林、黑龙江、安徽、江西、河南、湖北、湖南 8 个省级行政区；西部包括四川、重庆、贵州、云南、西藏、陕西、甘肃、青海、宁夏、新疆、广西、内蒙古 12 个省（市、区）级行政区。

农业固定资本形成总额在所有区域中最高，2008 年开始，东部农业固定资本形成总额略高于西部但远低于中部。

1998—2010 年，中国各区域农业增加值整体均呈逐年增加趋势，但农业增加值呈东中西部梯度递减特征，农业增加值年均增长率呈东中西部梯度递增特征，且各区域农业增加值增长率均远低于农业固定资本形成额增长率。1998—2010 年，东部、中部和西部农业增加值分别从6496.73 亿元、5271.42 亿元和 3886.94 亿元增加到 11547.47 亿元、9440.56 亿元和 7380.04 亿元，分别增长 0.78 倍、0.79 倍和 0.90 倍，年均定基增长率分别为 4.91%、4.98% 和 5.49%，西部增长最快，东部和中部增长率接近；2008 年，东部和中部农业增加值有所下降，但自 2009年开始，三大区域农业增加值均出现快速增加；2010 年，东部、中部和西部农业增加值分别比 2008 年增长 20.17%、20.41% 和 16.65%。

三　农业资本配置与产出的省际状况

图 5 - 3 显示，中国各省（市、区）农业固定资本形成总额均逐年增加，但农业固定资本形成总额及其增速存在显著省际差异。西藏、上海、北京和天津农业固定资本形成总额较低且增速较慢。1998—2010 年，西藏和上海农业固定资本形成总额分别从 2.05 亿元和 3.0 亿元增加到 5.80 亿元和 16.95 亿元，分别增长 1.83 倍和 4.65倍；1998 年和 2010 年，西藏和上海农业固定资本形成总额分别仅为同期全国省际均值的 17.08%、25% 和 3.60%、10.53%。河南和山东农业固定资本形成总额较高且增速较快。1998—2010 年，河南和山东农业固定资本形成总额分别从 23.28 亿元和 19.51 亿元增加到 590.94 亿元和415.63 亿元，分别增长 24.38 倍和 20.30 倍；1998 年和 2010 年，河南和山东农业固定资本形成总额分别为同期全国省际均值的 1.94 倍、1.63 倍和 3.67 倍、2.58 倍。河北、江苏、福建、湖北、广东和新疆等省（区）农业固定资本形成总额高但增速较慢。

图 5 - 4 显示，中国各省（市、区）农业增加值均逐年增加，但农业增加值及其增速均存在显著省际差异。西藏、上海、青海、北京、山西、贵州和天津等省（市、区）农业增加值均不足同期全国省际均值的 10%，且增速缓慢。1998—2010 年，西藏农业增加值从33.20 亿元增加到 73.17 亿元，增长 1.20 倍；1998 年和 2010 年，西

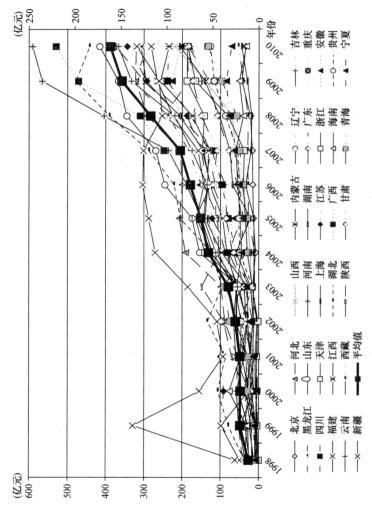

图 5 - 3 1998—2010 年中国 31 个省际单位农业固定资本形成总额变动趋势

注: 左轴表示北京、河北、山西、内蒙古、辽宁、吉林、黑龙江、山东、河南、湖南、广东、重庆、四川、浙江等省 (市、区) 农业固定资本形成总额及 31 个省 (市、区) 农业固定资本形成总额的省际均值; 右轴表示资本形成总额, 上海、天津、江西、福建、湖北、安徽、江苏等省 (市、区) 的农业固定资本形成总额。

资料来源: 根据《中国统计年鉴》计算所得, 并以 1997 年为基期剔除价格指数。

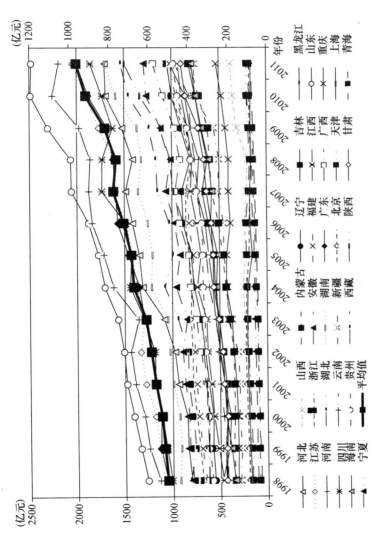

图 5 - 4　1998—2010 年中国 31 个省际单位农业增加值变动趋势

注：左轴表示河北、山西、内蒙古、辽宁、吉林、黑龙江、江苏、浙江、安徽、福建、江西、山东、河南、湖北、湖南、广东、广西、重庆、四川、云南、新疆 21 个省（市、区）的农业增加值；右轴表示西藏、青海、宁夏、甘肃、贵州、陕西、上海、天津、北京、海南 10 个省（市、区）的农业增加值及 31 个省（市、区）农业增加值省际均值。

资料来源：根据《中国统计年鉴》计算所得，并以 1997 年为基期剔除价格指数。

藏农业增加值分别仅为同期全国省际均值的 6.57% 和 8.0%。上海农业增加值也较低，1998 年和 2010 年，上海农业增加值分别仅为同期全国省际均值的 8.48% 和 9.6%。1998—2010 年，山东、河南、黑龙江、新疆、河北、湖南、湖北、广东和四川等省（区）农业增加值较高，为同期全国省际均值的 2—3 倍；1998 年和 2010 年，山东和河南农业增加值分别为同期全国省际均值的 2.50 倍、2.25 倍和 2.72 倍、2.47 倍。

第二节　中国工业资本配置与产出状况

国内学者在测算中国工业行业资本配置效率时，其产出指标主要选择工业行业增加值或工业行业利润总额，其投入指标主要选择工业固定资产投资净值或工业固定资产投资额。[①] 由于中国自 2008 年开始对工业行业的统计口径进行较大调整，不再统计工业内部各行业的增加值指标，由此导致 2007 年后工业行业增加值数据不可获得。为此，如果采用工业行业增加值指标，对工业资本配置与产出状况的分析及第八章对工业资本配置效率的测算最新只能进行到 2007 年。为尽可能跟踪最新的统计数据，且考虑理性投资者以利润最大化为目标，资本配置与资本流向主要受行业利润引导，选择利润指标比选择增加值指标对考察资本配置更具说服力。因此，本节在分析工业资本配置与产出状况及第八章在测算工业资本配置效率时，均选择 1999—2011 年中国 31 个省（市、区）、25 个工业行业全部国有及规模以上非国有企业的固定资产净值和利润总额指标。基础数据来自《中国工业经济年鉴》（2001—2004，2006—2012）和《中国经济普查年鉴2004》。由于 2011 年统计年鉴中未统计工业固定资产净值数据，本书用当年工业固定资产合计数据代替。为扣除物价变动的影响，工业固定资产

---

① Jeffrey Wurgler（2000）选择总投资及行业增加值指标；韩立岩等（2002）选择中国 39 个工业行业的固定资产投资额和利润总额；潘文卿等（2003）选择中国 28 个省（市、区）的固定资本形成总额和 GDP 数据；韩立岩等（2005）选择中国 37 个工业行业固定资产净值年均余额和工业增加值；蒲艳萍等（2008）选择中国 32 个工业行业固定资产净值年均余额和利润总额等。

净值数据用1999年为基期的各省际单位工业固定资产投资价格指数平减，利润总额数据用1999年为基期的各省际单位工业品出厂价格指数平减。工业固定资产投资价格指数与工业品出厂价格指数均来自《中国统计年鉴》（2000—2012），西藏、海南等部分年份所缺失的价格指数用当年相应的全国价格指数代替。

一　工业资本配置与产出的整体状况

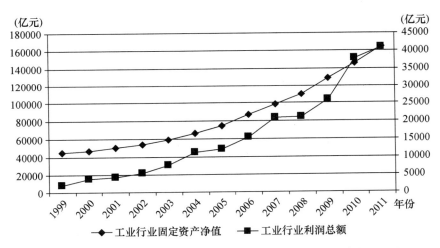

图5-5　1999—2011年中国工业行业固定资产净值及

工业行业利润总额变动趋势

注：①工业行业固定资产净值、工业行业利润总额均以1999年为基期的价格指数平减。②左轴表示工业行业固定资产净值，右轴表示工业行业利润总额。

资料来源：《中国工业经济年鉴》（2001—2004，2006—2012）及《中国经济普查年鉴》（2004）。

图5-5显示，中国工业行业固定资产净值及工业行业利润总额均呈逐年增加趋势。1999—2011年，中国工业行业固定资产净值与工业行业利润总额分别由44441亿元和2034亿元增长至169468亿元和40605亿元，分别增长2.81倍和18.96倍，工业行业利润总额增长远远快于工业行业固定资产净值增长。1999—2011年，工业行业固定资产净值大于工业行业利润总额；2009年后，工业行业利润总额迅速增加，与工业行业固定资产净值的差距逐渐缩小。工业行业固定资产净值增长率和工业行业利润总额增长率波动整体趋于一致，但工业行业固定资产净值增长率波动平缓，工业行业利润总额增长率波动剧烈。

2000 年，工业行业固定资产净值增长率相对较低，仅为 6.0%，工业行业利润总额增长率则高达 93.8%；2001 年，工业行业利润总额增长率迅速回落至 7.2%，与工业行业固定资产净值增长率 6.8% 基本持平；2002—2007 年，工业行业利润总额增长率显著高于工业行业固定资产净值增长率，但二者基本保持同步变动趋势；2008 年，受全球金融危机影响，工业行业利润总额增长率下降至最低水平，仅为 3.7%，工业行业固定资产净值增长率下降幅度较小，仍维持在 12.6%，工业行业固定资产净值增长率首次超过工业行业利润总额增长率；2009—2010 年，工业行业利润总额增长率不断攀升，分别达到 18.1% 和 46.5%，为 2001 年来的峰值，但在 2011 年迅速跌至 9.1%，低于同期 12.8% 的工业行业固定资产净值增长率。

二 工业资本配置与产出的区域状况

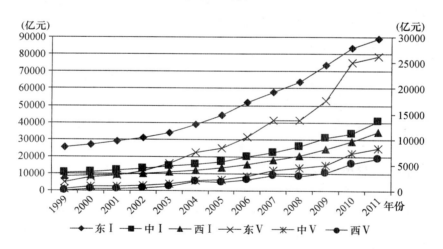

图 5 - 6 1999—2011 年中国各区域工业行业固定资产净值及工业行业利润总额变动趋势

注：左轴表示各区域工业行业固定资产净值；右轴表示各区域工业行业利润总额。

资料来源：《中国工业经济年鉴》（2001—2004，2006—2012）及《中国经济普查年鉴》（2004）。

图 5 - 6 显示，各区域工业行业固定资产净值和工业行业利润总额均呈逐年增加趋势，但二者均呈东中西部梯度递减特征。1999—2011 年，东部、中部和西部工业行业固定资产净值分别由 25141 亿

元、10615 亿元和 8685 亿元增长至 86787 亿元、40120 亿元和 34204
亿元，分别增长 2.45 倍、2.78 倍和 2.94 倍。1999 年和 2011 年，东
部工业行业固定资产净值分别为中部和西部的 2.37 倍、2.89 倍和
2.16 倍、2.54 倍；东部与中西部工业行业固定资产净值相对差距有
所缩小，但绝对差距迅速扩大。1999 年，东部与中西部工业行业固定
资产净值绝对差距分别为 14526 亿元和 16456 亿元，2011 年扩大为
46667 亿元和 52583 亿元，2011 年东部与中西部绝对差距分别是 1999
年绝对差距的 3.21 倍和 3.19 倍。1999—2011 年，东部、中部和西部工
业行业利润总额分别由 1566 亿元、385 亿元和 82 亿元增长至 25383 亿
元、7981 亿元和 6221 亿元，年均定基增长率分别高达 26.1%、28.7%
和 43.4%。1999 年和 2011 年，东部工业行业利润总额分别为中部和西
部的 4.07 倍、19.10 倍和 3.18 倍、4.08 倍；东部与中西部工业行业利
润总额相对差距有所缩小，但绝对差距迅速扩大。1999 年，东部与中
西部工业行业利润总额绝对差距分别为 1181 亿元和 1484 亿元，2011 年
扩大为 17402 亿元和 19162 亿元，2011 年东部与中西部工业行业利润总
额绝对差距分别是 1999 年绝对差距的 14.73 倍和 12.91 倍。

　　图 5 - 6 显示，东中西部工业行业固定资产净值增长率和工业行
业利润总额增长率呈波浪形同步变动趋势。2001—2003 年，东中西部
工业行业利润总额增长率分别由 9.0%、4.5% 和 12.7% 上升至
42.1%、34.5% 和 54.2%；2005 年，中部工业行业利润总额以
18.4% 的增长率超过东部，并在 2007 年以 42.6% 的增长率超过西部，
跃居区域之首，此后呈下降趋势；2008 年，东部和西部工业行业利润
总额增长率均降至最低，分别仅为 - 0.1% 和 2%；2009—2010 年均
迅速攀升，2010 年西部工业行业利润总额增长率达 53.6%，位居区
域第一；2011 年，东部工业行业利润总额增长率大幅跌至 4.1%。东
中西部工业行业固定资产净值增长率基本在 5%—20% 的范围内波动，
呈 "你追我赶" 的趋势，但波动较为平缓。2001—2003 年，中部工
业行业固定资产净值增长率略高于东部和西部；2004 年，东部工业行
业固定资产净值增长率达到峰值 20.5%，超过中部和西部；2007—
2008 年，中部工业行业固定资产净值增长率由 13.9% 上升至 16.0%，
2009 年开始下降，2010 年降至 8.8%；除 2010 年外，东部工业行业

固定资产净值增长率均低于中部和西部。

三 工业资本配置与产出的省际状况

图 5 - 7 显示，中国各省（市、区）工业行业固定资产净值均呈逐年增长趋势，但工业行业固定资产净值及其增速均存在显著省际差异。山东、江苏、广东工业行业固定资产净值高且增长快。1999—2011 年，山东、江苏、广东工业行业固定资产净值分别由 3321 亿元、3432 亿元和 4343 亿元增长至 15251 亿元、14332 亿元和 13154 亿元，分别增长 3.59 倍、3.18 倍和 2.03 倍；1999 年和 2011 年，山东、江苏、广东工业行业固定资产净值分别为同期全国工业行业固定资产净值省际均值的 2.61 倍、2.70 倍、3.42 倍和 3.15 倍、2.96 倍、2.72 倍。河北、浙江、河南和辽宁等省（市）工业行业固定资产净值也高于全国省际均值。西藏、青海、宁夏和海南工业行业固定资产净值最低。1999 年和 2011 年，西藏、海南、宁夏和青海工业行业固定资产净值分别为 23 亿元、171 亿元、244 亿元、364 亿元和 30 亿元、401 亿元、1264 亿元、1155 亿元，分别仅为同期全国省际均值的 1.81%、13.46%、19.21%、28.66% 和 0.62%、8.28%、26.10%、23.85%。贵州、重庆、甘肃和江西等省（市）工业行业固定资产净值也低于同期全国省际均值。1999—2011 年，内蒙古、宁夏、山东、山西、陕西和安徽工业行业固定资产净值分别增长 5.08 倍、4.19 倍、3.59 倍、3.59 倍、3.47 倍和 3.46 倍，远高于同期全国的平均增长倍数 2.81；西藏、上海、海南和辽宁工业行业固定资产净值分别增长 0.29 倍、1.05 倍、1.35 倍和 1.59 倍，远低于同期全国的平均增长倍数。

图 5 - 8 显示，中国 31 个省（市、区）工业行业利润总额整体均呈上升趋势，但工业行业利润总额及其增速均存在显著省际差异。1999—2011 年，广东、江苏、山东和浙江工业行业利润总额最高，分别由 287 亿元、204 亿元和 253 亿元上升至 4526 亿元、5008 亿元和 4401 亿元，分别为同期全国省际均值的 4.35 倍、3.09 倍、3.83 倍和 3.45 倍、3.82 倍、3.37 倍；浙江、河南和上海工业行业利润总额也显著高于同期全国省际均值。西藏、宁夏、青海、甘肃和海南工业行业利润总额较低，2000 年和 2011 年，分别为 2 亿元、4 亿元、1 亿元、8 亿元、5 亿元和 9 亿元、97 亿元、130 亿元、130 亿元、131 亿元，分别仅为同期

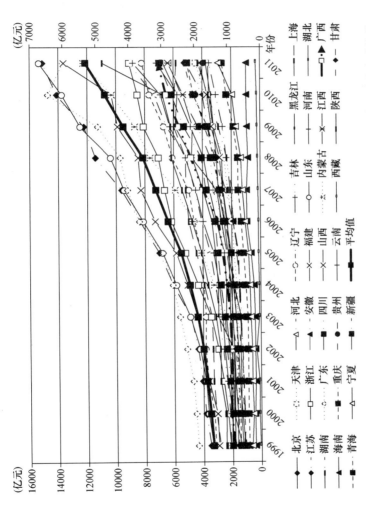

图 5-7 1998—2011 年中国 31 个省际单位工业行业固定资产净值及各省省际均值变动趋势

注：左轴表示北京、天津、河北、辽宁、吉林、黑龙江、上海、江苏、浙江、安徽、河南、湖北、湖南、广东、四川、陕西 18 个省（市）工业行业固定资产净值；右轴表示资产净值省际均值。

资料来源：《中国工业经济年鉴》（2001—2004，2006—2012）及《中国经济普查年鉴》（2004）。

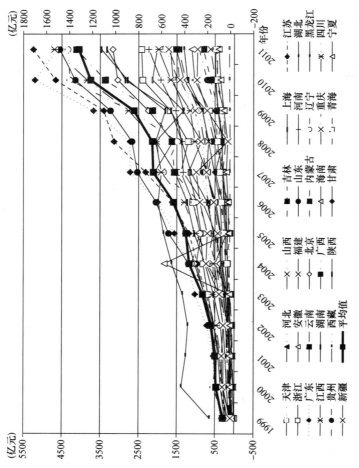

图 5-8 1998—2011 年中国 31 个省际单位工业行业利润总额及各省际年度均值变动趋势

注：左轴表示天津、山西、河北、青海、甘肃、宁夏、新疆、云南、贵州、广西、内蒙古、湖南、海南、江西、北京、辽宁 16 个省（市、区）的工业行业利润总额及工业行业利润总额省际均值；右轴表示西藏、江苏、上海、吉林、浙江、安徽、山东、河南、湖北、广东、黑龙江、四川 15 个省（市）的工业行业利润总额省际均值。

资料来源：《中国工业经济年鉴》（2001—2004、2006—2012）及《中国经济普查年鉴》（2004）。

全国省际均值的 1.57%、3.15%、0.79%、6.3%、3.94% 和 0.69%、7.4%、9.92%、9.92%、10%。① 贵州、新疆、云南、广西 和重庆工业行业利润总额也显著低于同期全国省际均值。2000—2011 年，青海、内蒙古和江西工业行业利润总额低但增速快，2011 年比 2000 年分别增长 189 倍、92 倍和 54 倍，远远高于同期全国的平均增 速；山西、海南、宁夏、安徽、湖南、江苏、河南、湖北、四川、广 西、贵州、陕西和甘肃工业行业利润总额增速也高于同期全国平均增 速；黑龙江、西藏、云南和新疆等省（区）工业行业利润总额低且增 速慢；北京、辽宁、山东、浙江和广东工业行业利润总额增速也低于 同期全国的平均增速。

对表 5-7 和表 5-8 综合分析显示，各省（市、区）工业行业固 定资产净值和工业行业利润总额具有协同性，工业行业固定资产净值 高的省（市、区）工业行业利润总额也较高；反之则相反。

四 工业内部不同行业资本配置与产出状况

图 5-9 显示，工业内部各行业固定资产净值整体呈逐年增加趋 势，但行业内部差异显著，部分行业存在过度投资，部分行业则投资 不足。电力蒸汽热水生产供应业固定资产净值远远高于其他行业且增 长较快。1999—2011 年，电力蒸汽热水生产供应业固定资产净值由 9318 亿元增加至 38739 亿元，增长 3.16 倍；1999 年和 2011 年，该 行业工业固定资产净值分别为同期行业均值的 5.24 倍和 5.71 倍。 1999—2011 年，黑色金属冶炼及压延加工业、化学原料及化学制品制 造业固定资产净值分别从 3876 亿元和 3610 亿元增至 14260 亿元和 13217 亿元，分别为同期行业均值的 2.18 倍、2.03 倍和 2.10 倍、 1.95 倍，均显著高于同期各行业固定资产净值平均水平。1999— 2011 年，有色金属矿采选业、仪器仪表文化办公用机械制造业、烟草 加工业、化学纤维制造业和黑色金属矿采选业固定资产净值分别从 237 亿元、260 亿元、605 亿元、944、98 亿元增加至 1011 亿元、953 亿元、1025 亿元、1288 亿元、1574 亿元，分别仅为同期行业均值

---

① 由于 1999 年甘肃、江西、内蒙古、青海和宁夏等省（区）工业行业的利润总额为 负，因此分析增长速度是以 2000 年为基础。

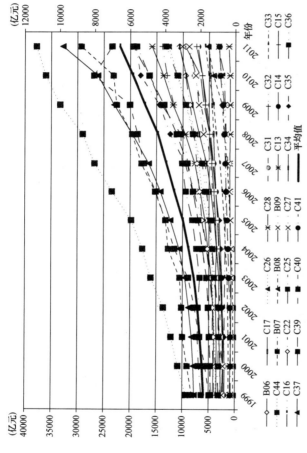

图 5 - 9 1999—2011 年中国 25 个工业行业的固定资产净值及各省年际均值变动趋势

注：①图中行业代码分别为：B06：煤炭开采和洗选业；B07：石油和天然气开采业；B08：黑色金属矿采选业；B09：有色金属矿采选业；C13：农副食品加工业；C14：食品制造业；C15：饮料制造业；C16：烟草制品业；C17：纺织业；C22：造纸及纸制品业；C25：石油加工、炼焦及核燃料加工业；C26：化学原料及化学制品制造业；C27：医药制造业；C28：化学纤维制造业；C31：非金属矿物制品业；C32：黑色金属冶炼及压延加工业；C33：有色金属冶炼及压延加工业；C34：金属制品业；C35：普通机械制造业；C36：专用设备制造业；C37：交通运输设备制造业；C39：电气机械及器材制造业；C40：通信设备、计算机及其他电子设备制造业；C41：仪器仪表及文化、办公用机械制造业；C44：电力、燃气及水的生产和供应业。左轴代表 B06、C25、C26、C32、C33、C39、C40、C41 等 6 个工业行业的固定资产净值，右轴代表 B07、B08、B09、C13、C14、C15、C16、C17、C22、C27、C28、C34、C35、C36、C37、C39、C40、C41 等 19 个工业行业及 25 个工业行业固定资产净值的行业均值。

②左轴代表 B06、C44、C16、C35、C34、C37 等 6 个工业行业的固定资产净值及 25 个工业行业固定资产净值的行业均值。

资料来源：《中国工业经济年鉴》(2001—2004，2006—2012) 及《中国经济普查年鉴》(2004)。

的 13.33%、14.62%、34.03%、53.09%、5.51% 和 14.92%、14.06%、15.13%、19.01%、23.23%，均显著低于同期行业均值。固定资产净值增长较快的行业有煤炭采选业、有色金属冶炼及压延加工业和通信设备计算机及其他电子设备制造业，其固定资产净值年均定基增长率分别高达 14.5%、14.4% 和 14.1%，远高于同期行业年均增长率 11.8%；化学纤维制造业、烟草加工业、纺织业和饮料制造业固定资产净值年均定基增长率分别仅为 2.6%、4.5%、6.7% 和 6.7%，远低于同期行业年均增长率。

图 5 - 10 显示，工业内部 25 个行业利润总额整体逐年增加，但各行业利润总额及其增速差异显著。部分行业利润总额规模较大且增长能力强，某些行业利润总额规模较小且增长能力较弱；一些行业利润总额增长潜力大且稳定，一些行业利润总额波动较大。1999—2011 年，25 个工业行业利润总额行业均值由 81 亿元增至 1624 亿元，年均定基增长率达 28.3%。石油和天然气开采业利润总额高但波动较大。1999—2008 年，石油和天然气开采业利润总额遥遥领先，为同期各行业利润总额均值的 4—7 倍，2005 年石油和天然气开采业利润总额增长率高达 61.6%；2009—2010 年，石油和天然气开采业利润总额由 3567 亿元下降至 1560 亿元，2011 年又迅速回升至 3151 亿元，2010—2011 年利润总额增长率分别高达 50.7% 和 34.0%。除 2004 年、2005 年和 2008 年外，交通运输设备制造业利润总额增长率均保持在 50% 以上，2009 年交通运输设备制造业利润总额首次超过石油和天然气开采业利润总额，跃居首位。煤炭采选业和化学原料及化学制品制造业利润总额也显著高于行业总额均值，2011 年分别为 3342 亿元和 3248 亿元，为同期各行业利润总额均值的 2.06 倍和 2.0 倍。石油加工炼焦和核燃料加工业利润总额整体较低且部分年份出现亏损（2001 年、2005 年、2006 年和 2008 年，石油加工炼焦和核燃料加工业利润总额分别为 - 12 亿元、 - 105 亿元、 - 267 亿元和 - 778 亿元）。化学纤维制造业、仪器仪表文化办公用机械制造业、造纸及纸制品业和有色金属矿采选业利润总额也较低，各年利润总额均不足同期各行业利润总额行业均值的 50%。利润总额增长较快的行业有黑色金属矿采选业、农副食品加工业、煤炭采选业和非金属矿物制品业，利

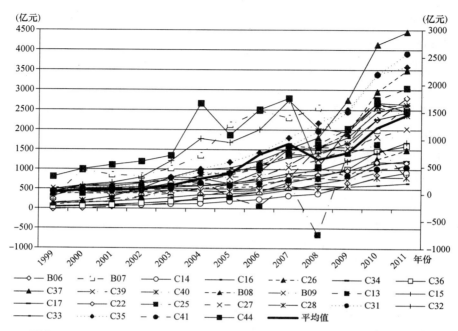

图 5 - 10　1999—2011 年中国 25 个工业行业利润总额及行业均值变动趋势

注：①图中行业代码分别为：B06：煤炭开采和洗选业；B07：石油和天然气开采业；B08：黑色金属矿采选业；B09：有色金属矿采选业；C13：农副食品加工业；C14：食品制造业；C15：饮料制造业；C16：烟草制品业；C17：纺织业；C22：造纸及纸制品业；C25：石油加工、炼焦及核燃料加工业；C26：化学原料及化学制品制造业；C27：医药制造业；C28：化学纤维制造业；C31：非金属矿物制品业；C32：黑色金属冶炼及压延加工业；C33：有色金属冶炼及压延加工业；C34：金属制品业；C35：普通机械制造业；C36：专用设备制造业；C37：交通运输设备制造业；C39：电气机械及器材制造业；C40：通信设备、计算机及其他电子设备制造业；C41：仪器仪表及文化、办公用机械制造业；C44：电力、燃气及水的生产和供应业。

②左轴表示 B06、B07、C14、C16、C26、C34、C36、C37、C39、C40 等 10 个工业行业的利润总额；右轴表示 B08、B09、C13、C15、C17、C22、C25、C27、C28、C31、C32、C33、C35、C41、C44 等 15 个工业行业的利润总额及 25 个工业行业利润总额的行业均值。

资料来源：《中国工业经济年鉴》（2001—2004，2006—2012）及《中国经济普查年鉴》（2004）。

润总额分别由 1999 年的 4 亿元、11 亿元、-18 亿元和 41 亿元增加至 2011 年的 887 亿元、2048 亿元、3342 亿元和 2629 亿元，分别增长 220.75 倍、185.20 倍、80.51 倍①和 63.12 倍，远高于同期行业利

----

① 1999—2001 年，煤炭采选业利润总额分别为 -18 亿元、0 和 41 亿元，煤炭采选业利润总额增长倍数为 2001—2011 年的增长倍数。

润总额平均增长倍数 19.97。电力蒸汽热水生产供应业、烟草加工业、通信设备计算机及其他电子设备制造业和化学纤维制造业利润总额增长缓慢，2011 年比 1999 年分别仅增长 4.61 倍、4.85 倍、6.74 倍和 8.01 倍，远低于同期行业利润总额平均增长倍数。

第三节　中国服务业资本配置与产出状况

一　服务业资本配置与产出的整体状况

本节在分析服务业资本配置与产出状况及第八章在测算服务业资本配置效率时，选择服务业固定资本形成总额与服务业增加值指标。其指标选择的原因与本章第一节对农业资本配置与产出状况及农业资本配置效率测算指标选择时的考虑相同。其中，2004—2011 年各省（市、区）服务业固定资本形成总额，用各省（市、区）服务业固定资产投资额占各省（市、区）固定资产投资总额的比重乘以各省（市、区）固定资本形成总额估算得出。基础数据来自《中国统计年鉴》（2004—2012），并以 2003 年为基期的各省（市、区）固定资产投资价格指数平减，各省（市、区）固定资产投资价格指数来自《中国固定资产投资统计年鉴》。各省服务业增加值数据来自《中国统计年鉴》（2004—2012），并以 2003 年为基期的各省（市、区）居民消费价格指数平减，各省（市、区）居民消费价格指数来自《中国统计年鉴》（2004—2012）。

图 5 - 11 显示，2004—2011 年，中国服务业固定资本形成总额与服务业增加值均呈上升趋势，服务业固定资本形成总额由 34907 亿元增加到 111600 亿元，增长 2.2 倍；同期，服务业增加值由 64622 亿元增加到 164860 亿元，增长 1.55 倍，服务业固定资本形成总额增长快于服务业增加值增长。服务业固定资本形成总额增长率与服务业增加值增长率呈同步变动趋势且二者波动性较大，服务业固定资本形成总额增长率高于服务业增加值增长率，但服务业固定资本形成总额增长率波动幅度小于服务业增加值增长率波动幅度。2004—2011 年，服务业固定资本形成总额及服务业增加值年均环比增长率分别为

18.14%和14.33%，前者比后者高3.81个百分点；2009年二者的增长率均达到最高，分别为27.61%和14.12%。

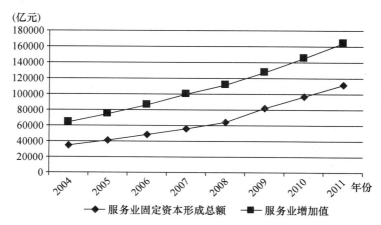

图 5 - 11　2004—2011 年服务业固定资本形成总额及服务业增加值变动趋势

资料来源：《中国统计年鉴》（2005—2012）。

二　服务业资本配置与产出的区域状况

图 5 - 12 显示，中国服务业固定资本形成总额和服务业增加值均呈东中西部梯度递减特征，除 2006 年和 2008 年外，各区域服务业固定资本形成总额增长率均高于服务业增加值增长率。2004—2011 年，东中西部服务业固定资本形成总额分别由 21652 亿元、7772 亿元、7594 亿元增加到 60385 亿元、25647 亿元、26343 亿元，年均定基增长率分别为 15.8%、18.6%、19.4%。2004—2011 年各年，不仅东部服务业固定资本形成总额远高于中部和西部，且自 2008 年开始，东中西部服务业固定资本形成总额差距呈喇叭状逐年扩大趋势；2004 年和 2011 年，东部服务业固定资本形成总额分别为中部和西部的 2.79 倍、2.85 倍和 2.35 倍、2.29 倍，东部与中部和西部服务业固定资本形成总额相对差距有所缩小，但绝对差距持续扩大；2004 年东部与中西部服务业固定资本形成总额绝对差距分别为 13880 亿元和 14085 亿元，2011 年绝对差距扩大为 34738 亿元和 34042 亿元，2011 年东部与中西部服务业固定资本形成总额绝对差距分别为 2004 年的 2.50 倍和 2.42 倍。东部与中西部服务业增加值差距呈逐年扩大趋势，

中西部服务业增加值变动趋势基本一致。2004—2011 年，东中西部服务业增加值分别由 39258 亿元、14109 亿元、10994 亿元增加到 87108 亿元、27943 亿元、22662 亿元，年均定基增长率分别为 12.1%、10.3%、10.9%，中部服务业增加值定基增速低于东西部。东部与中西部服务业增加值相对差距和绝对差距均呈不断扩大趋势。2004 年，东部服务业增加值分别为中西部的 2.78 倍和 3.57 倍，2011 年扩大为 3.12 倍和 3.84 倍；2004 年东部与中西部服务业增加值绝对差距分别为 25149 亿元和 28262 亿元，2011 年分别扩大为 59165 亿元和 64446 亿元，2011 年东部与中西部服务业增加值绝对差距分别为 2004 年的 2.35 倍和 2.28 倍。

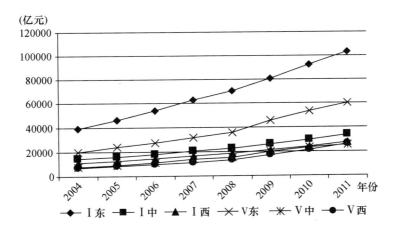

图 5 - 12　2004—2011 年各区域服务业固定资本形成总额及

服务业增加值变动趋势

资料来源：《中国统计年鉴》（2005—2012）。

三　服务业资本配置与产出的省际状况

图 5 - 13 显示，中国各省（市、区）服务业固定资本形成总额均呈逐年增加趋势，但服务业固定资本形成总额及其增速均存在显著省际差异。2004—2011 年，山东、辽宁和福建服务业固定资本形成总额高且增速快，三省份服务业固定资本形成总额分别为同期全国省际均值的 2.38 倍、1.42 倍和 1.18 倍，三省份年均定基增长率分别为 19.68%、18.89%、18.45%，分别为同期全国服务业固定资本形成总

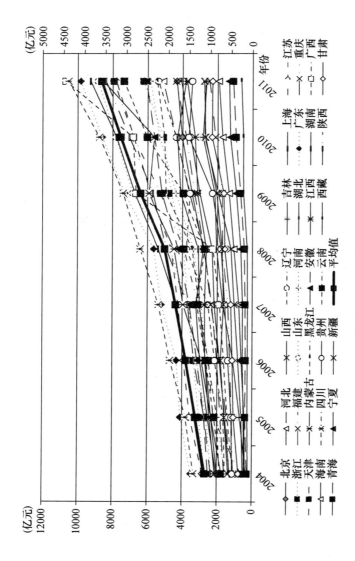

图 5-13 2004—2011 年中国 31 个省际单位服务业固定资本形成总额及变动趋势

注：左轴代表北京、河北、上海、江苏、浙江、福建、山东、河南、湖北、广东、山西 11 个省（市）服务业固定资产形成总额；右轴代表青海、西藏、海南、宁夏、新疆、贵州、云南、甘肃、广西、内蒙古、陕西、四川、重庆、辽宁、吉林、黑龙江、安徽、湖南、江西、天津 20 个省（市、区）服务业固定资产形成总额及成总额的省际均值。

资料来源：《中国统计年鉴》（2005—2012）。

额平均增速的 1. 15 倍、1. 10 倍、1. 07 倍。同期，北京、上海和浙江固定资本形成总额高但增速慢，三省份服务业固定资本形成总额分别为同期全国省际均值的 1. 44 倍、1. 41 倍、1. 90 倍，但年均定基增长率分别仅为同期全国平均增速的 57. 43%、57. 13%、68. 99%；海南、山西和吉林服务业固定资本形成总额低但增速快，三省份服务业固定资本形成总额分别由 174 亿元、516 亿元、546 亿元增加至 828 亿元、2314 亿元、2643 亿元，分别增长 3. 75 倍、3. 48 倍、3. 84 倍，年均定基增长率分别为 24. 92%、25. 31%、25. 25%，远高于同期全国的平均增速；西藏、新疆和江西服务业固定资本形成总额低且增速慢，服务业固定资本形成总额分别由 127 亿元、591 亿元、979 亿元增加至 274 亿元、1191 亿元、1628 亿元，分别增长 1. 15 倍、1. 01 倍、0. 66 倍，年均定基增长率分别仅为 11. 57%、10. 52%、7. 54%，远低于同期全国的平均增速。

图 5 - 14 显示，各省（市、区）服务业增加值均呈逐年增长趋势，但服务业增加值及其增速均存在显著省际差异。广东、江苏和山东服务业增加值最高。2004 年和 2011 年，广东、江苏和山东服务业增加值分别为 8335. 3 亿元、5198. 03 亿元、4732. 6 亿元和 11164. 51 亿元、9656. 24 亿元、8047. 97 亿元，分别为同期全国省际均值的 3. 87 倍、2. 41 倍、2. 20 倍和 3. 55 倍、3. 07 倍、2. 56 倍；天津、内蒙古、江苏、贵州、宁夏和山东服务业增加值增长率最快，2011 年分别比 2004 年增长 0. 83 倍、0. 83 倍、0. 86 倍、0. 96 倍、0. 77 倍、0. 70 倍，远高于同期全国的平均增速。值得注意的是，江苏、山东和天津服务业增加值高且增速快，贵州服务业增加值增速快但增加值低。西藏、海南、青海和宁夏服务业增加值较低，2004 年和 2011 年，四省（区）服务业增加值分别仅为同期全国省际均值的 5. 73%、15. 57%、8. 99%、10. 48% 和 4. 76%、16. 95%、7. 97%、12. 71%；安徽、西藏、新疆、上海、黑龙江和青海等省（市、区）服务业增加值增速较慢，2004—2011 年，六省（市、区）年均定基增长率分别仅为 2. 17%、2. 65%、3. 13%、3. 25%、3. 38%、3. 63%，远低于同期全国的平均增速。值得注意的是，上海服务业增加值增速慢但增加值高，黑龙江、安徽、西藏、新疆和青海服务业增加值及增速均较低。

对图 5 - 13 和图 5 - 14 综合分析显示，各省（市、区）服务业固

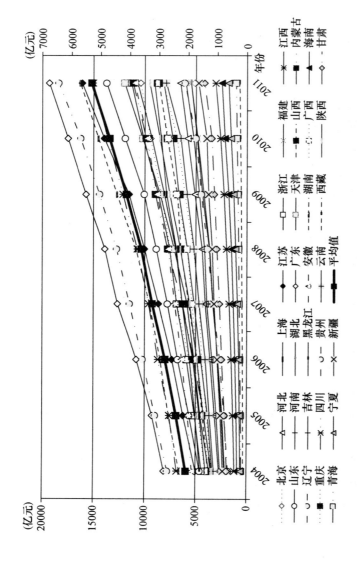

图 5 - 14 2004—2011 年中国 31 个省际单位服务业增加值及变动趋势

注：左轴代表北京、河北、上海、江苏、浙江、福建、山东、河南、湖北、广东、山西 12 个省（市）服务业增加值；右轴代表青海、西藏、海南、宁夏、新疆、云南、甘肃、广西、内蒙古、陕西、四川、重庆、辽宁、吉林、黑龙江、湖南、安徽、天津 19 个省（市、区）服务业增加值及31个省（市、区）服务业增加值省际均值。

资料来源：《中国统计年鉴》（2005—2012）。

定资本形成总额和服务业增加值具有协同性特征。广东、山东、江苏、浙江、北京和上海等省（市），服务业固定资本形成总额和服务业增加值均较高；西藏、青海、宁夏、海南、甘肃和新疆等省（区），服务业固定资本形成总额和服务业增加值均较低。

四　服务业内部不同行业资本配置与产出状况

图 5 - 15 显示，中国服务业内部各行业固定资本形成总额整体均呈逐年增加趋势，但行业间差异显著。房地产业、交通运输、仓储和邮政业和水利、环境和公共设施管理业固定资本形成总额远高于行业均值。2004 年和 2011 年，房地产业固定资本形成总额分别为 11715 亿元和 46197 亿元，分别为同期行业均值的 5.86 倍和 5.72 倍，分别占同期服务业固定资本形成总额的 41.86% 和 47.98%。金融业，居民服务和其他服务业，科学研究、技术服务和地质勘查业及卫生、社会保障和社会福利业固定资本形成总额均低于同期服务业行业均值。2004 年和 2011 年，四个行业固定资本形成总额分别为 95 亿元、220 亿元、234 亿元、363 亿元和 361 亿元、816 亿元、950 亿元、1318 亿元，分别仅为同期服务业行业均值的 4.75%、11.01%、11.71%、18.16% 和 5.25%、11.86%、13.81%、19.16%；分别仅占同期服务业固定资本形成总额的 0.34%、0.78%、0.84%、1.30% 和 0.38%、0.85%、0.99%、1.37%。租赁和商务服务业、住宿和餐饮业及批发和零售业固定资本形成总额增长最快，2011 年比 2004 年分别增长 5.47 倍、4.68 倍、3.71 倍，年均定基增速分别高达 30.58%、28.17%、24.76%，远高于同期各行业的平均增速；信息传输、计算机服务和软件业，教育行业，公共管理和社会组织固定资本形成总额增长最慢，2011 年三个行业固定资本形成总额分别仅比 2004 年增长 0.06 倍、0.55 倍、0.87 倍，年均定基增速分别仅为 0.78%、6.45%、9.32%，远低于同期各行业的平均增速。值得注意的是，房地产业、水利、环境和公共设施管理业固定资本形成总额及其增速均远高于同期服务业行业平均水平。

图 5 - 16 显示，中国服务业内部各行业增加值均呈逐年增加趋势，但服务业增加值及其变动趋势存在显著行业差异。批发和零售业、房地产业和金融业增加值远高于行业平均水平，水利、环境和公

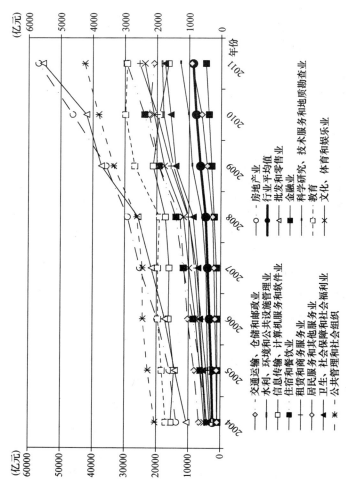

图 5-15 2004—2011 年中国服务业内部 14 个行业固定资本形成总额及其变动趋势

注：左轴代表房地产业，交通运输业，仓储和邮政业，水利、环境和公共设施管理业 3 个服务行业的固定资本形成总额及 14 个服务行业固定资本形成总额；右轴代表公共管理和社会组织，信息传输、计算机服务和软件业，住宿和餐饮业，科学研究、技术服务和地质勘查业，批发和零售业，金融业，教育，卫生、社会保障和社会福利业，租赁和商务服务业，文化、体育和娱乐业，居民服务和其他服务业 11 个服务行业的固定资本形成总额。

资料来源：2005—2012 年《中国统计年鉴》、《第三产业统计年鉴》，并以 2003 年为基期剔除价格指数。

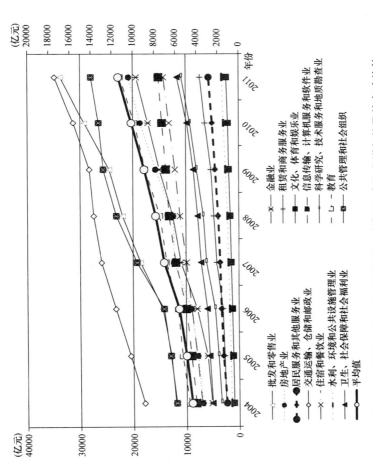

图 5 - 16 2004—2011 年中国服务业内部 14 个行业增加值及其变动趋势

注：左轴代表批发和零售业，房地产业，金融业，居民服务和其他服务业，教育，公共管理和社会组织 7 个服务行业的增加值；右轴代表交通运输，水利，环境和地质勘查业，卫生，社会保障和社会福利业，文化，体育和娱乐业 7 个服务行业的增加值及 14 个服务行业增加值行业均值。

资料来源：2005—2012 年《中国统计年鉴》、《第三产业统计年鉴》，并以 2003 年为基期剔除价格指数。

共设施管理业及文化、体育和娱乐业增加值均远低于行业平均水平。2004—2011 年，批发和零售业行业增加值最高，由 11844 亿元增加至 33326 亿元，分别为同期行业均值的 2.70 倍和 2.96 倍，分别占同期服务业增加值总额的 19.29% 和 21.17%。水利、环境和公共设施管理业增加值最低，2004—2011 年，仅从 731 亿元增加至 1564 亿元，分别仅为同期行业均值的 16.67% 和 13.91%，分别仅占同期服务业增加值总额的 1.19% 和 0.99%。金融业、房地产业、租赁和商务服务业及科学研究、技术服务和地质勘查业增加值增速较快，年均定基增长率分别为 20.7%、17.06%、16.36%、18.04%，远高于同期服务业的平均增速。信息传输、计算机服务和软件业，交通运输、仓储和邮政业及住宿和餐饮业增加值增速最慢，年均定基增长率分别仅为 9.97%、9.29%、10.56%，远低于同期服务业平均增速。

第四节　本章小结

本章对中国农业、工业及服务业资本配置与产出状况进行统计性分析发现：①中国整体、区域及各省（市、区）农业固定资本形成总额和农业增加值均呈逐年上升趋势，但农业固定资本形成总额远低于农业增加值，农业固定资本形成总额增长率远高于农业增加值增长率；农业固定资本形成总额及增速、农业增加值及增速均存在显著区域和省际差异。②中国工业整体、区域、省际及工业内部不同行业固定资产净值及工业行业利润总额均呈逐年增加趋势，但二者均存在显著省际、区域及行业差异；工业行业利润总额增长率高于工业行业固定资产净值增长率，且波动显著；工业行业固定资产净值和工业行业利润总额均呈东中西部梯度递减特征，东部工业行业固定资产净值和工业行业利润总额均显著高于中部和西部；工业行业固定资产净值和工业行业利润总额存在显著省际差异，且工业行业固定资产净值和工业行业利润总额具有协同性特征，山东、江苏和广东工业行业固定资产净值和工业行业利润总额均远高于同期省际均值；西藏、海南、宁夏和青海工业行业固定资产净值和工业行业利润总额均远低于同期省际均值。③中国服务业整体、区域、省际及内部不同行业固定资本形成总额和行业增加值均呈逐年增加趋势，服务业固定资本形成总额增长快于服务业行业增加值增长；服务业固定资本形成额总额及其增速、服务业行业增加值及其增速均存在显著区域、省际和行业差异。服务业固定资本形成总额和服务业增加值具有协同性特征，广东、山东、江苏等东部省份，服务业固定资本形成总额和行业增加值均较高，西藏、青海、宁夏等西部省（区），服务业固定资本形成总额和行业增加值均较低。

第六章 中国资本投资宏观效率实证分析

经济增长离不开要素投入的增加，但经济增长的可持续性很大程度上不是取决于要素的供给能力，而是取决于充分利用和有效配置要素的能力。本章首先通过投资—产出比（I/Y）、资本—产出比（K/Y）、增量资本—产出比（$\Delta K/\Delta Y$）等指标，对中国整体、城乡、产业、区域资本投资宏观效率及其变动趋势进行描述性分析。其次，通过对工业资本回报率的估算，考察中国工业资本效率的变动轨迹。最后，基于环境约束视角，对中国不同区域和省际全要素资本效率进行测度与检验。

第一节 中国资本投资宏观效率描述性分析

一 中国资本总量投资效率

目前用于分析总量投资效率的指标主要有投资—产出比（I/Y）、资本—产出比（K/Y）、增量资本—产出比（$ICOR = I/\Delta Y$）。[①] 根据已有文献及樊潇彦和袁志刚（2006）就不同总量资本效率分析方法的对比研究结果，本书分别采用经 1978 年不变价格指数平减的 I/Y、K/Y 和 $\Delta K/\Delta Y$ 三个指标，考察 1978—2010 年中国资本总量投资效率。

---

① Toh 和 Ng（2002）运用 $ICOR$ 分析新加坡的投资效率；武剑（2002）采用 I/Y 分析 1995—2000 年中国区域间投资效率的差异；Zhang（2003）及李治国和唐国兴（2003）分别采用经过指数平减的 K/Y 名义 K/Y 分析 1979—2000 年中国资本投资效率；雷辉（2009）采用 1978 年不变价格平减的 $ICOR$、K/Y 分析 1978—2007 年中国的宏观投资效率。

1. 投资—产出比（I/Y）

图 6-1 显示，全国、城镇及农村 I/Y 均呈不断上升趋势，即投资效率均呈下降趋势。1980—2010 年，全国、城镇和农村 I/Y 分别由 0.2、0.25 和 0.1 上升至 0.8、0.77 和 1.03；同期，全国、城镇和农村年均 I/Y 分别为 0.37、0.36 和 0.43，城镇 I/Y 最低，投资效率较高。从 I/Y 变动趋势看，城镇 I/Y 变动与全国基本一致。1980—1986 年，农村 I/Y 低于全国和城镇，投资效率较高。这是因为，农村经济体制改革初期，农村生产力得到极大解放，农民生产积极性与创造性充分发挥，农村经济发展迅速，农村经济增长率大幅提高，农村资本效率得到充分发挥。1987—2010 年，农村 I/Y 一直高于同期全国和城镇，且差距呈不断扩大趋势，说明 1987 年以来，农村投资效率不仅最低且下降速度最快。可能的原因：一是 1987 年以来，中国为促进农村经济发展，加大了对农村农田水利设施、道路交通等基础设施建设的投资力度，农村固定资产投资额大幅增加。二是大量较高素质的

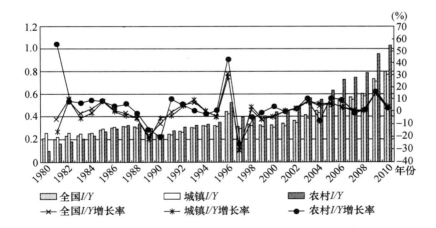

图 6-1　1980—2010 年全国、城镇、农村投资—产出比（I/Y）及其增长率变动趋势

注：投资—产出比＝当年实际固定资产投资/当年实际 GDP；左轴为 I/Y 值，右轴为 I/Y 增长率。

资料来源：《中国统计年鉴》、《中国农村统计年鉴》、《中国发展报告》、《中国财政年鉴》，并按 1978 年不变价格指数平减。

农村青壮年劳动力外出务工，农村留守劳动力出现了较为严重的年龄、性别和人力资本结构性失衡，部分农村地区甚至出现了较为严重的家庭"空巢"、农业"空壳"、农村"空心"化，由此造成物质资本投资难以与农村劳动力要素有效契合，影响了资本效率的充分发挥和农村生产力的发展，使农业经营比较粗放，农业劳动生产率、土地产出率降低，农业生产能力严重弱化，农村资本投资效率下降。

从 I/Y 变动趋势看，全国、城镇和农村资本投资效率波动幅度均较大，但农村资本投资效率下降速度最快。1981—2010 年，全国、城镇和农村 I/Y 年均增长率分别为 5.28%、4.53% 和 9.27%，农村 I/Y 增长最快。其中，1996 年全国、城镇和农村 I/Y 增长率分别为 38.79%、36.66% 和 50.42%，资本投资效率下降均最快，这可能与 20 世纪 90 年代初邓小平南方谈话后，中国启动了新一轮经济增长，固定资产投资力度加大，固定资产投资额大幅攀升有关。

2. 资本—产出比（K/Y）

图 6-2 显示，改革开放以来，中国资本—产出比（K/Y）整体呈不断上升趋势，投资效率整体呈下降趋势。1978—2010 年，全国 K/Y 由 1.68 上升到 2.37。中国 K/Y 的变动可分为两个阶段：1978—1994 年，K/Y 增长率起伏不定，但整体呈下降趋势，说明此期间资本投资效率有所改善。1996—2010 年，K/Y 不断攀升，年均增长率为 2.66%，1996 年增长率达 10.66%。表明 1996 年以来，中国投资力度不断加大，但单位投资所带来的产出逐渐减少，资本投资效率呈下降趋势。2008—2010 年，中国 K/Y 快速提高，资本投资效率迅速下降，这与 2008 年全球金融危机后，政府投资四万亿元刺激经济，导致投资额大幅攀升有关。

3. 增量资本—产出比（$ICOR$）

表 6-1 显示，全国、城镇、农村增量资本—产出比（$ICOR$）波动较大，但整体均呈上升趋势，即资本投资效率呈下降趋势。1982—2010 年，中国整体、城镇和农村 $ICOR$ 分别由 2.75、4.03 和 1.47 上升到 8.42、7.89 和 15.17，农村 $ICOR$ 上升最快，投资效率下降最快。1982—2010 年，全国、城镇、农村年均 $ICOR$ 分别为 4.28、4.67 和 10.62，农村增加单位总产出所需要的资本增量最大，投资效率最

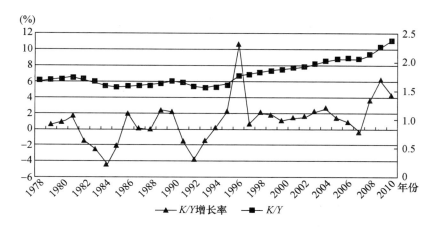

图 6 - 2　1978—2010 年中国资本—产出比（*K/Y*）及其增长率

注：资本—产出比 = 当年实际资本存量/当年实际 GDP；资本存量（*K*）为第三章估算所得数据；左轴为 *K/Y* 增长率，右轴为 *K/Y* 值。

资料来源：根据《中国国内生产总值核算历史资料：1952—2004》、《中国统计年鉴》（1981—2011）中数据计算，并按 1978 年不变价格指数平减。

表 6 - 1　　　　　　　　1981—2010 年中国、城镇、农村
增量资本—产出比（*ICOR*）变动

年份	1981	1982	1983	1984	1985	1986	1987	1988	1989	1990
全国	3.99	2.75	2.38	1.90	2.40	3.71	3.01	3.06	6.52	6.44
城镇	8.32	4.03	2.43	1.78	1.78	3.13	2.87	2.63	5.04	25.94
农村	1.61	1.47	2.27	2.23	56.91	7.74	3.45	5.26	23.68	2.16
年份	1991	1992	1993	1994	1995	1996	1997	1998	1999	2000
全国	2.96	2.19	2.50	2.76	3.25	4.88	3.68	4.57	4.59	4.21
城镇	2.07	1.70	2.11	2.69	3.21	4.49	2.93	3.96	3.73	3.30
农村	-22.44	17.83	8.15	3.10	3.39	6.81	26.18	10.97	45.63	-56.85
年份	2001	2002	2003	2004	2005	2006	2007	2008	2009	2010
全国	4.44	4.37	4.53	4.92	4.94	4.83	4.61	6.87	8.72	8.42
城镇	3.80	3.79	3.89	5.11	4.25	4.28	4.37	6.32	8.21	7.89
农村	14.41	13.42	20.82	4.13	47.88	17.40	6.89	14.61	14.30	15.17

注：增量资本—产出比 $ICOR = \dfrac{\Delta K}{\Delta Y} = \dfrac{I}{\Delta Y}$。

资料来源：《中国统计年鉴》、《中国农村统计年鉴》、《中国发展报告》、《中国财政年鉴》，并按 1978 年不变价格指数平减。

低。中国 *ICOR* 变动可分为三个阶段：1981—1994 年，全国、城镇和农村年均 *ICOR* 分别为 3.33、4.75 和 8.1，*ICOR* 呈缓慢下降趋势，投资效率有所改善。1995—2007 年，全国、城镇和农村年均 *ICOR* 分别为 4.45、3.93 和 12.39，*ICOR* 呈上升趋势，投资效率下降。2008—2010 年，全国、城镇和农村年均 *ICOR* 分别为 8.0、7.47 和 14.69，*ICOR* 急剧攀升，投资效率快速下降。可能的原因是 2008 年全球金融危机后，政府增加四万亿元投资以稳定国内经济，投资额短期内迅速增加，而投资对经济的作用具有滞后性，大量投资的经济效益在短期难以凸显，由此导致 *ICOR* 急剧上升，投资效率显著下降。

二　中国产业资本投资效率

不同产业由于生产力发展基础与发展条件存在显著差异，且不同时期政府实施不同的产业优先发展战略，由此导致不同产业投资力度、投资偏好及投资效率存在显著差异。

1. 产业投资—产出比（*I/Y*）

图 6 - 3 显示，中国三次产业 *I/Y* 均呈不断上升趋势，即三次产业投资效率均呈逐渐下降趋势，但投资效率及其变动存在显著产业差异。1995—2010 年，第一、第二、第三产业 *I/Y* 分别由 0.06、0.20 和 0.63 上升到 0.40、0.45 和 1.36，资本投资效率按第一、第二、第三产业依次递减。1995—2010 年，中国三次产业年均 *I/Y* 分别为 0.16、0.26 和 0.85，第一产业投资效率整体最高，第三产业整体最低；同期，中国三次产业 *I/Y* 年均增长率分别为 14.65%、6.74% 和 6.28%，第一产业投资效率下降最快，第三产业投资效率下降最慢。

2. 产业增量资本—产出比（*ICOR*）

图 6 - 4 显示，1996 年以来，中国三次产业增量资本—产出比（*ICOR*）整体呈不断上升趋势，投资效率整体呈下降趋势。1996—2010 年，中国三次产业年均 *ICOR* 分别为 4.44、2.70 和 9.19，产业资本投资效率按第二、第一、第三产业梯度递减。1996—2010 年，中国三次产业 *ICOR* 年均增长率分别为 17.18%、5.01% 和 5.48%，第一产业投资效率下降最快，第二、第三产业投资效率下降较慢；1996—2007 年，中国三次产业投资效率波动幅度不大，第二产业投资效率基本稳定，*ICOR* 年均增长率仅为 1.34%；2008 年金融危机后，

中国三次产业 *ICOR* 均急剧增加，三次产业资本投资效率均出现快速下降。

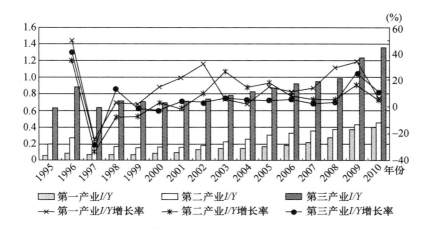

图 6 - 3　1995—2010 年中国三次产业投资—产出比（*I/Y*）及其增长率

注：左轴为 *I/Y* 值；右轴为 *I/Y* 增长率。

资料来源：《中国统计年鉴》、《中国房地产统计年鉴》、《中国固定资产投资报告》，并按 1978 年不变价格指数平减。

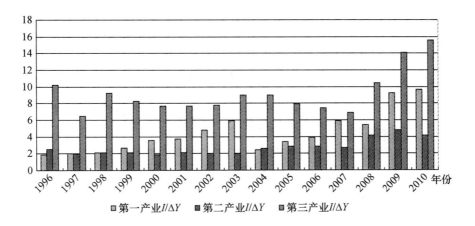

图 6 - 4　1996—2010 年中国三次产业增量资本—产出比（*ICOR*）变动趋势

资料来源：《中国统计年鉴》、《中国房地产统计年鉴》、《中国固定资产投资报告》，并按 1978 年不变价格指数平减。

三 中国区域资本投资效率

1. 区域投资—产出比（*I/Y*）

不同区域由于经济社会发展水平及促进经济发展的主客观条件不同，区域之间资本投资效率存在显著差异。

图 6-5 显示，中国各区域投资—产出比（*I/Y*）波动较大，但整体均呈上升趋势，即区域投资效率整体呈下降趋势。1978—2010 年，东部、中部、东北和西部 *I/Y* 分别由 0.18、0.16、0.17、0.23 上升至 0.43、0.83、0.63、0.81，东部投资效率最高，中部最低。2004 年前，各区域 *I/Y* 增长均较为缓慢，东部 *I/Y* 高于中部和东北，东北投资效率最高；2004 年后，各区域 *I/Y* 均急剧增加，投资效率大幅下降，但东部 *I/Y* 逐渐低于中部和东北，成为投资效率最高的区域；中部、西部及东北 *I/Y* 则迅速攀升，投资效率出现急速下降。这与中国实施中部崛起、新一轮西部大开发及东北老工业基地振兴战略，对中部、西部、东北三大区域投资力度加大，使三区域投资额增加较快有关。特别值得注意的是，2008—2010 年，由于中央政府出台四万亿元投资刺激计划，各区域投资力度加大，投资额大幅增加，*I/Y* 迅速攀升，各区域投资效率均出现快速下降。

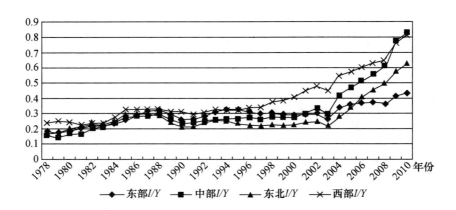

图 6-5　1978—2010 年中国各区域投资—产出比（*I/Y*）变动趋势

资料来源：《中国统计年鉴》、《中国房地产统计年鉴》、《中国固定资产投资报告》，并按 1978 年不变价格指数平减。

2. 区域资本—产出比（K/Y）

图 6 - 6 显示，中国各区域资本—产出比（K/Y）均呈不断上升趋势，投资效率均有所下降。1978—2010 年，东部、中部、东北和西部 K/Y 分别从 1.13、1.44、1.25、2.15 增加到 1.88、2.48、2.10、3.05，各区域资本投资效率均下降，但东部投资效率最高，西部最低。各区域 K/Y 变动可分为两个阶段：1978—1995 年，K/Y 较为稳定，东部、中部、东北和西部年均 K/Y 分别为 1.26、1.41、1.36 和 1.96，年均环比增长率分别为 1.19%、0.21%、0.82% 和 - 0.79%，西部投资效率整体有所提高；1996—2010 年，K/Y 急剧上升，东部、中部、东北和西部年均 K/Y 分别为 1.64、1.89、1.56 和 2.4，年均环比增长率分别为 2.15%、3.41%、2.58% 和 3.2%，各区域资本投资效率均出现明显下降。特别是进入 21 世纪，各区域投资力度加大，K/Y 迅速攀升，投资效率出现快速下降。

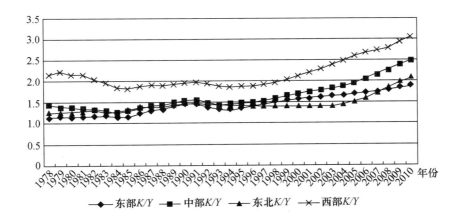

图 6 - 6 1978—2010 年中国各区域资本—产出比（K/Y）变动趋势

资料来源：《中国统计年鉴》、《中国房地产统计年鉴》、《中国固定资产投资报告》，并按 1978 年不变价格指数平减。

3. 区域增量资本—产出比（ICOR）

图 6 - 7 显示，中国各区域增量资本—产出比（ICOR）均呈上升趋势。1979—2010 年，东部、中部、东北和西部 ICOR 分别由 0.20、

0. 16、0. 17、0. 26 上升到 0. 48、0. 95、0. 71、0. 93，中部和西部 *ICOR* 最高，资本投资效率最低。其中，1979—2003 年，各区域 *ICOR* 增长缓慢，东部、中部、东北和西部年均 *ICOR* 分别为 0. 31、0. 28、0. 26、0. 36，年均增长率分别为 1. 98%、3. 36%、1. 91%、2. 99%；2004—2010 年，*ICOR* 急剧上升，东部、中部、东北和西部年均 *ICOR* 分别为 0. 43、0. 68、0. 51、0. 74，年均增长率分别为 7. 97%、16. 99%、16. 86%、9. 24%。特别是 2008—2010 年，各区域 *ICOR* 均出现大幅攀升，资本投资效率均出现明显下降。

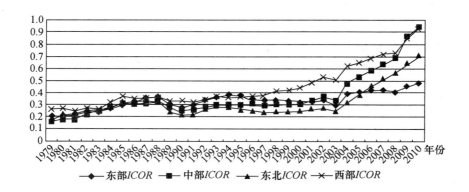

图 6 - 7   1979—2010 年中国各区域增量资本—产出比（*ICOR*）变动趋势

资料来源：《中国统计年鉴》、《中国房地产统计年鉴》、《中国固定资产投资报告》，并按 1978 年不变价格指数平减。

第二节   中国工业资本回报率的实证分析

工业是国民经济的主导产业，工业的发展水平和效率决定着其他产业部门乃至整个国民经济的发展水平与效率，但近年来中国工业发展严重依赖生产要素的大量投入与生产规模的外延扩张，工业发展面临"高投入、高消耗、高污染、低产出、低质量、低效益"的困境。2000—2012 年，中国工业固定资产投资由 11204 亿元增加到 154524

亿元，增长 12.8 倍，工业增加值由 39570 亿元增加至 199860 亿元，仅增长 4.05 倍；工业固定资产投资占全社会固定资产投资的比重由 21.89% 上升到 41.24%，同期工业产值占 GDP 的比重却由 40.35% 下降至 38.48%。中国工业资本外延式投资规模扩张的效率问题引发了学界的高度关注。那么，中国工业资本投资的效率到底如何？工业资本投资规模的扩张是否导致资本报酬递减？为判断资本投资增长的合理性，学术界通过估测资本回报率评价资本投入的利用效率。如果资本回报率不断提高，说明全要素生产率 TFP 不断提高，经济增长具有可持续性。

本节利用第三章对中国工业资本存量的估算结果，借鉴资本回报率估算相关模型，对 1978—2011 年中国工业资本回报率进行估算，以考察中国工业资本回报率的变动轨迹。

一　方法介绍

资本回报是企业投入一定资本进行运作所获得的净收入，资本投资回报与资本投资额的比值即为资本投资回报率。本节对工业资本投资回报率的估算借鉴白重恩和张琼（2014）、孙文凯等（2010）在 Hall Jorgenson（1967）租金公式上推算出的计算模型。在不考虑价格因素下，基本资本租金公式为：

$$i_t = \frac{R_t}{K_t} - \delta \tag{6.1}$$

式（6.1）中，i_t 是名义资本回报率，R_t、K_t 和 δ 分别表示资本投资收益、资本投资额及资本品折旧率。

在企业是产品价格接受者的假定下，企业名义资本投资回报率为：

$$i_j(t) = \frac{MP_{Kj}(t)P_Y(t)}{P_{Kj}(t)} - \delta_j + \widehat{P}_{Kj}(t) \tag{6.2}$$

式（6.2）中，$MP_{Kj}(t)$、$P_Y(t)$ 和 $P_{Kj}(t)$ 分别表示资本 j 的边际产出、产品价格和资本品价格；δ_j 为该类资本品的折旧率；$\widehat{P}_{Kj}(t)$ 是该类资本品在时期 t 的价格变化率。式（6.2）显示，资本投资回报率为资本边际产品收入与资本价格之比。

由于难以获取资本边际产品的数据，因此资本边际产品常用总产出扣除总劳动报酬后的剩余表示，即由总产出中资本份额推出。总产出中资本份额可表示为：

$$\alpha(t) = 1 - \frac{W(t)L(t)}{P_Y(t)Y(t)} = \frac{\sum_j P_Y(t)MP_{Kj}(t)K_j(t)}{P_Y(t)Y(t)} \qquad (6.3)$$

式（6.3）中，$W(t)$、$L(t)$ 和 $K(t)$ 分别表示总产出中的劳动报酬、劳动力投入数量和总资本存量。将式（6.2）代入式（6.3）中并由 $P_K(t)K(t) = \sum_j P_{Kj}(t)K_j(t)$ 得出：

$$\alpha(t) = \frac{P_K(t)K(t)\left[i(t) - \widehat{P}_K(t) + \delta(t)\right]}{P_Y(t)Y(t)} \qquad (6.4)$$

所以，$i(t) = \dfrac{P_Y(t)Y(t)\alpha(t)}{P_K(t)K(t)} + \widehat{P}_K(t) - \delta(t)$ （6.5）

式（6.5）中 $P_K(t)K(t)$ 为资本总名义价值。为准确测算实际资本投资回报率，需考虑资本品的相对价格波动收益和折旧率。实际资本投资回报率计算公式为：

$$R(t) = i(t) - \widehat{P}_Y(t) = \frac{\alpha(t)}{P_K(t)K(t)/P_Y(t)Y(t)} + \left[\widehat{P}_K(t) - \widehat{P}_Y(t)\right]$$
$$- \delta(t) \qquad (6.6)$$

$$R(t) = i(t) - \bar{P}_Y(t) = \frac{\alpha(t)P_Y(t)Y(t) - P_K(t)K(t)\delta(t)}{P_K(t)K(t)} \qquad (6.7)$$

即 工业资本回报率 $= \dfrac{\text{工业资本收入} - \text{折旧}}{\text{资本存量的重置价格}}$

式（6.7）中分母是以现价估算的工业资本存量，分子是工业部门利税总额。

需要指出的是，企业税金中所含的间接税虽由企业上缴，但企业会将一部分税收通过价格方式转嫁给消费者，如果直接采用统计部门公布的利税总额数据，可能会导致对工业资本投资回报率的高估。为避免这一问题，需要从企业税金中分离出工业企业实际承担的间接税金额。关于工业企业实际承担的间接税比例，本书借鉴卢锋（2007）的研究结果，将工业企业承担的间接税税金比例设定为30.15%，由此可计算出工业企业实际承担的间接税税额。工业企业实际承担的间接税税额与工业企业利润总额之和即为工业企业资本总收益或资本总回报。

二　中国工业资本回报率变化轨迹

图6−8显示，中国工业企业利润总额、工业企业负担的间接税及工业资本总回报均呈逐年上升趋势。1980—2011年，中国工业企业利润总额、工业企业负担的间接税及工业资本总回报分别由585.5亿元、96.96亿元、682.46亿元增加到61396.3亿元、11750.15亿元、73146.45亿元，分别增长103.86倍、120.19倍、106.18倍。进入21世纪，中国工业企业利润总额及工业资本总回报迅速攀升，2000—2011年，中国工业资本回报额年均环比增长率达30.64%。自2002年开始，中国工业资本总回报额迅速增加，2002—2011年，工业资本回报额年均增加6309.29亿元。其中，2010年中国工业资本回报额比2009年增加20669.13亿元，为2009年增加额的4.36倍。

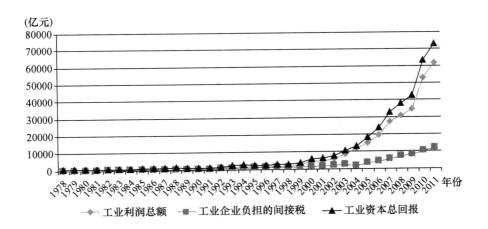

图6−8　1980—2011年中国工业企业利润总额、工业企业负担的间接税及工业资本总回报变动

注：工业资本总回报＝工业企业利润总额＋工业企业承担的间接税；工业企业承担的间接税＝工业企业上缴的间接税税金总额×30.15%。

资料来源：根据《中国统计年鉴》数据整理并计算。

图6−9显示，中国工业资本回报率整体呈先降后升的"U"形变化轨迹。这与单豪杰等（2008）和黄先海等（2012）的研究结论一

致。1978—1987 年，工业资本回报率处在 22.8%—26.1% 的高位，年均工业资本回报率达 24.58%。1988—1991 年，工业资本回报率持续下降，由 1988 年的 22.77% 下降到 1991 年的 10.25%，年均工业资本回报率仅为 10.35%。1992—1998 年，工业资本回报率一直处于低谷徘徊，年均工业资本回报率仅为 9.08%。1999 年后，中国工业资本回报率得到很大改善，整体呈不断上升趋势，1999—2007 年，中国工业资本回报率由 8.8% 上升到 27.79%，年均工业资本回报率达 19.39%，2008 年小幅下滑到 23.6%，2009 年又回升到 26.7%，2010 年达 30.45%，2011 年略有下降。可见，中国工业资本回报率的变动轨迹不完全遵循边际报酬递减规律。特别是进入 21 世纪，中国工业固定资产投资率处于较高水平，但工业资本回报率并未随投资率上升而下降，而是整体呈上升趋势。[1]

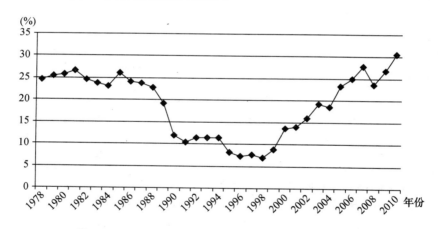

图 6 - 9　1978—2010 年中国工业资本回报率变化轨迹

注：工业资本回报率 =（工业资本总回报/现价的工业资本存量）×100%

资料来源：1979—2012 年《中国统计年鉴》、《中国工业经济统计年鉴》，并经计算得出。

---

[1]　与工业资本回报率整体呈"U"形变动趋势不同，中国工业固定资产投资率整体呈上升趋势。1981—1995 年，工业固定资产投资率基本稳定，一直保持在 5% 左右，工业资本回报率呈下降趋势，由 24.5% 下降到 8.1%，但工业资本回报率远远高于工业固定资产投资率；1996—1999 年，工业固定资产投资率快速上升，并一直维持在 10%—15% 的水平，工业资本回报率却持续下降且一直低于工业固定资产投资率；自 2000 年开始，工业固定资产投资率与工业资本回报率同步上升，且工业资本回报率整体高于工业固定资产投资率。

对中国工业资本回报率变动轨迹作如下解释：

（1）1980—1988 年：工业资本投资回报率处于高位。可能的原因：一是农村经济体制改革使农民收入快速增长，农村居民对工业制成品的需求快速增加，随着工业品价格的快速上涨，工业企业盈利空间有所扩大。二是 20 世纪 80 年代初期，受农村经济体制改革取得巨大成功的启示和推动，在扩大企业自主权试点的基础上，全面推行工业经济责任制。"放权让利"的企业改革，大大调动了企业和广大职工的积极性，促进了企业生产力发展和企业经营管理的改善与加强，企业效益得到有效提升。三是两步"利改税"改革措施的实行，使国有企业留利占实现利润的比重大幅提高，由改革前的 5% 上升到 25%。① 四是 1985 年开始实行"两权"分离的改革，对国有大中型工业企业实行承包经营责任制，国有小型工业企业实行租赁经营责任制，对少数有条件的国有大中型工业企业实行股份制试点。"两权"分离的企业改革实践，增强了工业企业活力，有效提高了工业企业经济效益，使工业资本投资回报率处于较高水平。

（2）1989—1998 年：工业资本回报率处于低位徘徊期。可能的原因：一是为治理 1988 年的通货膨胀，中央政府决定从 1989 年开始，用三年时间治理经济环境、整顿经济秩序，由此出现严重的市场疲软。伴随市场有效需求的不足，产品价格持续下跌，企业盈利空间缩小。二是随着 1992 年市场经济体制改革目标的确立与对外开放程度的扩大，工业制成品与生产要素市场化进程加快，大量国内外企业进入市场，市场竞争变得日益激烈，工业企业的垄断利润逐渐减少。伴随价格改革的深入，国有工业企业无法再以计划价买进生产要素，企业生产成本的增加进一步压缩了工业企业盈利空间。三是地方政府间的赶超战略导致 GDP 竞争，使许多企业偏离了资源禀赋结构，造成大量工业项目重复建设，产品市场供过于求的状况日趋突出，激烈的产品市场竞争，使工业企业生产的产品面临越来越大的价格下行压力，利润空间逐渐压缩。四是 1997 年亚洲金融危机爆发，中国工业

---

① 参见《中国经济年鉴》（1985）第Ⅳ—2 页；《中国经济年鉴》（1989）第Ⅱ—39 页。

产品出口严重受阻，国内市场的疲软与国外市场出口受阻相互作用，导致对工业产品的有效需求萎缩，工业品价格下降，工业企业盈利空间缩小，盈利能力降低，工业资本回报率难以提升。

（3）1999—2011 年：工业资本投资回报率快速上升期。可能的解释：一是 20 世纪 90 年代后期，国家实行"抓大放小"的企业改革策略，80% 的国有中小型企业实施了改制，但处于工业上游或处于行业垄断地位的战略型大型工业企业依然掌握在各级政府手中。在以 GDP 考核地方政府业绩的激励与晋升机制驱动下，地方政府之间出于政绩竞争，常常利用其拥有的政策执行权和控制的土地等要素性资源，对产出规模较大的工业企业给予土地、资金、税收等多方面的政策优惠，而 1998 年统计口径调整后，纳入统计范围的刚好是国有和规模以上非国有企业。二是随着对外开放的深入，国内企业从对外开放中吸收先进技术和管理，技术与管理的外溢效应使工业企业生产效率得到较大提升。三是 1999 年高校扩招后，企业花费较低的成本就能从劳动力市场获得人力资本素质较高的劳动力，企业劳动者整体素质得到较快提升。四是 2003 年后，亚洲逐渐走出金融危机的影响，全球经济开始复苏，中国为应对亚洲金融危机的影响，采取积极财政和货币政策刺激国内有效需求，国际国内市场的激活，增加了对工业企业产品的有效需求，工业资本回报率开始回升。[①] 五是这期间的工业资本回报率存在被高估的可能性。一方面，进入 21 世纪，政府加大了教育、道路、通信、水利等公共投资和基础设施建设的投资力度，这些投资产生的外溢效应会间接提高工业资本回报率。另一方面，中国资源生态环境补偿法律体系尚不完善，在现行税费和补偿制度下，企业尚未形成为生态环境服务埋单的理念，由此导致大量工业企业的环境成本尚未充分内部化，部分环境成本仍由社会承担。与此同时，在劳动力供给充足的情况下，企业职工劳动收入增长率远低于

---

① 虽然 2008 年受全球金融危机的影响，工业资本回报率有小幅下降，但整体呈上升趋势。

劳动生产率增长率,① 劳动力成本的相对下降使工业资本回报率上升。加之1998年后中国工业企业的统计口径改为国有企业和规模以上非国有企业,这些企业本身是市场中筛选的具有较强竞争力和规模经济的企业,而那些在市场竞争中破产或业绩较差的小企业却不计算在统计范围之内,由此导致工业资本回报率受统计因素影响有所提高。此外,在考察企业资本总回报时,未将国家对工业企业的补贴和由于经营不善导致企业破产的金融不良资产计算在内,这些因素也会造成对工业资本回报率的高估。

第三节　基于环境绩效的中国资本投资效率实证分析

前面对资本投资效率的描述性分析及对工业资本回报率的分析未将环境约束考虑在内。一方面,缺乏技术进步的资本投资增加,伴随的是资本边际报酬的递减和经济增长优势的减弱。另一方面,低效率、高污染的粗放型经济增长模式给环境带来巨大压力,造成国家未富而资源、环境先衰。改革开放以来,中国经济增长在创造世界奇迹的同时,付出了沉重的环境污染和环境治理代价。2011年《中国环境状况公报》显示,2011年中国废水排放总量、化学需氧量排放量及二氧化硫排放量分别为652.1亿吨、2499.9万吨及2218万吨,均居世界第一位。2013年亚洲开发银行和清华大学在《迈向环境可持续的未来:中华人民共和国国家环境分析》报告中提出,世界上污染最严重的10个城市中有7个在中国,中国500个大型城市中,只有不到1%达到世界卫生组织空气质量标准。自2011年雾霾天气入选中国"国内十大天气气候事件"以来,中国雾霾天气的发生范围、发生频率、严重程度及持续时间均逐年递增。在2012年世界经济论坛公

---

① 长期以来,中国工资增长远低于劳动生产率增长、企业利润增长及国家财政收入增长。据统计资料显示,1998—2006年间,中国非国有企业劳动生产率年均增长16.27%,全国工业企业职工工资增长12.85%,约低4个百分点;1994—2008年,中国劳动生产率增长20.8%,同期制造业工资增长13.2%。

布的最新"环境可持续指数评价"中，中国在全球 144 个国家和地区中位居第 133 位。《2009 年中国经济环境核算报告》显示，2009 年中国环境退化成本和生态破坏损失成本达 13916.2 亿元，约占当年 GDP 的 3.8%。2010 年中国环境污染治理投资总额达 6654.2 亿元，约占当年 GDP 的 1.66%（国家统计局、环境保护部，2011）。如果忽视资本投资所带来的环境绩效，就会扭曲对社会福利变化和经济绩效的客观评价，误导资本投资政策，导致环境过度污染，不利于绿色经济发展。本节运用 DEA 方法，将环境污染作为非合意产出，基于环境绩效视角，采用加入非合意产出的扩展的 SBM 模型及共同前沿生产函数，从 TFP 视角，考察环境约束下中国整体、不同省份、不同区域的资本投资效率，为客观评价中国资本投资效率，加快转变经济增长方式，促进经济与环境协调、可持续发展提供实证依据。

一 理论模型与研究方法

1. 加入非合意产出的 SBM 模型

Tone（2004）提出的加入非合意产出的 SBM 模型如下：

假定生产函数中有 n 个决策单元（$n = 1, 2, \cdots, n$），t 个时期（$t = 1, 2, \cdots, t$），每个决策单元有 m 个投入（$m = 1, 2, \cdots, m$），以及一个合意产出、一个非合意产出，得到三个矩阵：

$$X = [x_1, \cdots, x_n] \in R^{m \times n} \tag{6.8}$$

$$Y^g = [y^{g_1}, \cdots, y^{g_n}] \in R^{s_1 \times n} \tag{6.9}$$

$$Y^b = [y^{b_1}, \cdots, y^{b_n}] \in R^{s_2 \times n} \tag{6.10}$$

生产可能性集 P 定义如下：

$$P = \{(x, y^g, y^b) \mid x \geqslant X\lambda, y^g \leqslant Y^g\lambda, y^b \geqslant Y^b\lambda, \lambda \geqslant 0\} \tag{6.11}$$

式（6.11）中，λ 是集合中 R_n 的一个非负的参数。

于是，我们定义指数 ρ 如下：

$$\rho = \frac{1 - (1 - m) \sum_{i=1}^{m} s_i^- / x_{i0}}{1 + \frac{1}{s_1 + s_2} \left[\sum_{r=1}^{s_1} s_r^g / y_{r0}^g + \sum_{r=1}^{s_2} s_r^b / y_{r0}^b \right]} \tag{6.12}$$

$\text{s. t.} \quad x_0 = X\lambda + s^-$

$y_0^g = Y^g\lambda - s^g$

$$y_0^b = Y^b \lambda + s^b$$

$$s^- \geqslant 0, \ s^g \geqslant 0, \ s^b \geqslant 0, \ \lambda \geqslant 0,$$

式（6.12）中，s^-、s^g、s^b 分别表示投入、合意产出、非合意产出的松弛量。

$$投入无效率为：(1 - m) \sum_{i=1}^{m} s_i^- / x_{i0} \tag{6.13}$$

$$产出无效率为：\frac{1}{s_1 + s_2} \left[\sum_{r=1}^{s_1} s_r^g / y_{r0}^g + \sum_{r=1}^{s_2} s_r^b / y_{r0}^b \right] \tag{6.14}$$

$x_0 \geqslant s^-$，并且若无非合意产出，则效率 ρ 不包括 Y^b。

另外，效率 $0 \leqslant \rho \leqslant 1$，当 $\rho = 1$ 时，即是有效率的；当 $\rho < 1$ 时，说明被评价单元存在松弛量，存在投入的无效率。

2. 共同前沿和群组前沿

一般而言，资本效率比较的前提是所有生产单元都具有相似的生产水平，即具有共同的技术前沿，否则可能会因为个体差异太大而无法得出有效的比较结果。特别是在对国家或地区之间的资本效率进行对比分析时，这一问题尤为突出。中国区域之间由于政策导向、社会发展水平存在较大差异，由此导致资本投资效率差异较大。因此，中国不同区域之间的技术前沿是不同的。Hayami（1969）为解决不同群组间效率的不可比性问题，首次提出了共同生产函数 "Metaproduction Function" 的概念，Hayami 和 Ruttan（1970）认为，共同生产函数是由众多最有效的评价对象所构成的生产函数。Battese 和 Rao（2002）将共同生产函数与随机前沿分析（Stochastic Frontier Analysis，SFA）相结合，提出共同前沿生产函数，并利用共同前沿生产函数评价不同技术水平下各组群的技术效率。Battese 等（2004）又在之前的基础上，假定在既定技术水平下仅存在单一的数据生成机制，在 SFA 方法下定义了共同边界是由各组群构成的确定性包络函数，并用技术落差比率（Technology Gap Ratio，TGR）衡量单一组群对共同边界的潜在效率比。Rambldi 等（2007）以距离函数定义共同边界函数，同时利用 DEA 方法构建 Metafrontier – Malmquist 生产率指数及其分解，将共同边界延伸到全要素生产指数衡量领域。Donnell 等（2008）进一步将 DEA 方法扩展至非参数共同前沿分析领域，构建了共同前沿生产函数（Metafrontier Product Function），分析所有生产单元在共同前沿下的技术效率，成功解决了 SFA 方法只能处理单一产出问题的缺陷。

由于参考前沿不同，群组前沿下的资本效率测度可能会高估资本利用的实际水平，而基于共同前沿下的资本效率则反映了资本利用水平的潜在提升空间。共同前沿分析方法主要是对处于不同生产前沿下的对象进行对比分析。该方法分为两步：第一步，构建群组前沿，对群组内部的效率进行评价；第二步，在群组前沿的基础上构建共同前沿，并测度介于群组前沿和共同前沿间的技术落差比率。

图 6-10 内共有三个群组样本，所构成的群组前沿分别为群组 1、群组 2 和群组 3，每条凸函数分别表示每个群组的潜在技术水平，共同前沿（或共同边界）则表示所有样本的潜在技术水平。

生产函数的假定与 Tone（2004）提出的加入非合意产出的扩展的 SBM 模型一致，即有 n 个决策单元（$n = 1, 2, \cdots, n$），t 个时期（$t = 1, 2, \cdots, t$），每个决策单元有 m 个投入（$m = 1, 2, \cdots, m$），以及一个合意产出、一个非合意产出，得到的三个矩阵分别为式（6.8）、式（6.9）、式（6.10）。

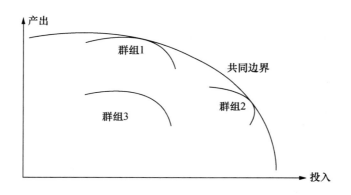

图 6-10 共同前沿分析中不同群组样本与所有样本的潜在技术水平

生产可能性集为 $P = \{(x, y^g, y^b) \mid x \to y^g, y^b\}$，且 $\lambda P = P$，$\lambda > 0$。

这里，我们假定在整个样本中有 J 个具有不同生产技术可能的群组，则根据构造的生产可能性集，其中 j 组处于相同技术水平下的集合可表示为：

$$G_i^j = \{ y^g, \ y^b : (x, \ y^g, \ y^b) \in P \}$$

G_i^j 的上界即为"群组前沿"，隐含了生产单元群组间技术差距无法缩小情况下最小投入的技术边界，即在既定技术水平下追求产出最大化的技术前沿。因此，基于 J 个不同的技术集合 G_i^j，且 $j = 1, \ 2, \ \cdots, \ J$，则共同前沿下的技术边界可表示为 $P = \{ G_i^1 \cup G_i^2 \cup \cdots G_i^J \}$。

此生产集的上界即为共同前沿，它表示所有生产单元在相同的技术水平下追求产出最大化。共同前沿下最重要的一个指标为"技术缺口比率"（Technology Gap Ratio，TGR）。TGR 在数值上是共同前沿与群组前沿生产单元技术效率的比值，即：

$$TE_P(x, \ y^g, \ y^b) = TE_G(x, \ y^g, \ y^b) \times \frac{TE_P(x, \ y^g, \ y^b)}{TE_G(x, \ y^g, \ y^b)}$$

$$= TE_G(x, \ y^g, \ y^b) \times TGR(x, \ y^g, \ y^b) \quad (6.15)$$

即 $TGR(x, \ y^g, \ y^b) = \dfrac{TE_P(x, \ y^g, \ y^b)}{TE_G(x, \ y^g, \ y^b)}$ \quad (6.16)

可见，TGR 将共同前沿和群组前沿连接起来，反映了群组前沿和共同前沿技术水平之间的差异，衡量了同一生产单元在不同前沿下的效率差异。TGR 值越高，表示生产单元所在的生产水平越接近潜在生产技术水平，效率越高。

二　变量选择与数据处理

本书假定生产过程投入资本和劳动两种要素，产出由合意产出 GDP 和非合意产出环境污染组成。数据采集时间跨度为 1985—2010 年各省的面板数据。

（1）资本投入：用资本存量表示，数据来自第三章采用"永续盘存法"对 1978—2010 年 31 个省（市、区）按可比价格计算的资本存量估算结果。

（2）劳动力投入：用 1985—2010 年各省（市、区）各年从业人员数表示。

（3）合意产出 GDP：用以 1978 年的不变价格进行平减后得到的 31 个省（市、区）1985—2010 年的实际 GDP 表示。

（4）非合意产出：由于海南、重庆及宁夏三个省（市、区）工业"三废"数据不可得，测算环境约束下的资本效率时，非合意产出用剔除上述三个省（市、区）后的其他 28 个省（市、区）1985—2010 年工业"三废"（固体废物、废水、废气）排放量表示。

三 实证结果及分析

1. SBM 模型中资本投资效率

表 6 - 2 显示，1985—2010 年，无论有无环境约束，中国均存在资本投资无效率情况，且资本投资效率整体偏低。这一方面表明中国资本效率存在巨大提升空间，另一方面也说明中国不能仅通过扩大资本投资规模拉动经济可持续增长。在无环境约束条件下，上海、海南和西藏资本效率均为 1，资本得到最大化利用；其他 28 个省（市、区）某些年份虽存在资本最大化效率情况，但整体上均存在资本的无效率。其中，江苏、天津、广东和四川资本效率较高，分别为 0.993、0.974、0.951 和 0.911；青海、江西、甘肃、重庆和贵州资本效率最低，分别为 0.260、0.288、0.297、0.328 和 0.331。资本效率较高的大都为东部省（市），西部除四川和西藏外，资本效率排名均靠后。无环境约束下，东部、中部、东北和西部资本效率分别为 0.800、0.506、0.568 和 0.473，东部资本效率最高，西部最低，西部仅为东部的 59.12%。有环境约束下，除宁夏、上海和天津不存在资本无效率外，其他 25 个省（市、区）均存在某种程度的资本无效率。其中，江苏、广东、山东、北京和青海资本效率较高，江西、甘肃、广西、陕西和山西资本效率最低，资本效率较高的省（市）仍主要集中在东部，中部和东北各省份在加入环境因素后资本效率均有较大幅度下降。加入环境约束后，东部、中部、东北和西部资本效率分别为 0.829、0.418、0.482 和 0.577，东部仍最高且效率有所提升，西部资本效率大幅提升 21.99%，东北和中部资本效率则分别下降 15.14% 和 17.39%，表明中部和东北经济发展一定程度上以牺牲环境为代价。

表 6 - 2　1985—2010 年中国各省（市、区）及各区域资本投资效率的统计描述

地区	无环境约束下				有环境约束下			
	最大值	最小值	平均值	标准差	最大值	最小值	平均值	标准差
北京	0.596	0.339	0.488	0.064	1.000	0.594	0.941	0.142
天津	1.000	0.771	0.974	0.057	1.000	1.000	1.000	0.000

续表

地区	无环境约束下				有环境约束下			
	最大值	最小值	平均值	标准差	最大值	最小值	平均值	标准差
河北	0.622	0.413	0.521	0.058	0.616	0.312	0.471	0.095
山西	0.490	0.334	0.428	0.041	0.421	0.289	0.375	0.031
内蒙古	0.517	0.355	0.437	0.041	0.593	0.288	0.440	0.076
辽宁	0.797	0.544	0.649	0.077	0.658	0.429	0.540	0.060
吉林	0.596	0.370	0.518	0.063	0.532	0.324	0.442	0.053
黑龙江	0.602	0.450	0.538	0.040	0.570	0.361	0.464	0.049
上海	1.000	1.000	1.000	0.000	1.000	1.000	1.000	0.000
江苏	1.000	0.822	0.993	0.035	1.000	0.682	0.988	0.062
浙江	0.554	0.380	0.492	0.059	0.644	0.269	0.444	0.120
安徽	1.000	0.498	0.618	0.125	1.000	0.371	0.529	0.183
福建	1.000	0.545	0.791	0.183	1.000	0.387	0.708	0.246
江西	0.401	0.190	0.288	0.070	0.364	0.152	0.237	0.069
山东	1.000	0.425	0.788	0.192	1.000	0.669	0.952	0.114
河南	0.592	0.330	0.477	0.066	0.524	0.236	0.419	0.089
湖北	1.000	0.469	0.588	0.122	1.000	0.346	0.467	0.135
湖南	0.772	0.496	0.640	0.090	0.596	0.358	0.483	0.073
广东	1.000	0.494	0.951	0.142	1.000	0.489	0.961	0.136
广西	0.552	0.307	0.440	0.066	0.409	0.245	0.339	0.043
海南	1.000	1.000	1.000	0.000	—	—	—	—
重庆	0.400	0.234	0.328	0.058	—	—	—	—
四川	1.000	0.469	0.911	0.187	1.000	0.380	0.889	0.232
贵州	0.417	0.261	0.331	0.054	0.554	0.348	0.408	0.068
云南	0.622	0.327	0.443	0.093	0.521	0.323	0.389	0.066
西藏	1.000	1.000	1.000	0.000	—	—	—	—
陕西	0.459	0.369	0.416	0.028	0.438	0.301	0.373	0.038
甘肃	0.350	0.236	0.297	0.034	0.425	0.266	0.319	0.043
青海	0.373	0.199	0.260	0.059	1.000	0.950	0.998	0.010
宁夏	0.474	0.318	0.413	0.041	1.000	1.000	1.000	0.000
新疆	0.525	0.294	0.404	0.070	1.000	0.398	0.614	0.243
全国	0.700	0.459	0.594	0.072	0.745	0.456	0.614	0.088
东部	0.877	0.619	0.800	0.079	0.918	0.600	0.829	0.102
中部	0.709	0.386	0.506	0.086	0.651	0.292	0.418	0.097
东北	0.665	0.455	0.568	0.060	0.587	0.371	0.482	0.054
西部	0.557	0.364	0.473	0.061	0.694	0.450	0.577	0.082

2. SBM 模型中资本的松弛量

为进一步分析各地区资本无效率的量值，本书对资本的松弛量进行测算。

表6-3显示，无论有无环境约束，江西、浙江、重庆和河南无效资本量均最高，天津和上海无效资本量均为零，宁夏、四川、广东和青海无效资本量均较低。无环境约束下，天津、上海、海南、四川和西藏无效资本量为零；有环境约束下，天津、上海和宁夏无效资本量为零，江西、浙江、内蒙古、河南和甘肃无效资本量较高，青海、广东、四川、山东和湖南无效资本量较低。加入环境因素后，北京、山东、贵州、青海和云南无效资本量分别下降69.33%、87.45%、68.78%、99.58%和12.07%，其他省（市、区）无效资本量均有所增加。其中，内蒙古、甘肃、山西、辽宁、吉林和河北无效资本量增幅最大，分别增长154.16%、27.55%、25.31%、14.94%、14.94%和13.18%，即这些地区的发展均付出了较高的环境代价。

表6-3　　　　　1985—2010 年中国各省（市、区）及

各区域平均无效资本量　　　　单位：亿元

地区	无环境约束	有环境约束	地区	无环境约束	有环境约束	地区	无环境约束	有环境约束
北京	815.40	250.07	福建	106.06	107.42	云南	310.26	272.80
天津	0.00	0.00	江西	1955.80	2097.75	西藏	0.00	—
河北	598.70	677.63	山东	90.50	11.36	陕西	447.15	533.89
山西	468.91	587.63	河南	844.20	947.87	甘肃	564.86	720.50
内蒙古	434.90	1105.33	湖北	411.21	426.54	青海	42.62	0.18
辽宁	271.67	312.26	湖南	67.88	69.63	宁夏	0.19	0.00
吉林	479.63	551.29	广东	5.16	8.75	新疆	211.50	324.40
黑龙江	382.62	434.57	广西	262.97	271.32	全国	393.55	432.63
上海	0.00	0.00	海南	0.00	—	东部	364.86	358.17
江苏	112.34	112.34	重庆	929.73	—	中部	643.75	707.54
浙江	1920.40	2055.95	四川	0.00	8.81	东北	377.97	432.71
安徽	114.49	115.82	贵州	350.82	109.51	西部	296.25	334.67

注：由于篇幅有限，表6-3及表6-4中没有给出1985—2010年各年份各省（市、区）与各区域的无效资本量和资本效率值。

图 6-11 显示，无论有无环境约束，四大区域均存在大量无效资本投入。其中，中部无效资本量最高，西部最低。无环境约束和有环境约束下，中部无效资本量分别是东部、东北和西部的 1.76 倍、1.70 倍、2.17 倍和 1.98 倍、1.64 倍、2.11 倍。加入环境因素后，东部无效资本量下降 1.83%，中部、西部和东北无效资本量分别提高 9.91%、12.97% 和 14.48%。这一结果与中国实施中部崛起、西部大开发和东北老工业基地振兴战略，三大区域资本投资规模迅速扩大，在缺乏技术进步支撑条件下，出现资本投资边际报酬递减有关。

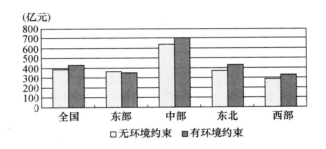

图 6-11　1985—2010 年中国各区域平均的无效资本量

3. 共同前沿和群组前沿下的中国资本效率省际与区域差异

表 6-4 显示，在考虑环境绩效的共同前沿和群组前沿下，中国资本效率均有所改善，但整体水平仍偏低，且不同地区间资本效率存在显著差异。

表 6-4　　　　　　　　1985—2010 年共同前沿和群组前沿下中国
各省（市、区）及各区域资本效率平均值

地区	无环境约束		有环境约束		地区	无环境约束		有环境约束	
	群组前沿	共同前沿	群组前沿	共同前沿		群组前沿	共同前沿	群组前沿	共同前沿
北京	0.51	0.49	0.94	0.94	广东	0.95	0.95	0.96	0.96
天津	0.98	0.97	1.00	1.00	广西	0.76	0.44	0.64	0.34
河北	0.52	0.52	0.47	0.47	海南	1.00	1.00	—	—

续表

地区	无环境约束		有环境约束		地区	无环境约束		有环境约束	
	群组前沿	共同前沿	群组前沿	共同前沿		群组前沿	共同前沿	群组前沿	共同前沿
山西	1.00	0.43	1.00	0.37	重庆	0.71	0.33	—	—
内蒙古	0.99	0.44	1.00	0.44	四川	1.00	0.91	1.00	0.89
辽宁	1.00	0.65	1.00	0.54	贵州	0.60	0.33	0.78	0.41
吉林	1.00	0.52	1.00	0.44	云南	0.79	0.44	0.91	0.39
黑龙江	0.95	0.54	0.99	0.46	西藏	1.00	1.00	1.00	0.37
上海	1.00	1.00	1.00	1.00	陕西	0.94	0.42	0.70	0.32
江苏	0.99	0.99	0.99	0.99	甘肃	0.67	0.30	1.00	1.00
浙江	0.49	0.49	0.44	0.44	青海	0.55	0.26	1.00	1.00
安徽	0.99	0.62	1.00	0.53	宁夏	0.85	0.41	—	—
福建	0.79	0.79	0.72	0.71	新疆	0.95	0.40	0.98	0.61
江西	0.66	0.29	0.65	0.24	全国	0.85	0.59	0.90	0.61
山东	0.79	0.79	0.95	0.95	东部	0.80	0.80	0.83	0.83
河南	1.00	0.48	1.00	0.42	中部	0.94	0.51	0.93	0.42
湖北	1.00	0.59	1.00	0.47	西部	0.82	0.47	0.90	0.58
湖南	0.98	0.64	0.95	0.48	东北	0.98	0.57	1.00	0.48

　　不考虑环境约束时，全国、各区域、各省（市、区）群组前沿的资本效率均高于共同前沿的资本效率。在共同前沿和群组前沿下，样本期内中国资本效率均值分别为 0.59 和 0.85，表明在全国资本投入削减 41% 和 15% 的情况下，仍能实现现有经济产出水平，群组前沿与共同前沿下的中国资本效率缺口平均达到 26%。从各省（市、区）看，无论共同和群组前沿下，天津、上海、江苏、广东、海南、四川和西藏资本效率均较高，山西、内蒙古、吉林等省（区）共同前沿下的资本效率远低于群组前沿下的资本效率。以山西为例，在群组前沿下，资本效率均值达到 100%，表明在山西现有技术水平下，资本得到最大化利用，但在共同前沿下，其资本效率仅为 43%，尚有 57%的资本可优化空间。从区域看，在群组前沿下，东北资本效率最高，东部最低，即在东北区域技术水平下，资本接近最大化利用；在共同

前沿下，东部资本效率最高，西部最低。表明东北和中部群组间差异较小，故在群组前沿下，效率值较高；东部由于群组间差异较大，故效率值较低，但在共同前沿下，东部资本效率远高于全国及其他区域。

加入环境约束后，在共同前沿和群组前沿下，样本期内中国资本效率均值分别为 0.61 和 0.90，表明在全国资本投入削减 39% 和 10% 的情况下，仍能实现现有经济产出水平。群组前沿与共同前沿下的中国资本效率缺口平均达到 29%。加入环境绩效后，在群组前沿和共同前沿下，中国资本效率分别提高 5.88% 和 3.39%；北京、天津、山东、广东、甘肃、青海、新疆等省（市、区）资本效率有所上升，广西、河北、浙江、江西、湖南、广西、西藏、山西等省（区）资本效率出现下降；黑龙江、安徽和云南等省份，群组前沿下的资本效率有所上升，共同前沿下的资本效率则出现下降。从区域看，有环境约束时，在群组前沿下，东北资本效率最高且实现最大化利用，东部最低；在共同前沿下，东部资本效率最高，中部最低。在群组前沿下，各区域有无环境约束下的资本效率排序一致，但加入环境绩效后，在共同前沿和群组前沿下，西部和东部的效率均有所提高，中部均出现下降，这表明中部发展在一定程度上以牺牲环境为代价；东北群组效率有所提高，但共同效率出现下降。

4. 中国区域资本技术差距分析

在测度中国各省（市、区）全要素资本效率基础上，进一步引入资本利用技术缺口比率（TGR），就中国区域间资本利用技术差距进行定量分析。

表 6 - 5 显示，多样本非参数 Kruskal - Wallis 检验在 1% 的检验水平下显著拒绝了原假设。即 1985—2010 年，中国四大区域资本利用技术缺口比率（TGR）存在显著区域差异。在无环境约束下，东部、中部、东北和西部的 TGR 分别为 0.995、0.533、0.578 和 0.564，东部资本利用技术水平最高，中部最低。东部在维持经济产出不变的条件下，可达到潜在资本利用水平的 99.5%，中部仅达到潜在资本利用水平的 53.3%。加入环境约束后，东部、中部、东北和西部的 TGR 分别为 0.999、0.445、0.484 和 0.630，东部资本利用技术水平接近

潜在水平，西部提高 11.7%，中部和东北则分别下降 16.51% 和
16.26%，表明中部和东北在维持环境产出不增加的条件下，资本利
用水平有限。

表 6 – 5　　　　　　　1985—2010 年中国各区域资本利用技术
缺口比率（*TGR*）统计描述及差异性检验

地区	无环境约束				有环境约束			
	最大值	最小值	平均值	标准差	最大值	最小值	平均值	标准差
东部	1.000	0.987	0.995	0.003	1.000	0.978	0.999	0.005
中部	0.658	0.412	0.533	0.060	0.606	0.315	0.445	0.072
东北	0.670	0.458	0.578	0.058	0.529	0.371	0.484	0.046
西部	0.632	0.502	0.564	0.037	0.722	0.572	0.630	0.039
Kruskal – Wallis 检验	$\chi^2 = 62.296$		$p = 0.000$		$\chi^2 = 88.513$		$p = 0.000$	

图 6 – 12 和图 6 – 13 显示，1985—2010 年各年，无论有无环境约
束，东部资本利用技术缺口比率（*TGR*）均最高且趋于稳定，与潜在
资本利用水平（1.00）基本持平，代表了中国资本利用的最高水平；
中部、西部和东北的 *TGR* 明显低于东部且整体呈下降趋势，与资本利
用的潜在水平差距明显，与东部的差距呈不断扩大趋势。有环境约束
下，西部 *TGR* 明显高于中部和东北。东部 *TGR* 最高的原因：一是东
部作为中国经济最发达地区，拥有良好的区位优势，人才、知识、技
术的高度集聚使资本利用水平达到最大化。二是东部为促进产业结构
转换升级，一些先进的节能减排技术得到迅速有效的引进、利用和推
广。中部 *TGR* 与东部差距扩大的原因如下：产业结构转换升级使东部
高污染、高排放产业逐渐向区外转移，中部在技术处理水平有限条件
下，对东部高耗能、高污染产业的承接，使其资本利用水平有所下
降，尤其是加入环境绩效后资本利用水平下降更快。东北 *TGR* 与东部
差距扩大与东北基础层面的制度安排（竞争性市场机制与激励性产权
制度）滞后、企业运行层面的制度安排缺失有关。从基础层面的制度
安排看，改革开放后，东部地区较早实现了该区域竞争性市场机制的

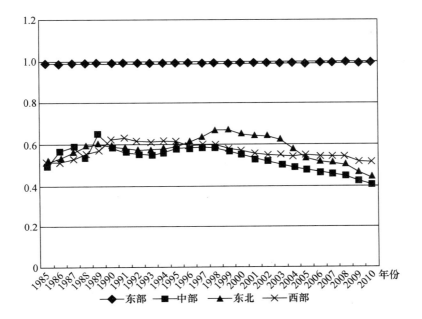

图 6 - 12　1985—2010 年无环境约束的区域 *TGR*

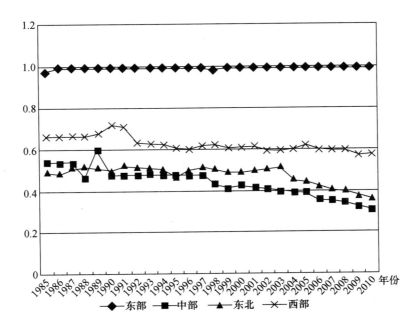

图 6 - 13　1985—2010 年有环境约束的区域 *TGR*

形成与所有制结构的改革；而东北地区的竞争性市场机制与所有制改革起步较晚，且东北地区旧有固化的产业结构使市场化改革和所有制改革进程举步维艰。基础层面制度因素上的差异，使东北与东部之间的技术进步状况产生很大差距，也使东北在技术创新上与东部很快拉开差距。从企业运行层面看，东北在股份公司制度、企业内部 R&D 制度、政府资助和税收优惠制度、政府采购与风险投资制度等对企业技术进步与技术创新具有重大作用的制度安排方面存在的制度缺失，制约了东北地区的技术进步。随着振兴东北老工业基地战略的实施，资本投资规模迅速扩大，在技术进步与技术创新不能及时跟进的情况下，投资规模的扩张带来的是经营方式的粗放、资本利用水平的下降，尤其是加入环境绩效后资本利用水平下降更快。加入环境绩效后，西部资本利用水平提高且高于中部和东北的原因：一是西部经济发展较为落后，承接东部产业链时，西部资本整体利用水平得到一定程度提升。二是西部自然生态环境脆弱，国家强调西部开发以保护生态环境为前提，西部在选择产业投资项目及承接东部产业时，对可能造成生态破坏和环境污染的项目筛查严格。

第四节　本章小结

本章对中国资本投资效率进行实证分析发现：①1980—2010 年，中国整体、城镇及农村资本 I/Y、K/Y 及 ICOR 均呈不断上升趋势，投资效率均呈逐渐下降趋势，其中农村资本投资效率最低且下降速度最快。中国三次产业 I/Y、K/Y 及 ICOR 均呈不断上升趋势，三次产业资本投资效率均呈下降趋势，但投资效率存在显著产业差异，整体而言，第三产业资本投资效率最低。中国各区域 I/Y、K/Y 及 ICOR 均呈不断上升趋势，各区域资本投资效率均呈下降趋势，但整体而言东部资本投资效率最高。②1981—2011 年，中国工业固定资产投资率呈上升趋势，工业资本回报率呈"U"形变化轨迹，工业资本回报率并未随工业固定资产投资率上升而下降。③无论有无环境约束，中国均存在大量无效资本投入，且资本效率整体偏低，资本投资的外延式扩张模式难以实现经济长期可持续增长；东部资本效率及资本利用技术水平最高，中部和东北最低且呈下降趋势，无效资本量最大；资本效率较高的省份主要集中在东部。无环境约束下，群组前沿的资本效率均高于共同前沿，且西部资本效率最低。有环境约束下，群组前沿和共同前沿下，整体、东部和西部资本效率虽有所改善，但整体仍偏低，提升空间较大；中部和东北资本效率及资本利用技术水平均显著下降，经济发展付出了较大环境代价，西部资本效率及资本利用技术大幅提升，并显著高于中部和东北。

第七章 中国资本投资动态 效率实证分析

　　资本投资动态效率是分析资本积累和经济增长的核心。本章基于新古典经济增长的"动态效率"理论,以 AMSZ 准则为理论基础,借鉴前人研究成果并结合中国实际与中国统计账户的特点,尝试通过对资本收益和劳动收益的分离,更为精准地对中国资本总收益进行重新核算,从投资—收益角度分别就中国整体、区域、产业及工业内不同行业的资本积累动态效率进行实证检验。

第一节 数据来源及处理说明

　　国内学者史永东和齐鹰飞(2002)及袁志刚和何樟勇(2003)在运用 AMSZ 准则时采用资本总收益 = GDP – 间接税 – 企业补贴 – 劳动者报酬。他们直接采用 Abel 等(1989)对资本投资总收益的测算方法,没有考虑中国统计账户的特点,他们将间接税全部作为劳动收入从资本收益中扣除,其结果可能导致资本收益被低估。刘宪(2004)则利用资本总收益 = 企业营业盈余 + 生产税净额 + 固定资产折旧。刘宪(2004)的资本总收益测算公式中,生产税净额包含劳动收入,其结果可能会高估资本收益。在中国,资本投资中包含财政投资,但此前学者们在测算资本总收益时却忽略了财政投资对总收益的影响,其结果可能高估资本收益,误导资本投资,导致资本积累动态无效。本章根据中国国民收入统计账户的特点,对资本投资总收益进行如下调整。

　　资本净收益 = 资本总收益 – 总投资 　　　　　　　　　　(7.1)

资本总收益 = GDP − 非资本税收 − 企业补贴 − 劳动者报酬　（7.2）

总投资 = 固定资产投资 + 存货投资　　　　　　　　　（7.3）

由于中国统计账户中没有国民收入指标，因此本书用 GDP 代替 GNP，数据来自历年《中国统计年鉴》。

非资本税收包括间接税（增值税、营业税、消费税和关税之和）和个人所得税中对劳动收入征税的部分。中国企业缴纳的营业税或增值税等间接税通常由企业和消费者共同负担，企业负担的部分应作为资本投资的回报，间接税应仅扣除由消费者承担的部分。因此，在核算资本总收益时，需要估算出企业和消费者对间接税的负担比例。本书借鉴卢锋等（2007）的计算方法，允许扣除的消费者承担的间接税部分计算公式为：间接税中劳动分摊额 = 间接税 ×（劳动者报酬/GDP）。由于个人所得税一部分来自对劳动收入征税，一部分来自对资本收入征税，因此需将个人所得税分解为劳动税收和资本税收两部分，计算资本收益时仅应扣除劳动收入所分摊的税收部分。本书按照城镇家庭总收入中工薪收入和家庭经营净收入所占的比重，将个人所得税划分为劳动收入分摊额和资本收入分摊额。计算公式为：个人所得税中劳动收入分摊额 = 个人所得税 ×（工薪收入 + 家庭经营净收入）/城镇家庭总收入。基础数据来自历年《中国统计年鉴》。由于1994 年中国才开始征收消费税，为此，本书选取 1994—2010 年的数据验证中国资本投资的动态效率。基础数据来自历年《中国统计年鉴》。

卢锋等（2007）认为，如果特定企业或特定行业整体获得补贴收入会增加资本收益回报，那么在考虑资本回报时应扣除这一转移收入。在中国统计账户中，企业补贴包括国家财政决算支出中政策性补贴支出①和国家财政决算收入中企业亏损补贴。② 根据统计年鉴中的

---

① 政策性补贴支出是指经国家批准、由国家财政拨给用于粮棉油等产品的价格补贴支出，主要包括粮、棉、油差价补贴，平抑物价和储备糖补贴，农业生产资料价差补贴，粮食风险基金，副食品风险基金，地方煤炭风险基金等［《中国统计年鉴》（2006）第 302 页］。

② 企业亏损是国家为使国有企业能够按照国家计划生产和经营社会需要但由于客观原因使生产经营出现亏损的产品给企业拨付的财政补贴［《中国统计年鉴》（2006）第 302 页］。

指标解释，企业亏损补贴应作为企业的资本收入部分不予扣除，为此企业补贴仅考虑政策性补贴支出，数据来自《中国统计年鉴》中国家财政主要支出项目中的政策性补贴。由于 2007 年国家对财政支出项目的统计指标进行调整，2007—2010 年政策性补贴支出不能直接获得，本书用 2002—2006 年政策性补贴支出占财政总支出比重的均值乘以 2007—2010 年各年政府财政支出总额进行各年政策性补贴支出的估算。[①]

对于劳动者报酬，1993 年国民经济核算体系（SNA）中 GDP 的核算引入了混合收入，包括劳动报酬和业主收益两部分，其中雇员报酬并非所有劳动者的劳动报酬。许宪春（2001）认为，中国 GDP 核算中劳动者报酬的统计口径大于 1993 年 SNA 中 GDP 核算的雇员报酬口径，除包括所有企业、事业和行政单位工作的劳动者的劳动报酬外，还包括在个体工商户工作的劳动者劳动报酬及个体工商户所有者获得的业主收益。因此在中国的统计账户中，业主制企业的劳动收入无法体现，且劳动者报酬包含了劳动收益和资本收益两部分。Abel 等（1989）将美国业主收入的 67% 计入劳动者报酬。考虑中国的实际情况，本书用个体工商户资本投资额占全社会固定资产投资额的比重估算个体工商户所获得的资本收益比重，用农村固定资产投资占全社会固定资产投资的比重估算劳动者报酬中第一产业农户资本收入所占的比重。根据《中国统计年鉴》的数据测算，中国个体工商户资本投资占比约 4%，农村固定资产投资占全社会固定资产投资的比重约为 18%，为此劳动者报酬中允许扣除的资本收益占比约为 22%（4% + 18%），基础数据来自《中国统计年鉴》，各地区数据来自各省份历年统计年鉴。

资本总投资为固定资产投资和存货投资之和，其中固定资产投资中包括政府财政投资。由于中国财政投资主要用于基础设施建设，以政府宏观调控为主，不以盈利为目的，在核算经济的动态效率时总投

---

① 依据《中国统计年鉴》的数据计算，2002—2006 年政策性补贴支出占国家财政支出的比重基本保持在 2.9% 左右，浮动幅度较小，因此文中选用近 5 年的平均值估算 2007—2010 年的政策性补贴支出额。

资中应扣除政府财政投资，但在考虑财政投资对私人投资部门的外溢效应时，将财政投资完全排除可能造成投资效率被高估。基于此，本书在检验整体资本投资动态效率时，将总投资分为含财政投资和不含财政投资两种情况分别予以考察。其中，财政投资 = 各地区财政基本建设支出 + 企业挖潜改造支出，基础数据来自历年《中国统计年鉴》。

第二节　中国资本投资动态效率实证检验

一　整体资本投资动态效率检验

表 7 - 1 显示，1994—2011 年，中国资本投资出现动态有效和动态无效两阶段。1994—2008 年，中国资本投资总收益大于总投资，净收益为正，资本投资动态有效。其中，1994—2000 年，中国资本投资动态效率整体呈上升趋势，从 1994 年的 17.06% 上升到 2000 年的 21.82%，资本投资净收益率整体逐渐提高。2001—2008 年，中国资本投资动态效率整体呈下降趋势，自 2001 年开始，中国资本投资净收益率出现回落，到 2008 年，资本投资净收益率仅为 2.17%，较 2001 年下降 89.42%，资本投资逐渐向动态无效转变。2009 年，中国资本投资总收益小于总投资，经济处于动态无效状态。2010—2011 年，资本投资效率进一步恶化，考虑政府财政投资下的净收益率分别降到 - 12.86% 和 - 12.55%，不考虑政府财政投资下的净收益率分别为 - 11.13% 和 - 8.36%。

表 7 - 1　　　　　　1994—2011 年中国整体资本投资净收益率

年份	GDP（亿元）	总收益（亿元）	总投资1（亿元）	净收益1（亿元）	总投资2（亿元）	净收益2（亿元）	净收益1/GDP（%）	净收益2/GDP（%）
1994	48197.86	28295.15	20070.50	8224.65	19015.65	9279.50	17.06	19.25
1995	60793.73	34876.21	24604.40	10271.81	23320.73	11555.48	16.90	19.01
1996	71176.59	40020.28	27650.30	12369.98	26219.84	13800.44	17.38	19.39
1997	78973.03	44275.48	28944.10	15331.38	27281.40	16994.08	19.41	21.52

年份	GDP（亿元）	总收益（亿元）	总投资1（亿元）	净收益1（亿元）	总投资2（亿元）	净收益2（亿元）	净收益1/GDP（%）	净收益2/GDP（%）
1998	84402.28	46542.07	31151.40	15390.67	29122.48	17419.59	18.23	20.64
1999	89677.05	50071.29	32278.90	17792.39	29396.28	20675.01	19.84	23.05
2000	99214.55	55564.05	33916.10	21647.95	30955.97	24608.08	21.82	24.80
2001	109655.17	61733.33	39228.40	22504.93	35726.20	26007.13	20.52	23.72
2002	120332.69	67867.07	45432.80	22434.27	41321.44	26545.63	18.64	22.06
2003	135822.76	76968.63	58038.90	18929.73	53516.61	23452.02	13.94	17.27
2004	159878.34	94092.77	74528.13	19564.64	69846.69	24246.08	12.24	15.17
2005	184937.37	112375.94	92397.61	19978.32	86861.68	25514.25	10.80	13.80
2006	216314.43	132813.06	114998.16	17814.89	108863.22	23949.83	8.24	11.07
2007	265810.31	168276.07	144318.54	23957.53	135289.95	32986.13	9.01	12.41
2008	314045.43	189890.29	183069.30	6820.99	171717.18	18173.10	2.17	5.79
2009	340902.81	189781.14	232382.17	-42601.03	218544.03	-28762.90	-12.50	-8.44
2010	401512.80	226485.34	278121.85	-51636.51	271172.33	-44686.99	-12.86	-11.13
2011	472881.56	264114.65	323448.66	-59334.01	303634.94	-39520.29	-12.55	-8.36

注：总投资1为包含财政投资在内的固定资产投资和存货投资之和；总投资2为不含财政投资的固定资产投资和存货投资之和；净收益1=资本总收益-总投资1，净收益2=资本总收益-总投资2；资本总收益=GDP-非资本税收-企业补贴-劳动者报酬，总投资=固定资产投资+存货投资，资本净收益=资本总收益-总投资。

资料来源：根据《中国统计年鉴》、《新中国六十年统计资料汇编》及《中国财政年鉴》数据计算。

可见，中国资本积累动态效率分为两个阶段：1994—2008年，资本投资动态有效；自2009年开始，资本投资出现动态无效且有进一步恶化态势。政府财政投资只影响资本动态效率的高低，不影响其变动的趋势，包括财政投资的资本投资净收益率明显低于不含财政投资的资本净收益率。中国正处于快速城市化与新型工业化过程中，基础设施建设任务繁重，财政投资主要集中在基本建设和对企业的挖潜改造。由于这部分投资通常不以盈利为目的，主要考虑社会长远效益，投资周期长，投资规模大，投资收益低且具有滞后性，由此导致考虑政府财政投资时，资本净收益率下降。2008 年全球金融危机后，中国政府投资四万亿元稳定国内经济，主要投向铁路、公路、机场、水利等重大基础设施建设和城市电网改造等方面，由于这些基础设施建设投资具有周期较长、投资规模大、成本高、回收周期长、收益低甚至无收益的特点，由此造成自 2009 年开始资本投资总收益小于总投资，经济运行出现动态无效。

　　图 7-1 是 Abel 等（1989）根据 AMSZ 准则计算的 1960—1984 年美国、英国、法国、德国、意大利、加拿大和日本的资本投资净收益率。样本期内这些国家的资本投资净收益率均为正，经济运行动态有效。1960—1984 年上述国家经济动态效率呈相似的波动特征：20 世纪 60 年代美国、英国、法国、德国、意大利、加拿大和日本的资本投资净收益率高于 20 世纪 70 年代，且所有国家资本投资净收益率均在 20 世纪 70 年代处于低位运行，80 年代逐渐回升。这可能与 20 世纪 70 年代各国遭受石油危机影响，资本要素投入成本上升使利润率下降有关。从图 7-1 计算可得，1960—1984 年美国、英国、法国、德

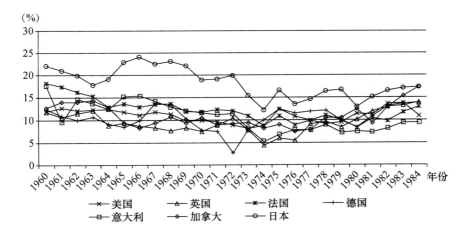

图 7-1　1960—1984 年美国、英国、法国、德国、意大利、加拿大、日本资本投资净收益率变动趋势

　　资料来源：Andrew B. Abel, N. Gregory Mankiw, Lawrence H. Summers, Richard J. Zeckhauser, "Assessing Dynamic Efficiency: Theory and Evidence", *Review of Economics Studies*, 1989, 56：1-20。

国、意大利、加拿大和日本的资本投资平均净收益率分别为 0.11、
0.0947、0.122、0.105、0.1827、0.1096 和 0.1061。1994—2011 年
中国资本投资平均净收益率为 0.1113，但 2006—2011 年中国资本投
资收益明显下降，资本投资平均净收益率为 - 0.144，经济处于动态
无效。

图 7 - 2 显示，中国资本投资净收益率与投资率（资本总投资占
GDP 的比重）呈反向变动，伴随资本投资率上升，资本投资净收益率
下降。1994—2000 年，中国资本投资率逐年下降，资本投资净收益率
整体上升；2000 年资本投资率最低，同期资本投资净收益率最高，达
21.82%；2000 年后，资本投资率逐渐增加，特别是 2008 年四万亿元
投资使 2008 年后资本投资率迅速飙升，2009—2011 年资本投资率分
别达 68.17%、65.17% 和 68.40%。与此同时，自 2009 年开始，中
国资本投资效率迅速恶化，资本投资净收益率为负，经济运行处于动
态无效状况。

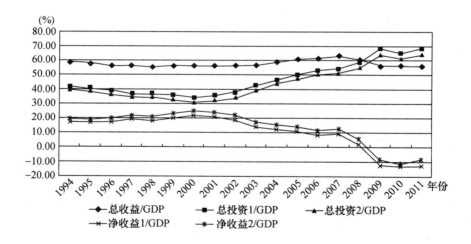

图 7 - 2 1994—2011 年中国资本投资净收益率变动趋势

资料来源：根据表 7 - 1 的结果计算所得。

二 区域与省际资本投资动态效率检验

表 7 - 2 显示，1998—2011 年，东部资本投资净收益均为正，经

济动态有效，但动态效率呈先升后降趋势。1998—2003 年，东部资本
投资净收益率逐年上升，2003 年达到峰值 24.85%；2004—2011 年，
资本投资净收益率整体呈下降趋势。2009—2011 年，资本投资净收益
率分别为 9.48%、8.40% 和 10.91%，分别比 2007 年下降 56%、
61% 和 49.51%，资本投资效率出现严重恶化。值得注意的是，2010
年后，东部资本投资效率虽出现下降，但净收益率仍高达 10.91%，
远高于同期全国平均水平。

表 7 - 2　　　　1998—2011 年中国东部地区资本投资净收益率

年份	GDP（亿元）	总收益（亿元）	总投资（亿元）	净收益（亿元）	净收益/GDP（%）
1998	47096.21	28616.36	22791.16	5825.20	12.37
1999	50830.28	31201.53	23615.33	7586.20	14.92
2000	57411.91	35787.24	25601.31	10185.93	17.74
2001	63631.08	39949.16	28208.45	11740.71	18.45
2002	71197.39	45011.35	31595.07	13416.28	18.84
2003	82988.13	53249.80	32629.90	20619.90	24.85
2004	99515.48	67352.30	51097.19	16255.11	16.33
2005	118575.48	80133.34	54114.26	26019.08	21.94
2006	138502.11	94060.14	64987.10	29073.04	20.99
2007	165194.03	113667.53	77970.82	35696.71	21.61
2008	194085.15	125190.29	94335.35	30854.94	15.90
2009	211886.90	132340.40	112262.60	20077.80	9.48
2010	250487.94	159873.81	138839.50	21034.31	8.40
2011	293581.45	187579.95	155560.02	32019.93	10.91

注：①考虑在分析整体资本投资动态效率时，总投资中是否剔除政府投资并不影响动
态效率的变动趋势，在检验区域资本投资动态效率时，总投资未扣除政府财政投资。

②1998 年地方开始征收个人所得税，地方税收只包括增值税和营业税，间接税 = 增值
税 + 营业税。资本总收益 = GDP − 非资本税收 − 企业补贴 − 劳动者报酬，总投资 = 固定资产
投资 + 存货投资，资本净收益 = 资本总收益 − 总投资。

③表 7 - 3、表 7 - 4、图 7 - 3、图 7 - 4 和图 7 - 5 中各指标的说明与表 7 - 2 相同。

资料来源：历年各省际单位统计年鉴、《中国统计年鉴》、《中国财政年鉴》及《新中国
六十年统计资料汇编》。

表 7-3 显示，1998—2011 年，中部资本投资效率与中国整体资本投资效率变动趋势一致，呈现动态有效和动态无效两阶段，且资本投资动态无效均出现在 2009 年，并在此后呈进一步恶化趋势。1998—2008 年，中部资本投资净收益均为正，经济动态有效。其中，1998—2003 年资本投资净收益率逐年上升，并在 2003 年达到峰值 23.57%，此后资本投资净收益率开始下降，2008 年下降为 4.43%；2009—2011 年，资本投资净收益率分别为 -9.94%、-12.04% 和 -13.39%，资本投资处于动态无效状态。

表 7-3　　　　1998—2011 年中国中部地区资本投资净收益率

年份	GDP（亿元）	总收益（亿元）	总投资（亿元）	净收益（亿元）	净收益/GDP（%）
1998	20673.14	10344.97	7964.05	2380.92	11.52
1999	21743.22	11175.06	7967.13	3207.93	14.75
2000	24003.76	12580.12	8550.78	4029.34	16.79
2001	26207.85	13522.78	9470.75	4052.03	15.46
2002	28677.62	14971.77	10704.84	4266.93	14.88
2003	32590.38	17742.47	10059.38	7683.09	23.57
2004	39488.95	25606.04	16822.64	8783.40	22.24
2005	46545.14	30352.04	21003.82	9348.22	20.08
2006	53967.49	35464.69	26816.75	8647.94	16.02
2007	65359.77	43551.31	35205.43	8345.88	12.77
2008	78781.00	50351.07	46863.94	3487.13	4.43
2009	86443.31	53383.72	61976.10	-8592.38	-9.94
2010	105145.56	66100.09	78760.90	-12660.81	-12.04
2011	100234.96	61089.48	74513.24	-13423.76	-13.39

资料来源：历年各省际单位统计年鉴、《中国统计年鉴》、《中国财政年鉴》及《新中国六十年统计资料汇编》。

表 7-4 显示，西部资本投资净收益率与中部及全国的变动趋势一致。1998—2008 年，资本投资净收益率为正，经济动态有效。2009—2011 年，资本投资净收益率为负，经济处于动态无效状态。其中，1998—2000 年，西部资本投资净收益率整体呈上升趋势，2000

年后资本投资净收益率整体呈下降趋势，并在 2003 年后出现快速下降。可能的原因：一是 2000 年实施西部大开发战略，国家加大对西部基础设施建设的投资力度，由于西部技术水平相对落后，缺乏技术进步的资本投资规模扩张带来的是资本边际收益的递减。二是基础设施建设投资规模大、成本高、回收周期长、收益低且具有滞后性，由此导致资本投资收益率出现回落甚至快速下降。2008 年，西部经济处于从动态有效向动态无效过渡阶段，投资净收益率仅为 0.59%；2009—2011 年，资本投资效率严重恶化，资本投资净收益率分别为 −17.73%、−17.85% 和 −13.39%，经济处于严重动态无效状态。

表 7 − 4　　　　1998—2011 年中国西部地区资本投资净收益率

年份	GDP（亿元）	总收益（亿元）	总投资（亿元）	净收益（亿元）	净收益/GDP（%）
1998	14789.09	7817.19	5895.59	1921.60	12.99
1999	15651.18	8417.61	6018.51	2399.10	15.33
2000	17088.57	9408.10	6689.52	2718.58	15.91
2001	18728.21	10161.52	8025.22	2136.30	11.41
2002	20713.87	11505.25	9147.45	2357.80	11.38
2003	23702.29	13399.66	9622.60	3777.06	15.94
2004	28603.45	17664.71	14656.10	3008.61	10.52
2005	34085.72	21665.64	18608.43	3057.21	8.97
2006	40345.73	25983.93	22947.38	3036.55	7.53
2007	49182.48	32166.71	29384.69	2782.02	5.66
2008	60447.77	37828.80	37474.07	354.73	0.59
2009	66973.48	39381.23	51256.90	− 11875.67	− 17.73
2010	81408.49	48853.97	63383.80	− 14529.83	− 17.85
2011	100234.96	61089.48	74513.24	− 13423.76	− 13.39

　　资料来源：历年各省际单位统计年鉴、《中国统计年鉴》、《中国财政年鉴》及《新中国六十年统计资料汇编》。

　　图 7 − 3 显示，中国各区域资本投资净收益率整体均呈先升后降趋势，但区域差异明显，资本投资净收益率按东中西部梯度递减。1998—2003 年，各区域资本投资净收益率整体上均呈上升趋势，

2003 年达到峰值，2003 年后整体均呈下降趋势。其中，1998—2000年，各区域资本投资净收益率差距较小，2000 年后，各区域资本投资净收益率差距逐渐扩大；2005—2007 年，东部资本投资净收益率较为稳定，中西部逐渐下降；2009—2011 年，中西部资本投资净收益率为负，资本投资动态无效；自 2008 年开始，东部资本投资收益率虽下降且较低，但一直处于动态有效状态。

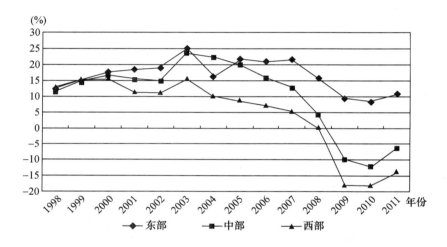

图 7 – 3　1998—2011 年中国各区域资本投资净收益率变动趋势

资料来源：根据 1999—2012 年《中国统计年鉴》及各省际单位统计年鉴的数据计算所得。

图 7 – 4 显示，东部省（市）资本投资基本处于动态有效状态，且投资净收益率较高，动态无效的省（市、区）主要集中在西部地区。1998—2008 年，除西藏、宁夏等西部省（区）资本投资动态无效外，中国绝大多数省（市、区）资本投资均动态有效；除 1998—2004 年东部的浙江和 1998—2001 年中部的湖北出现动态无效情形外，其他东部和中部省（市）均动态有效。受全球金融危机影响，2009—2011 年，除北京、山东、上海、浙江、江苏和广东等东部发达地区资本投资仍动态有效外，中部和西部大部分省（市、区）资本投资净收益均为负，经济处于动态无效状态。

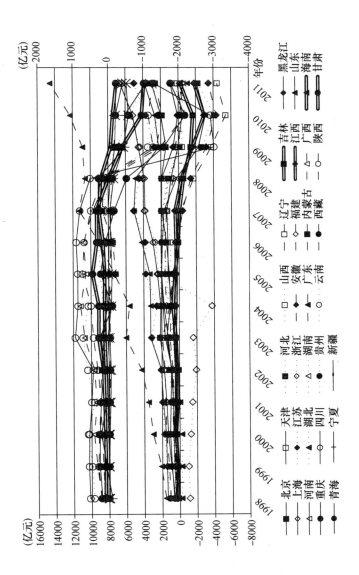

图 7-4 1998—2011 年中国 31 个省际单位资本投资净收益变动趋势

注：左轴表示北京、天津、河北、山西、辽宁、吉林、黑龙江、上海、江苏、浙江、安徽、福建、江西、山东、河南、湖北、湖南、广东 18 个省（市）资本投资净收益；右轴表示云南、重庆、四川、贵州、甘肃、青海、西藏、广西、宁夏、新疆、陕西、海南 13 个省（市、区）资本投资净收益。

资料来源：1999—2011 年《中国统计年鉴》及各省际单位统计年鉴的数据整理所得。

三 产业资本投资动态效率检验

现有文献对资本投资动态效率的研究集中在国家层面，主要从时间序列上比较一国总量资本投资动态效率的变化，部分学者从区域层面考察中国资本投资是否动态有效，但很少有学者从产业或行业层面研究资本投资的动态效率。[1] 本书分别对 1987—2010 年中国三次产业及 1996—2011 年中国工业内部 36 个细分行业的资本积累动态效率进行估算和评价，对中国资本积累动态效率进行全方位考察，以期更好地促进资本在产业与行业间合理配置。

考虑中国国民收入统计账户特点及数据可得性，本部分采用以下计算公式：

资本总收益 = GDP − 劳动者报酬　　　　　　　　　　　(7.4)

总投资 = 固定资产投资 + 存货投资　　　　　　　　　　(7.5)

资本净收益 = 资本总收益 − 总投资　　　　　　　　　　(7.6)

计算三次产业资本投资动态效率的 GDP 和固定资产投资数据均来自相关年份的《中国统计年鉴》；其他数据来自按三次产业分类的投入产出表及投入产出延长表。由于中国按三次产业分类的投入产出表并非每年统计，因此本书只估算了 1987—2010 年期间能获取数据的共计 10 年的产业资本动态效率。

联合国为统一各国国民经济统计口径，于 1971 年颁布了《全部经济活动国际标准产业分类索引》，将全部经济活动分为十大类，在大类下又分若干中类和小类。中国国民经济行业分类主要有 1994 年（GB/T4754—94）、2002 年（GB/T4754—2002）和 2011 年（GB/T4754—2011）三种分类标准。本书对行业的分析主要采用 2002 年的《国民经济分类和代码》（GB/T4754—2002）。为保证数据统一性，本书选取工业行业中剔除采掘业中的其他采掘业、制造业中的工艺品及其他制造业、废弃资源和废旧材料回收加工业以外的其他 36 个工业部门，数据涵盖了这些行业内全部国有及规模以上非国有企业。其中，劳动者报酬数据来自 1997—2011 年《中国劳动统计年鉴》中分

---

[1] 现有资料中仅有刘宪（2004）通过分析一国的动态效率判断一国的产业结构是否合理，但并没有对三次产业资本投资是否动态有效进行研究。

行业职工工资总额，工业各行业增加值和存货投资数据来自1997—2011年《中国统计年鉴》、《中国工业经济统计年鉴》和《中国经济普查年鉴》。由于2007年后不再统计工业分行业增加值的相关数据，因此2008—2010年的工业增加值通过相应年份的工业增加值增长率推算得到，工业增加值增长率来自《国家统计局进度数据库》。由于存货投资从1996年才开始统计，因此本书选取1996—2010年工业及其分行业数据进行动态效率检验。

1. 三次产业资本投资动态效率检验

表7-5显示，中国以农业为主的第一产业资本投资动态效率呈动态有效和动态无效两阶段。1987—2002年各年，第一产业资本投资净收益均为正，资本投资动态有效。其中，1987—2001年，随资本总投资不断增加，第一产业资本投资净收益率整体呈下降趋势；1995年，第一产业资本投资净收益率最低，仅为5.04%；2002年，第一产业资本投资净收益率最高，为14.45%。[1] 2005—2010年，第一产业资本投资净收益为负，经济动态无效。2005年、2007年和2010年，第一产业资本投资净收益率分别为-9.74%、-10.24%和-15.64%，资本投资动态效率呈不断恶化趋势。可能的原因：一是第一产业是所有产业中风险最大的产业，受自然因素、市场因素影响较大，易于出现投资与收益的不匹配。其中，2005年、2007年和2010年，第一产业资本投资分别比2002年增加2.36倍、4.27倍和8.99倍，但第一产业增加值分别仅比2002年增加0.36、0.73和1.45倍。二是受全球金融危机影响，全世界消费低迷，包括对粮食在内的农产品消费需求不断下降，粮食价格和农产品价格呈走低趋势。三是随着政府对"三农"问题的高度重视，第一产业的投资力度与投资规模逐渐扩大，但第一产业投资主要投向农田水利灌溉、农村道路交通、农村人畜饮水、农村教育与培训、农业信息与通信等基础设施建设，大都属于准公共产品，投资周期较长，投资收益较低甚至无收益。四是由于农业骨干、农村青壮年劳动力大量转移，以老人、妇女

---

① 2002年第一产业资本投资净收益率高可能与1995年政府加大对第一产业基础设施建设投资，这部分投资产生的外溢效应和拉动经济增长的滞后效应逐渐凸显有关。

为主体，以文盲和小学文化程度为主的农村留守劳动力结构，很难实现劳动力与资本、土地等生产要素的有效契合，在一定程度上严重弱化了第一产业的生产能力，影响了资本投资效率的充分发挥。五是第一产业技术进步与第一产业投资增长不同步，缺乏技术进步下的农业资本投资增加，带来的是资本边际生产力的递减与增长潜力的减弱。六是由于缺乏人力资本支撑，第一产业生产经营比较粗放，特色优势产业形成困难，产品科技含量低、附加值不高，由此影响第一产业生产效率的提高。

表 7 - 5　　　　1987—2010 年中国第一产业资本投资净收益率

年份	GDP （亿元）	总收益 （亿元）	总投资 （亿元）	净收益 （亿元）	净收益/GDP （%）
1987	3233.04	610.94	152.59	458.35	14.18
1990	5062.00	942.70	267.63	675.08	13.34
1992	5866.60	936.16	276.75	659.41	11.24
1995	12135.81	1938.81	1327.02	611.79	5.04
1997	14441.89	1463.22	608.53	854.69	5.92
2000	14944.72	1501.60	688.62	812.98	5.44
2002	16537.02	3221.05	831.47	2389.58	14.45
2005	22420.00	606.16	2789.74	-2183.58	-9.74
2007	28627.00	1445.37	4377.96	-2932.59	-10.24
2010	40533.60	1970.77	8309.20	-6338.43	-15.64

注：资本总收益 = GDP - 劳动者报酬，总投资 = 固定资产投资 + 存货投资，资本净收益 = 资本总收益 - 总投资。

资料来源：根据 1987—2011 年《中国统计年鉴》、《中国固定资产投资统计年鉴》及 1987—2010 年《中国投入产出表》整理所得。

表 7 - 6 显示，中国第二产业资本投资动态效率呈动态有效和动态无效两阶段。1987—2007 年，第二产业资本投资净收益为正，资本投资动态有效。其中，1987—2002 年，第二产业净收益率整体呈平稳上升趋势，并在 2002 年达到最大值；2005 年和 2007 年，第二产业资本投资净收益率虽为正，但呈直线下降趋势，尤其在 2007 年，第二产业资本投资净收益率仅为 11.37%，比 2002 年下降 75.5%。可能的原因如下：为加快新型工业化进程，国家加大对第二产业资本投资

力度，2005 年和 2007 年，第二产业资本投资分别高达 41316.07 亿元和 65534.20 亿元，分别比 2002 年增加 5.50 倍和 9.31 倍，但第二产业资本投入的总收益却只比 2002 年增加 0.88 倍和 1.54 倍，受边际报酬递减规律作用，资本投资净收益率下降。2010 年，第二产业资本投资净收益为负，第二产业投资动态无效。可能的原因为：以工业为主的第二产业是中国经济增长的重要引擎，2008 年全球金融危机后，政府为稳定经济增长，出台四万亿元投资刺激计划，主要投向各种基础设施建设，由此导致资本投资额大幅增加。与此同时，受全球金融危机影响，国内外消费市场出现低迷，对第二产业产品特别是工业产品的需求不断下降，第二产业的生产产能难以完全释放；加之金融危机期间，许多中小企业或停工或破产，失业带来的收入减少进一步降低了国内消费者对工业产品的需求，由此导致第二产业投资收益不能得到充分发挥，投资动态无效。

表 7－6　　　　　　1987—2010 年中国第二产业资本投资净收益率

年份	GDP（亿元）	总收益（亿元）	总投资（亿元）	净收益（亿元）	净收益/GDP（%）
1987	5251.60	3743.80	1827.05	1916.75	36.50
1990	7717.40	5351.10	3115.82	2235.28	28.96
1992	11699.50	7938.60	3918.07	4020.54	34.37
1995	28679.46	18600.44	6813.66	11786.78	41.10
1997	37543.00	19943.61	7701.77	12241.84	32.61
2000	45555.88	24693.03	4319.76	20373.27	44.72
2002	53896.77	31377.97	6358.07	25019.90	46.42
2005	87598.09	59022.74	41316.07	17706.68	20.21
2007	125831.36	79837.17	65534.20	14302.96	11.37
2010	187581.42	110958.39	127704.75	－16746.36	－8.93

资料来源：根据 1987—2011 年《中国统计年鉴》、《中国固定资产投资统计年鉴》及 1987—2010 年《中国投入产出表》整理所得。

表 7－7 显示，中国第三产业资本投资动态效率呈动态有效和动态无效两种情形。1987—2002 年，第三产业资本投资动态有效。其中，1987—1990 年，第三产业资本投资净收益率由 31.96% 上升到 48.69%，资本投资效率得到优化。1991—2002 年，第三产业资本投

资净收益率仍保持较高水平，但整体呈下降趋势；2002 年，第三产业资本投资净收益率仅为 26.38%，比 1990 年下降 45.82%。2005—2010 年，第三产业资本投资在动态无效和动态有效间交替变化。2005 年，第三产业资本投资净收益率为 −1.25%，资本投资动态无效；2007 年，第三产业资本投资净收益率虽为正，但净收益率仅为 1.42%，动态效率极低；2010 年，第三产业资本投资净收益率下降为 −31.68%，资本投资出现严重恶化的动态无效。可能的原因是：2010 年，中国第三产业资本投资额高达 152096.66 亿元。其中，投入交通运输业、仓储和邮政业、房地产业和水利、环境和公共设施的资本投资额分别高达 27883.10 亿元、57633.10 亿元和 22333.7 亿元。这些行业大都投资周期长，投资收益具有滞后性，水利、环境和公共设施行业盈利能力较低，由此导致当年资本投资收益降低，出现总投资大于总收益、投资动态无效的情形。

表 7 − 7   1987—2010 年中国第三产业资本投资净收益率

年份	GDP（亿元）	总收益（亿元）	总投资（亿元）	净收益（亿元）	净收益/GDP（%）
1987	3573.97	2307.87	1165.53	1142.34	31.96
1990	5888.42	4182.22	1314.87	2867.36	48.69
1992	9357.38	5996.28	2622.89	3373.39	36.05
1995	19978.46	12360.74	6334.06	6026.68	30.17
1997	26988.15	16025.85	8084.85	7941.01	29.42
2000	38713.95	23100.33	11372.06	11728.27	30.29
2002	49898.90	26783.17	13620.70	13162.46	26.38
2005	74919.28	47076.23	48009.30	− 933.07	− 1.25
2007	111351.95	74480.47	72895.39	1585.08	1.42
2010	173087.01	97263.94	152096.66	− 54832.72	− 31.68

资料来源：根据 1987—2011 年《中国统计年鉴》、《中国固定资产投资统计年鉴》及 1987—2010 年《中国投入产出表》整理所得。

图 7 − 5 显示，1987—2010 年，中国三次产业资本投资效率均呈动态有效和动态无效两种情形，且资本投资净收益率均在 2002 年呈明显下降趋势，在 2010 年出现动态无效，但产业间差异较大。样本期内，第一、第二、第三产业资本投资平均净收益率分别为 3.40%、

28.73%和20.15%，以工业为主的第二产业资本投资净收益率整体最高，第一产业一直处于较低水平，最大值仅为14.45%。这与第一产业是所有产业中风险最大、盈利能力最低的产业，以及第一产业技术进步相对缓慢，农村留守劳动力结构性失衡严重，资本投资与农村劳动力契合程度不高，第一产业资本产出效率较低有关。除1990年外①，1987—2010年，以工业为主的第二产业资本投资净收益率最高，1990—2002年第二产业资本投资净收益率虽有波动，但整体呈上升趋势。1990年后，第三产业资本投资净收益率呈逐年下降趋势，2010年第三产业投资动态无效。可能的原因是：为促进产业结构转型升级，国家加大对第三产业的投资力度，2010年，第一、第二、第三产业资本总投资分别为8309.20亿元、127704.75亿元和152096.66亿元，第三产业投资分别为第一产业和第二产业的18.30倍和1.19倍。但第三产业投资主要集中在铁路、公路、机场、水利等重大基础设施建设和城市电网改造等投资规模大、投资回收期长、投资收益低且具有滞后性的行业，由此造成2010年第三产业资本投资动态效率急剧恶化。

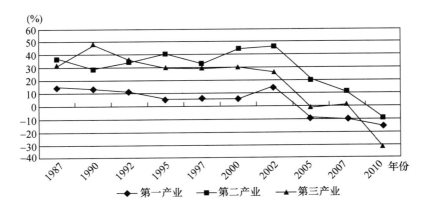

图7-5　1987—2010年中国三次产业资本投资净收益率变动趋势

资料来源：根据1987—2011年《中国统计年鉴》、《中国固定资产投资统计年鉴》及1987—2010年《中国投入产出表》整理所得。

---

① 原因是1990年邓小平南方谈话启动了新一轮经济快速增长，第二产业资本投资力度增加，但投资收益存在滞后效应，由此导致当年投资净收益率较低。

从产业层面的分析显示，中国三次产业资本投资动态效率均呈动态有效和动态无效两阶段，各产业动态效率整体均呈下降趋势，资本投资净收益率呈第二、第三、第一产业梯度递减特征。自 2002 年开始，三次产业资本投资净收益率均显著下降，并出现动态无效。第一产业资本投资较少，且主要投向农田水利、道路交通等农村基础设施建设，资本投资动态效率最低；第二产业资本投资增长速度最快，但受边际报酬递减规律和全球金融危机影响，资本投资动态效率下降幅度最快，甚至出现动态无效；第三产业投资力度大，但主要投向获利能力小、投资回收期长的基础设施建设，由此造成第三产业资本投资净收益率下降较快，并出现动态无效现象。

2. 工业资本投资动态效率检验

表 7 - 8 显示，中国工业资本投资动态效率变动趋势与中国整体资本投资动态效率变动趋势一致，呈动态有效和动态无效两阶段。1996—2008 年，工业行业资本投资净收益率为正，工业资本投资动态有效。其中，1996—2001 年，中国工业行业资本总投资由 20125.44 亿元增加到 24570.61 亿元，增长 22.09%；同期工业资本投资净收益率由 18.79% 上升到 34.36%，上升 82.86%。说明此期间中国工业资本投资规模的扩张产生规模经济，工业资本投资边际收益率逐渐提高，工业资本动态效率逐渐优化。2002—2008 年，工业资本投资净收益率呈直线下降趋势，到 2008 年，工业资本投资净收益率仅为 0.71%，工业资本投资动态效率向无效状态转化。2009—2011 年，工业资本总投资由 137147.15 亿元增加到 200739.92 亿元，年均增长率为 23.18%，工业资本投资净收益率不断下降且为负，工业资本投资动态无效且逐渐恶化。说明此期间中国工业资本投资边际收益率逐渐下降，工业资本投资规模的过度扩张带来规模报酬递减，工业资本动态效率逐渐恶化。

图 7 - 6 显示，中国整体、第二产业和工业资本投资动态效率变动趋势相同，均经历从有效向无效变动过程，且资本投资净收益率最大值均出现在 2002 年左右。2008 年前，整体、第二产业和工业资本投资净收益率均为正，资本投资动态有效。其中，1996—2002 年，资本投资净收益率整体均呈上升趋势，资本动态效率不断提高。自 2003

表7-8　　　　　1996—2011年中国工业行业资本投资动态效率

年份	工业增加值 （亿元）	总收益 （亿元）	总投资 （亿元）	净收益 （亿元）	净收益/GDP （％）
1996	29447.61	25659.21	20125.44	5533.77	18.79
1997	32921.39	29029.06	21714.49	7314.57	22.22
1998	34018.43	30413.91	19699.01	10714.90	31.50
1999	35861.48	32200.87	21144.19	11056.68	30.83
2000	40033.59	36205.12	22962.28	13242.84	33.08
2001	43580.62	39544.33	24570.61	14973.73	34.36
2002	47431.31	43018.93	27379.33	15639.60	32.97
2003	54945.53	49958.02	36856.33	13101.69	23.84
2004	65210.03	59414.97	49892.57	9522.40	14.60
2005	77230.78	70401.08	62306.51	8094.58	10.48
2006	91310.94	83157.60	75748.51	7409.09	8.11
2007	110534.88	100780.52	95110.44	5670.09	5.13
2008	130260.24	118733.67	117812.71	920.96	0.71
2009	135239.95	122565.18	137147.15	-14581.97	-10.78
2010	160722.23	145654.33	168561.31	-22906.99	-14.25
2011	188470.15	168508.82	200739.92	-32231.10	-17.10

　　资料来源：根据1997—2012年《中国统计年鉴》、《中国工业经济统计年鉴》和《中国劳动统计年鉴》、《中国经济普查年鉴》、《国家统计局进度数据库》等相关数据整理，并利用式（7.4）、式（7.5）和式（7.6）计算得到。

年开始，资本投资净收益率均呈下降趋势，且均在2010年出现动态无效。但样本期内各年，整体的资本积累动态效率均最低，年均资本净收益率仅为10.46％。主要原因是：中国第一产业资本投资净收益率较低，第三产业资本投资净收益率波动幅度大，使整体经济动态效率处于较低水平。1996—2011年各年，第二产业资本投资净收益率均最高，年均净收益率达28.73％，分别比整体和工业年均资本投资净收益率高17.45个和14.70个百分点；以制造业为主的工业资本投资净收益率高于整体动态效率但低于第二产业动态效率，工业资本投资年均净收益率为14.03％。2002年前，整体、工业和第二产业（除

1990 年和 1997 年外）资本投资净收益率均呈上升趋势；自 2003 年开始，整体、第二产业、工业资本投资净收益率均持续下降，但第二产业资本投资净收益率下降幅度最大。这与中国正处在新型工业化过程中，第二产业资本投资力度大，尤其是投资周期长、收益率较低的基础设施建设投资增长迅速有关。

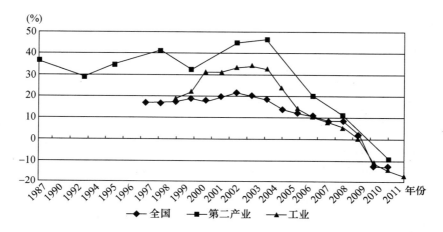

图 7 - 6 1987—2011 年中国整体、第二产业及工业资本投资净收益率变动趋势

注：资本投资净收益率 = 资本投资净收益/GDP。

资料来源：根据表 7 - 1、表 7 - 6 和表 7 - 8 的相关数据整理所得。

图 7 - 7 显示，中国整体、第二产业及工业资本投资率均呈先降后升趋势，全国整体的资本投资率波动较小，第二产业资本投资率波动最大，工业资本投资率一直维持在较高水平，年均投资率达 76.20%。比较图 7 - 6 和图 7 - 7 发现，整体、第二产业及工业资本投资率与资本净收益率均呈反向变动关系。2000 年，整体资本投资率最低，为 34.18%，资本投资净收益率最高，为 21.82%；2010 年，整体资本投资率最高，为 69.27%，整体资本投资净收益率最低，为 -12.86%，资本投资动态无效。2000 年，第二产业资本投资率最低，为 9.48%，第二产业资本投资净收益率最高，为 44.72%；2010 年，第二产业资本投资率最高，为 68.08%，第二产业资本投资净收益率最低，为 -8.93%，资本投资动态无效。2001 年，工业行业资本投资率最低，为 56.38%，工业资本投资净收益率最高，为

34.36%；2011 年，工业资本投资率最高，为 106.51%，工业资本投资净收益率最低，为 - 17.10%，资本投资动态无效。

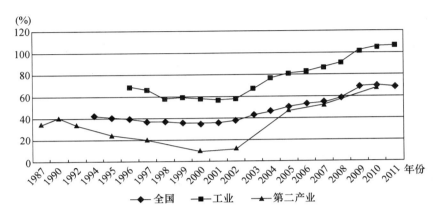

图 7 - 7 1987—2011 年中国整体、第二产业及工业总投资率变动趋势

注：总投资率 = 资本总投资/国内生产总值。

资料来源：根据表 7 - 1、表 7 - 6 和表 7 - 8 的相关数据整理所得。

四 工业内部不同行业资本投资动态效率检验

中国工业资本投资净收益率高于整体资本投资收益率。工业由不同行业构成，本节对 1996—2011 年中国工业内部 36 个细分行业的资本积累动态效率进行实证检验，考察工业内部不同行业资本投资动态效率及其变动趋势。

表 7 - 9 显示，1996—2011 年，工业内部各行业资本动态效率存在显著差异。资源型行业、垄断性行业资本投资净收益率较高，市场竞争激烈的传统劳动密集型行业动态效率较低，关系国计民生的非盈利性行业或带有准公共产品性质的行业资本投资动态效率最低。

表 7 - 9　　　1996—2011 年中国工业细分行业资本投资动态效率　　　单位：%

年份 行业代码	1996	1997	1998	1999	2000	2001	2002	2003
B06	- 28.55	- 35.72	- 34.64	- 31.23	- 22.54	- 7.77	4.37	3.67
B07	8.35	10.08	9.49	26.18	73.12	49.78	45.93	46.31
B08	- 26.50	- 11.99	- 36.17	- 5.07	2.60	17.76	19.93	25.01

续表

年份 行业代码	1996	1997	1998	1999	2000	2001	2002	2003
B09	− 9.79	9.95	7.01	21.65	18.87	19.88	15.54	14.29
B10	31.23	34.75	8.46	25.22	27.41	24.21	29.13	23.12
C13	− 14.49	− 9.28	− 7.17	17.26	27.87	24.44	24.88	17.88
C14	− 5.03	7.20	7.70	17.72	26.21	14.88	16.37	1.81
C15	− 8.67	1.41	− 0.57	5.28	8.64	0.11	4.24	2.18
C16	50.11	48.77	51.73	53.30	52.47	40.24	36.76	34.53
C17	− 51.12	− 43.62	− 41.50	− 20.62	− 11.67	− 12.01	− 5.21	− 11.44
C18	5.83	3.46	7.96	12.53	19.78	23.84	22.49	18.97
C19	− 11.13	− 9.51	− 12.40	− 2.44	8.53	17.52	24.70	23.49
C20	− 6.30	0.25	− 30.42	1.29	7.63	9.82	4.96	− 10.71
C21	− 8.94	− 5.00	− 13.59	− 1.49	6.80	5.79	− 0.43	− 18.40
C22	− 9.15	− 13.08	− 13.30	1.85	1.75	− 6.29	6.14	− 7.57
C23	− 1.55	3.22	2.06	7.16	4.62	11.58	11.28	0.41
C24	6.39	6.42	14.33	13.76	17.75	17.87	17.09	9.88
C25	5.48	− 12.49	− 18.02	2.30	10.64	7.13	20.01	24.36
C26	− 36.69	− 28.35	− 31.68	− 14.90	− 1.12	− 6.80	0.78	− 2.40
C27	− 11.33	− 3.53	− 3.69	8.36	20.18	2.39	− 6.81	− 10.65
C28	− 19.17	− 12.59	− 20.98	12.48	18.64	− 26.34	− 0.81	− 4.51
C29	− 25.88	− 20.15	− 20.32	− 16.59	− 4.46	− 4.24	6.33	− 7.66
C30	− 4.34	− 1.13	0.33	9.92	18.30	11.15	12.20	3.99
C31	− 2.06	0.51	− 11.51	3.54	13.78	2.99	1.87	− 7.09
C32	− 84.11	− 74.57	− 67.21	− 44.36	− 21.54	− 18.87	− 14.54	− 15.24
C33	− 74.53	− 74.04	− 64.57	− 40.99	− 22.83	− 31.53	− 36.46	− 34.81
C34	− 21.78	− 19.61	− 15.93	− 4.30	2.36	3.78	9.28	0.61
C35	− 74.63	− 63.94	− 75.26	− 58.06	− 42.83	− 35.83	− 23.61	− 16.97
C36	− 77.08	− 71.81	− 84.23	− 69.84	− 55.20	− 56.82	− 39.39	− 52.49
C37	− 67.89	− 62.50	− 51.40	− 38.94	− 35.15	− 31.18	− 12.46	− 6.34
C39	− 38.35	− 32.18	− 23.57	− 9.27	3.91	4.58	8.54	12.96
C40	− 36.84	− 17.74	− 7.80	− 0.24	9.17	− 5.72	7.74	11.88
C41	− 64.84	− 67.69	− 39.72	− 26.01	− 14.29	− 17.58	− 25.62	− 2.34
D44	− 26.64	− 19.91	− 8.28	− 5.64	− 13.96	− 11.45	− 7.88	− 11.69
D45	− 852.82	− 812.71	− 693.52	− 193.69	− 199.90	− 163.96	− 148.67	− 177.15
D46	− 77.86	− 71.40	− 83.01	− 54.08	− 57.11	− 59.84	− 61.62	− 130.26

续表

年份 行业代码	2004	2005	2006	2007	2008	2009	2010	2011
B06	8.13	19.63	19.80	25.77	17.33	8.20	2.65	−7.41
B07	63.10	58.85	58.71	54.10	47.23	46.85	43.65	42.43
B08	−9.13	4.50	13.83	33.90	13.46	18.10	13.17	13.14
B09	9.39	26.79	26.48	24.61	14.22	14.69	9.47	2.92
B10	29.82	17.38	17.96	19.64	8.35	−4.37	−13.01	−28.24
C13	14.86	25.07	25.93	24.18	21.73	14.44	4.62	−9.54
C14	5.60	9.18	7.41	7.97	5.59	−0.02	−7.63	−13.47
C15	20.16	10.72	5.60	10.11	6.20	6.22	0.99	−10.30
C16	60.81	41.59	46.25	51.53	48.85	42.88	43.24	39.40
C17	−9.05	4.14	8.17	13.19	17.77	20.15	13.63	−5.14
C18	16.87	15.36	15.76	14.73	10.47	10.63	3.78	−12.26
C19	23.84	23.95	21.88	28.19	28.45	30.37	28.41	19.02
C20	−27.09	−8.40	−8.54	−4.52	−7.35	−5.38	−5.68	−17.44
C21	−44.51	−15.62	−19.36	−20.81	−33.04	−38.15	−45.10	−63.68
C22	−12.89	−0.76	4.23	8.74	−0.44	−0.19	2.03	−12.07
C23	8.21	−4.80	−7.27	−3.55	−10.63	−17.15	−20.11	−23.71
C24	7.27	6.73	5.48	2.25	5.23	11.63	7.87	−5.10
C25	−6.36	−3.52	−0.91	−1.70	−13.08	−20.52	−29.65	−46.71
C26	−10.85	1.30	4.54	8.36	−6.37	−6.39	−9.09	−18.56
C27	8.40	0.14	6.82	15.79	12.78	6.93	−2.52	−13.04
C28	−28.31	−3.87	5.43	4.85	11.07	18.08	2.00	−33.57
C29	−6.89	7.82	−7.87	3.30	−2.11	−4.60	−10.30	−29.06
C30	−6.12	4.70	5.39	10.69	6.95	4.31	0.58	−13.98
C31	−6.79	−2.18	3.03	2.18	−17.83	−30.67	−34.68	−51.48
C32	−28.11	−0.13	9.95	11.85	3.50	11.18	5.93	3.63
C33	−43.41	−5.23	12.63	21.81	12.78	10.96	−7.86	−16.76
C34	−10.62	−3.80	−7.07	−4.65	−19.61	−28.00	−32.40	−48.58
C35	−28.44	−15.26	−12.40	−12.13	−30.31	−34.07	−33.42	−46.96
C36	−48.99	−40.95	−29.22	−31.22	−48.06	−52.97	−61.58	−77.21
C37	−9.53	−22.74	−12.65	−4.21	−17.01	−16.36	−22.79	−34.12
C39	1.05	15.77	15.91	17.79	12.90	1.76	−8.88	−30.62
C40	5.78	22.32	22.06	16.60	17.88	18.17	5.51	−0.85

续表

年份 行业代码	2004	2005	2006	2007	2008	2009	2010	2011
C41	− 3.01	10.19	15.46	16.78	4.67	− 6.20	− 10.53	− 29.04
D44	− 22.01	− 32.69	− 23.52	− 5.65	− 13.91	− 27.53	− 25.20	− 14.53
D45	− 192.70	− 159.55	− 117.95	− 47.34	− 41.37	− 83.58	− 113.95	− 144.75
D46	− 104.71	− 139.89	− 150.24	− 169.93	− 216.50	− 385.09	− 354.17	− 350.64

注：B06：煤炭开采和洗选业；B07：石油和天然气开采业；B08：黑色金属矿采选业；B09：有色金属矿采选业；B10：非金属矿采选业；C13：农副食品加工业；C14：食品制造业；C15：饮料制造业；C16：烟草制品业；C17：纺织业；C18：纺织服装、鞋、帽制造业；C19：皮革、毛皮、羽毛（绒）及其制品业；C20：木材加工及木、竹、藤、棕、草制品业；C21：家具制造业；C22：造纸及纸制品业；C23：印刷业和记录媒介的复制；C24：文教体育用品制造业；C25：石油加工、炼焦及核燃料加工业；C26：化学原料及化学制品制造业；C27：医药制造业；C28：化学纤维制造业；C29：橡胶制品业；C30：塑料制品业；C31：非金属矿物制品业；C32：黑色金属冶炼及压延加工业；C33：有色金属冶炼及压延加工业；C34：金属制品业；C35：普通机械制造业；C36：专用设备制造业；C37：交通运输设备制造业；C39：电气机械及器材制造业；C40：通信设备、计算机及其他电子设备制造业；C41：仪器仪表及文化、办公用机械制造业；D44：电力、燃气及水的生产和供应业；D45：燃气生产和供应业；D46：水的生产和供应业。

资料来源：根据1997—2012年各年的《中国统计年鉴》、《中国工业经济统计年鉴》、《中国劳动统计年鉴》、《中国经济普查年鉴》、《国家统计局进度数据库》等相关数据整理并计算。

（1）采矿业、制造业和电力、燃气及水的生产和供应业资本积累动态效率呈不同变动趋势。采矿业资本动态效率最高，制造业次之，电力、燃气和水的生产与供应业最低。主要原因是：采矿业属于资源型行业，市场需求量大，资本投资回报丰裕；制造业是工业支柱行业，发展速度快，市场竞争激烈，资本投资需求量大，资本净收益较低；电力、燃气及水的生产和供应业是关系国计民生的重要行业，一般不以盈利为目的，资本投资规模大，投资收益相对较低。

（2）与工业年均资本投资净收益率比较，工业内部资本投资净收益率相对较高的行业有：石油和天然气开采业（B07），有色金属矿采选业（B09），非金属矿采选业（B10），烟草加工业（C16），皮革、毛皮、羽毛（绒）及其制品业（C19）。其中，石油和天然气开采业、烟草加工业的年均资本投资净收益率分别达42.76%和46.40%，远高于工业内部其他行业。主要原因是：这些行业属于资源稀缺型行业或垄断性行业，其产品市场需求量大，但由于垄断或严格的进入限制，市场竞争程度不充分，行业垄断利润较高。石油和天然气开采业（B07），有色金属矿采选业（B09），非金属矿采选业（B10）等行业属于主要以技术进步和人力资本取胜且进入壁垒较高的行业，投资收益率相对较高。

（3）资本投资净收益率较低且一直处于动态无效的行业有：普通机械制造业（C36），专用设备制造业（C37），交通运输设备制造业（C39），电力、燃气及水的生产和供应业（C44），燃气生产和供应业（C45），水的生产和供应业（C46）。其中，水的生产和供应业资本投资净收益率最低，年均净收益率为－154.15%，资本投资动态无效。主要原因是：这些行业或者是产品附加值不高的加工业，或者是关系国计民生、不以盈利为目的、带有准公共产品性质的行业，资本投资动态效率相对较低。

（4）与整体资本投资动态效率呈相同变动趋势的工业行业有：农副食品加工业（C13），食品制造业（C14），饮料制造业（C15），纺织服装、鞋、帽制造业（C18），文教体育用品制造业（C24），塑料制品业（C30），电气机械及器材制造业（C39），通信设备、计算机及其他电子设备制造业（C40）。这些行业多数为传统劳动密集型行业，技术含量较低；或是市场竞争激烈、受国家整体经济发展影响较大的行业；或是同其他国家相比，技术进步相对落后、市场竞争能力较弱、宏观经济环境的变化对其影响较大的行业。

（5）自2008年始，中国工业内部各行业资本投资净收益率大多处于低位运行，大多数行业资本投资均处于动态无效。尤其是2011年，除石油和天然气开采业（B07），有色金属矿采选业（B09），黑色金属矿采选业（B08），烟草加工业（C16），皮革、毛皮、羽毛（绒）及其制品业（C19），黑色金属冶炼及压延加工业（C32）等行业资本投资净收益为正外，工业内部其他行业资本投资净收益均为负，资本投资动态无效。

第三节　本章小结

　　本章对中国资本积累动态效率进行检验发现：①1994—2011 年中国整体资本积累出现动态有效和动态无效两阶段。1994—2008 年，整体资本积累动态有效，但与发达国家比较，资本积累动态效率不高且呈不断下降趋势，特别是 2001 年后，资本投资净收益率出现大幅下降。2009—2011 年，整体资本投资净收益率为负，资本投资动态无效且呈恶化态势。②1994—2011 年，中国各区域资本积累动态效率变动趋势一致，但区域差异明显，资本动态效率呈东中西部梯度递减特征；样本期内东部资本投资净收益率均为正，2009 年前中西部资本投资动态有效，2009 年开始动态无效。③中国资本积累动态效率存在显著省际差异，1998—2008 年，除少数西部省（区）资本投资动态无效外，其他省（市、区）资本投资均动态有效；2009—2011 年，除北京、山东、上海、浙江、江苏和广东等东部省（市）资本投资动态有效外，中西部大部分省（市、区）资本投资均动态无效。④1987—2010 年，中国三次产业资本投资动态效率变动趋势一致，但产业间存在显著差异，三次产业资本投资净收益率按第二、第三、第一产业梯度递减；工业资本积累动态效率与中国整体资本积累动态效率变动趋势一致；工业内部不同行业资本积累动态效率存在显著差异，动态效率的高低与行业性质、垄断程度、技术状况等因素相关。

第八章 中国资本配置效率
实证分析

党的十八届三中全会提出"市场在资源配置中起决定性作用"，目的是提高资源配置效率。资本是稀缺的经济资源，资本配置效率提高意味着在社会资本总量既定条件下，货币资本能在长期利润信号的驱使下在各产业、各地区、各行业之间高效流动，使资本资源配置到效益好且具有较高成长潜力的产业和部门，促进经济可持续增长。

Jeffrey Wurgler（2000）利用65个国家（地区）在1963—1995年的总投资及其增加值数据，运用数学回归模型分析了不同国家在资本配置效率上的差异，发现发达国家资本配置效率普遍高于发展中国家。他的研究方法被国内外学者广泛采用，但国内外的前期研究主要侧重从国家及区域层面考察资本配置效率，很少研究产业内部不同行业的资本配置效率及同一产业不同省际单位的资本配置效率。本章基于Jeffrey Wurgler（2000）模型，对中国三次产业整体资本配置效率及其动态变化、三次产业资本配置效率的省际差异和区域差异、工业和服务业内部不同行业资本配置效率进行实证检验，全面考察中国资本配置效率的产业、省际、区域和行业差异，为投资者优化配置资本资源提供理论依据。

第一节 中国农业资本配置效率测算

本节借鉴 Jeffrey Wurgler （2000） 的资本配置效率模型，选择农业固定资本形成总额和农业增加值指标[1]，利用 1998—2010 年的省际面板数据，对中国农业整体资本配置效率及其动态变动趋势、不同区域和不同省（市、区）农业资本配置效率进行估算，全面考察中国农业资本配置效率的变动及其区域和省际差异。[2]

一 模型设定

本书借鉴 Jeffrey Wurgler（2000）的资本配置效率模型，即：

$$\ln \frac{I_{i,t}}{I_{i,t-1}} = \alpha_{i,t} + \eta \ln \frac{V_{i,t}}{V_{i,t-1}} + \varepsilon_{i,t} \qquad i = 1, 2, 3, \cdots, N; \ t = 1, 2, 3, \cdots, T \tag{8.1}$$

式（8.1）中，I 表示农业固定资本形成总额，V 表示农业增加值，$I_{i,t}/I_{i,t-1}$ 表示农业固定资本形成总额的增长，$V_{i,t}/V_{i,t-1}$ 表示农业增加值的增长。i 表示各省际单位的编号，$i = 1, 2, \cdots, 31$；t 表示年份，$t = 1998, 1999, \cdots, 2010$。$\eta$ 是资本配置效率，表示农业固定资本形成总额相对于农业增加值的敏感性。$\eta > 0$，表明农业资本配置有效；$\eta < 0$，表明农业资本配置缺乏效率。$\varepsilon_{i,t}$ 为随机扰动项，衡量该年农业固定资本形成总额增长中行业增加值不能解释的部分。

二 农业整体资本配置效率

本书采用不同回归模型考察农业资本配置效率。假设农业固定资本形成总额的增长是当期农业增加值增长的函数时，采用模型 A；假设农业固定资本形成总额的增长是预期农业增加值增长的函数时，采用适应性预期模型 B；假设同时考虑实际农业固定资本形成总额与均衡、理想的农业固定资本形成总额之间的偏离，采用适应性预期模型和局部调整模型的综合模型 C。将 1998—2010 年中国 31 个省（市、区）的数据代入各模型，得出不同假设下的回归结果。

---

① 关于核算农业资本配置效率时为何选择农业固定资本形成总额及农业增加值指标，以及各指标数据的采集说明与处理在第五章已有说明，在此不赘述。

② 目前，国内对农业资本配置效率进行测算的只有薛薇和谢家智（2011），他们选择农、林、牧、渔业农村固定资产投资总额与农、林、牧、渔生产总值指标测算出 2000—2009 年中国整体农业资本配置效率为 0.0606。

表 8 – 1　　　　　　　　　　1998—2010 年中国农业资本配置效率

模型类型	Cons	$\ln\dfrac{V_{i,t}}{V_{i,t-1}}$	$\ln\dfrac{I_{i,t-1}}{I_{i,t-2}}$	$\ln\dfrac{I_{i,t-2}}{I_{i,t-3}}$	Adj. R^2	D. W.
模型 A	0. 234 *** (19. 526)	– 0. 276 ** (– 1. 917)			0. 007	2. 001
模型 B	0. 313 *** (18. 761)	– 0. 338 ** (– 2. 273)	– 0. 360 *** (– 14. 371)		0. 361	2. 002
模型 C	0. 326 *** (15. 933)	– 0. 084 (– 0. 538)	– 0. 419 *** (– 13. 938)	– 0. 163 *** (– 6. 074)	0. 362	1. 938

注：＊、＊＊、＊＊＊分别表示在 10%、5% 和 1% 的水平上显著；括号内数字为 t 值。

模型 A 的回归结果为：

$$\ln\frac{I_{i,t}}{I_{i,t-1}} = 0.234 - 0.276\ln\frac{V_{i,t}}{V_{i,t-1}} \qquad (8.2)$$

式（8.2）显示，1998—2010 年，中国农业资本配置效率为 – 0.276，且在 5% 的水平下显著，农业资本配置处于无效状态。

适应性预期模型 B 经调整后可表示为式（8.3）：

$$\ln\frac{I_{i,t}}{I_{i,t-1}} = 0.230 - 0.249\ln\frac{V_{i,t^*}}{V_{i,t-1}} \qquad (8.3)$$

式（8.3）中，$V_{i,t}^*$ 为 t 年的预期农业增加值。式（8.3）显示，农业固定资本形成总额增长对预期农业增加值增长的回归系数为 – 0.249，农业资本配置处于无效状态。

模型 C 经调整后可表示为式（8.4）：

$$\ln\frac{I_{i,t^*}}{I_{i,t-1}} = 0.206 - 0.053\ln\frac{V_{i,t^*}}{V_{i,t-1}} \qquad (8.4)$$

式（8.4）中，$I_{i,t}^*$ 表示 t 年的理想农业固定资本形成总额。式（8.4）显示，理想农业固定资本形成总额对预期农业增加值的回归系数为 – 0.053，农业资本配置仍处于无效状态。

表 8 – 1 中不同回归模型选择下，中国整体农业资本配置均处于无效状态。可能的解释：一是由于农业的弱质性、投资收益的不确定性和投资的高风险性，决定了除政府投资外，很难激发社会资本对农业投资的积极性，农业缺乏有效的多元化资本投入体系，有限的政府

政策性投资难以满足农业发展对资本的需求，农业在很大程度上处于资本稀缺型发展模式，由此延缓了农业现代化与产业化进程，降低了农业的市场竞争力、价值创造力和增长潜力，农业资本配置处于无效状态。二是由于文化程度较高的农村青壮年劳动力具有强烈的流动倾向和基本的流动能力，人力资本素质较高的大量农村青壮年劳动力长期持续地向城镇转移，导致农村留守劳动力呈老龄化、女性化和人力资本弱质化特征。农村留守劳动力结构性失衡，使农业资本投资难以与较高素质的劳动力有效契合，阻碍了农业先进技术与先进生产方式的推广应用，导致农业经营比较粗放，农业生产能力严重弱化，农业劳动生产率、土地产出率低，农业增长潜力及其对社会资本的吸引力减弱，农业资本配置无效。

将1998—2010年各年31个省（市、区）农业固定资本形成总额和农业增加值数据代入式（8.1），得到中国各年农业资本配置效率变动趋势图8－1。

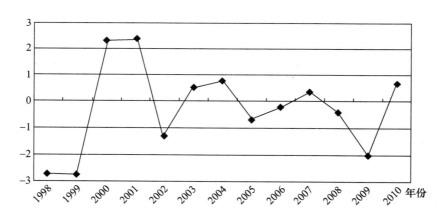

图8－1　1998—2010年中国各年农业资本配置效率变动趋势

注：1998—2010年各年农业资本配置效率均通过1%的显著性水平检验。

图8－1显示，1998—2010年，中国农业资本配置效率存在显著波动性。这与农业资本投资较强的政策依赖性和市场脆弱性有关。1999年农业资本配置效率最低，为－2.756，2001年最高，为2.375。1998—1999年，农业资本配置无效有两方面原因：一是1997年东南

亚金融危机使中国优势农产品出口严重受阻，农产品价格全面下行；二是 1998 年的洪涝灾害和 1999 年的旱灾导致全国多个省（市、区）农业生产遭受严重影响。2000—2001 年，农业资本配置效率显著改善且处于较高水平，但在 2002 年出现恶化。2003—2008 年，农业资本配置效率的波动幅度明显小于 2003 年前，这是因为 2003 年后中国进入农业统筹发展阶段，政府强调工业反哺农业，城市支持农村，中央政府加大对农业的政策性投资力度，各级政府采取多种优惠政策鼓励社会资本投资农业，政府的财政、金融支持在一定程度上减缓了农业投资与资本配置效率的波动幅度。2008—2009 年，农业资本配置处于无效状态且逐年恶化，与 2008 年特大冰雪灾害及全球性金融危机对农业生产和农产品出口产生严重负面影响有关。

三 不同区域农业资本配置效率

表 8 - 2 是采用省际面板数据的变系数模型（8.1）对中国不同区域农业资本配置效率进行测算的结果。

表 8 - 2　　　　1998—2010 年中国各区域农业资本配置效率

区域	资本配置效率	t - value	Sig.
东部	- 0.153	- 0.547	0.588
中部	0.903	4.218	0.000
西部	- 0.348	- 1.393	0.173

表 8 - 2 显示，中国农业资本配置效率存在显著区域差异。1998—2010 年，中部农业资本配置效率为 0.903，且在 1% 的水平下显著，东部和西部资本配置均处于无效状态。第五章的描述性分析显示，中部农业增加值增长率低于西部，但其固定资本形成总额增长率远高于东部和西部，说明中部农业固定资本形成总额对农业增加值的敏感性更高。中部农业资本配置有效的原因：一是中部地理环境优越，地势平坦，有利于大型农用机械设备的充分利用，农业发展具有较好的经营条件，农业生产活动较为普遍，易于实现农业规模化经营与产业化发展，农业增长潜力与价值创造能力更强。二是中部农业资本投资边际生产力较高。1998—2010 年，东中西部农业人均实际农业

固定资本形成总额分别由 72 元/人、39 元/人和 80 元/人增加至 775 元/人、691 元/人和 724 元/人，中部为所有区域最低。根据生产要素边际报酬递减规律，中部农业资本投资具有更高的边际生产力。东部农业资本配置无效的原因：一是东部地区经济发达，产业结构层次高，可选择的资本投资渠道较多，由此决定了资本资源配置到农业所获得的回报率可能低于其他产业。在投资农业收益不确定且有多种投资选择的情况下，理性投资者更倾向于减少对农业的投资，将资本资源配置到其他能获得更高收入的产业和行业，由此导致东部农业对资本的吸引力减弱，农业资本配置效率较低。东部地区经济发达，产业结构层次和城镇化水平较高，工业部门的资本回报率显著高于中部和西部（单豪杰等，2008）。二是随着经济发展和城镇化水平提高，劳动力和土地资源日益紧缺，投资农业的劳动力成本和土地成本迅速上升，东部投资劳动力和土地占用量大、比较收益较低且具有不确定性的农业机会成本更高，投资农业的收益提升空间极其有限，由此导致东部农业对资本的吸引力减弱，农业资本配置缺乏效率。西部农业资本配置无效的原因：一是西部农地、林地、牧草地等农业自然资源禀赋虽丰富，但生态环境极其脆弱，耕地质量较差（西部 25°以上坡耕地占全国 25°以上坡耕地的 75%，无灌溉设施的耕地占西部耕地总面积的 47.7%），西部农业资本投资的边际产出率较低。二是与其他区域比较，西部农业发展所需的农田水利设施、道路交通等互补性投资严重不足，这些农业基础设施建设由于盈利能力低，除政府政策性投资外，很难吸引社会资本流入，由此导致西部农业资本对产出变动不敏感，农业资本配置无效。三是与中部和东部比较，西部农村留守劳动力结构性失衡更突出，由此导致农业粗放型经营普遍，农业市场竞争力、价值创造力及增长潜力弱化，弱质农业对社会资本的吸引力有限。

四　不同省际单位农业资本配置效率

采用省际面板数据的变系数模型（8.1），得到各省（市、区）的农业资本配置效率。

表 8 - 3 显示，中国农业资本配置效率存在显著省际差异。1998—2010 年，黑龙江、湖南、新疆、河南、四川、宁夏和湖北农业资本配置效率较高，分别为 3.168、1.953、1.585、1.088、1.079、1.012

和0.760。Jeffrey Wurgler（2000）计算得出1963—1995年65个发达国家和地区资本配置效率年均值为0.429，虽然目前尚无其他国家农业资本配置效率数据的横向比较，但与Jeffrey Wurgler（2000）考察的部分发达国家和地区的资本配置效率比较，上述省（区）农业资本配置效率远高于这一水平，这些省（区）农业资本配置有效。北京、上海、广东、广西、江西、吉林、山东等省（市、区）农业资本配置效率虽为正，但均在10%的水平下不显著，认为农业固定资本形成总额对农业增加值的敏感性不高，农业资本配置缺乏效率；其他省（市、区）农业资本配置处于无效状态，其中，西藏、山西、安徽、辽宁、青海和海南等省（区）农业资本配置处于极度无效状态。

表8-3　　　1998—2010年中国各省际单位农业资本配置效率

省份	资本配置效率	t-value	Sig.	省份	资本配置效率	t-value	Sig.
北京	2.311	0.746	0.456	湖北	0.760	4.199	0.000
天津	-0.130	-0.726	0.468	湖南	1.953	7.581	0.000
河北	-0.093	-0.396	0.692	广东	0.668	1.570	0.117
山西	-1.685	-37.614	0.000	广西	0.248	0.835	0.404
内蒙古	-1.068	-4.016	0.000	海南	-1.134	-3.631	0.000
辽宁	-1.558	-7.417	0.000	重庆	-0.667	-5.285	0.000
吉林	0.221	1.074	0.284	四川	1.079	3.961	0.000
黑龙江	3.168	14.322	0.000	贵州	0.082	0.652	0.515
上海	0.810	0.253	0.801	云南	-0.409	-0.976	0.330
江苏	0.074	0.186	0.852	西藏	-1.892	-5.703	0.000
浙江	-0.582	-1.904	0.058	陕西	0.014	0.049	0.961
安徽	-1.585	-7.215	0.000	甘肃	-0.329	-1.240	0.216
福建	-0.913	-3.145	0.002	青海	-1.168	-5.344	0.000
江西	0.239	0.616	0.539	宁夏	1.012	3.779	0.000
山东	0.186	0.450	0.653	新疆	1.585	4.162	0.000
河南	1.088	5.352	0.000				

　　农业资本配置效率高的省（市、区）：一是农业增加值高、农业增长潜力与价值创造力大的农业大省（区），农业经营条件好，各种高新技术手段和现代管理方法不断渗透到农业生产领域，农业发展通过走现代化、高效化、规模化、产业化道路实现了农业产业升级和附

加值提高，农业资本投资边际收益高，农业具有较强的吸引社会资本投资的能力。如河南、四川、湖南、湖北和黑龙江等省份。二是依托本地丰裕的耕地、林地、牧草地等农业自然资源禀赋，大力发展附加值较高的特色农业、特色林业、特色畜牧业等特色产业群，并加快特色农业产业化经营，用产业链效应增加农产品附加值和价值创造能力，农业发展追求生产、生活和生态综合效益最大化。如宁夏和新疆自治区。西藏、青海、天津、山西和内蒙古等省（区）农业资本配置无效。其原因：一是这些省（区）农业增加值均远远低于全国平均水平，农业比较收益和增长潜力低，农业价值创造力弱，对受利润引导的社会资本缺乏吸引力。山西和内蒙古矿产资源丰富，投资资源型产业及以资源产业为依托的工业，其资本回报率远远高于农业，农业对社会资本缺乏吸引力，农业资本配置处于无效状态。二是西藏和青海等西部省（区），生态环境脆弱，土地贫瘠，农业投资边际生产力较低，农业增长潜力与价值创造力弱，对除政府投资以外的社会资本很难产生吸引力。

第二节　中国工业资本配置效率测度

中国正处在新型工业化过程中，工业化过程是一个效率至上的市场竞争过程，提高工业资本配置效率，对提高工业的市场竞争力和价值创造力，减缓资源稀缺，保护生态环境，提升工业增长质量，建设节约型、效率型工业和推动国民经济可持续发展具有重要战略意义。本节利用 1999—2011 年中国 31 个省（市、区）25 个工业行业固定资产净值和工业行业利润总额的面板数据，对中国工业行业资本配置整体效率及动态趋势、不同区域与不同省（市、区）工业资本配置效率、工业内部不同行业资本配置效率进行测算，全面考察中国工业资本配置效率的变动及其差异。

本节借鉴模型（8.1）测算工业资本配置效率。式（8.1）中，I 和 V 分别表示工业固定资产净值和工业行业利润总额，$I_{i,t}/I_{i,t-1}$ 和 $V_{i,t}/$

$V_{i,t-1}$分别表示工业固定资产净值的增长和工业行业利润总额的增长。[①] i 为各省（市、区）的编号，$i = 1,2,\cdots,31$；t 表示年份，$t = 2000,2001,\cdots,2011$。$\eta$ 是工业资本配置效率，$\eta > 0$，表明工业资本配置有效；$\eta < 0$，表明工业资本配置缺乏效率。$\varepsilon_{i,t}$ 为随机扰动项，衡量该年工业固定资产净值增长中利润总额不能解释的部分。

一　工业整体资本配置效率

将 1999—2011 年中国 31 个省（市、区）的工业固定资产净值和工业行业利润总额数据代入式（8.1）回归，结果如下：

$$\ln \frac{I_{i,t}}{I_{i,t-1}} = 0.114 + 0.017 \frac{V_{i,t}}{V_{i,t-1}}$$

$t - value\ (P - value)\ 25.770\ (0.000)\quad 2.403\ (0.016)\quad (8.5)$

$R^2 = 0.013,\ D.W. = 1.769$

式（8.5）显示，1999—2011 年，中国工业资本配置效率为 0.017。韩立岩等（2002）利用 1991—1999 年中国 39 个工业行业总固定资产和总利润数据测算的工业资本配置效率为 0.037。

Jeffrey Wurgler（2000）测算的 65 个发展中国家（地区）和发达国家（地区）平均的资本配置效率为 0.429。与表 8 - 4 中部分国家（地区）的资本配置效率比较，中国工业资本配置效率处于极低水平。其原因：一是中国工业发展长期实行投资规模扩张的粗放型增长方式，投资的外延式扩张造成投资对利润变动不敏感，资本未得到有效配置。二是可能与指标选取有关。Jeffrey Wurgler（2000）采用的是总投资和增加值指标，本书采用工业固定资产净值和工业行业利润总额指标。如第五章所述，本书认为利润指标优于增加值指标。韩立岩等（2005）的研究也显示，用工业利润总额指标测算的资本配置效率显著低于用工业增加值指标测算的资本配置效率。

将 1999—2011 年各年 31 个省（市、区）工业固定资产净值和工业行业利润总额数据代入式（8.1）进行逐年截面加权估计法线性回归，得到各年工业资本配置效率。

---

① 在测算中国工业资本配置效率时，投入与产出指标的选择理由在第五章已进行说明，在此不赘述。

表 8 – 4 　　　　　　Jeffrey Wurgler（2000）测算的部分发达国家
（地区）与发展中国家（地区）资本配置效率

国家	η	R^2	国家	η	R^2	国家	η	R^2
德国	0.988	0.364	美国	0.723	0.126	墨西哥	0.344	0.034
中国香港	0.948	0.166	英国	0.812	0.192	斯威士兰	-0.069	0.002
新西兰	0.896	0.125	韩国	0.646	0.082	玻利维亚	-0.202	0.013
法国	0.893	0.298	加拿大	0.547	0.115	智利	0.294	0.021
丹麦	0.853	0.131	意大利	0.652	0.22	马来西亚	0.285	0.019
瑞士	0.852	0.159	新加坡	0.486	0.049	印度	0.100	0.003
日本	0.819	0.174	澳大利亚	0.681	0.065	埃及	0.326	0.050

资料来源：Jeffrey Wurgler，"Financial Markets and The Allocation of Capital"，*Journal of Financial Economics*，No. 58，2000。

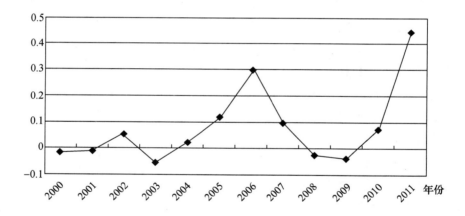

图 8 – 2　2000—2011 年中国各年工业资本配置效率变动趋势

注：除 2001 年外，各年工业资本配置效率至少通过 5% 的显著性水平检验。

图 8 – 2 显示，中国工业资本配置效率整体呈上升趋势，但年度波动性较大。2000—2001 年，中国工业资本配置处于弱无效状态。2002 年工业资本配置效率得到改善，为 0.055，这与当年中国以机电和高新技术产品为主的出口贸易增长迅速有关。[①] 伴随中国经济的快速发展和市场化程度提高，工业资本开始在长期利润信号驱使下向投

---

① 2002 年，中国出口贸易总额、机电产品出口额和高新技术产品出口额增长率分别为 22.3%、32.3% 和 46.1%。

资回报率高、成长潜力好、价值创造能力强的地区、产业和部门流动，工业资本配置效率不断改善，2006 年达到 0.303，处于较高水平。2007—2009 年，中国工业资本配置效率不断恶化，这与全球性金融危机对中国出口及国内经济造成严重负面影响，GDP 增长率、工业增加值增长率特别是制造业增加值增长率持续下滑有关。[①] 2010—2011 年，中国工业资本配置效率迅速攀升，在 2011 年达到最高值 0.445，处于较高水平。可能的原因：一是为应对金融危机对中国经济的影响，2008 年中国政府出台四万亿元投资刺激计划，主要用于铁路、公路、机场、水利等重大基础设施建设和城市电网改造等项目，这些投资项目对经济增长具有显著正向外溢效应，但这种外部效应的发挥具有滞后性。二是随着全球经济复苏，人们对经济趋好的预期增加，以利润为导向的社会资本投资积极性增强。三是金融危机期间，一些高耗能、高成本、低效益企业逐渐被淘汰，工业资本逐渐向投资回报率高的行业流动，资本配置得到优化，资本配置效率得到改善。

二　工业资本配置效率的区域差异

分别将 1999—2011 年东中西部各区域的工业固定资产净值和工业行业利润总额代入式（8.1），采用似不相关回归方法（SUR），得到各区域工业资本配置效率。

表 8 - 5　　　　　1999—2011 年中国各区域工业资本配置效率

区域	资本配置效率	t - value	Prob.	固定效应
东部	0.051	1.880	0.062	0.097
中部	0.002	- 2.425	0.017	0.107
西部	0.011	- 3.994	0.000	0.117

表 8 - 5 显示，1999—2011 年，中国工业资本配置效率呈东西中梯度递减特征。东部工业资本配置效率为 0.051，高于模型（8.5）中整体的工业资本配置效率（0.017）。东部工业资本配置效率高的原

---

① 工业占 GDP 的比重由 2007 年的 49.2% 下降至 2009 年的 46.8%，2009 年，中国进出口贸易首次出现负增长，出口额下降 16.0%。

因；一是东部良好的区位优势和完善的交通条件为工业化发展奠定了基础，东部对外开放度、市场化程度和经济发展水平远高于中西部。①二是伴随东部产业的不断升级，一些劳动密集型制造业在空间上逐渐向中西部转移，东部高新技术产业集聚趋势显著，由此带来工业生产率和竞争力提高。中部和西部工业化水平相对较低，其工业资本配置效率低于中国整体水平，分别仅为 0.002 和 0.011。西部工业资本配置效率高于中部，可能的原因：随着西部大开发战略的实施，政府加大了对西部道路、交通、通信等基础设施建设的投入，完善的交通基础设施建设带来的收益外溢性与政府为促进西部发展实施的一系列政策优惠，为西部工业发展创造了良好的投融资环境，降低了企业生产成本，促进了对运输成本反应灵敏的企业在空间的集聚，并通过规模经济效应，提高企业经营效率，扩大企业盈利空间，增强工业对社会资本的吸引力。

　　表 8-5 中的固定效应表示各区域的自发投资倾向，即与工业利润的增长无关的其他因素对固定资产净值增长的贡献。固定效应显示各区域自发投资水平均大于零，可能的原因：一是具有明显外溢效应的基础设施建设等公共物品和准公共物品需要政府先导性资金投入，为吸引社会资本流入搭建良好的投融资平台。二是中国资本资源配置尚未实现完全市场化，出于区域均衡发展战略考虑，客观需要政府通过财政补贴、优惠银行贷款等宏观政策工具扶持区域内企业发展。三是随产业结构不断升级和市场竞争逐渐激烈，企业产品只有具备核心竞争力才能赢得市场，企业为增强市场竞争力，不断加大对新产品和新技术的研发投入。西部自发投资水平最高与西部基础设施和工业技术水平落后，面临的技术进步和结构升级任务更艰巨，所需的政府及各部门先导性资金投入更多有关。

三　工业资本配置效率的省际差异

　　对中国 31 个省（市、区）工业资本配置效率的测算，本书借鉴 Jeffrey Wurgler（2000）建立如下模型：

---

　　① 2011 年，东部货物进出口总额、出口额和外商投资总额分别为 32347 亿美元、16747 亿美元和 23678 亿美元，分别占全国的 88.8%、88.2% 和 82.2%。

$$\ln \frac{I_{i,c,t}}{I_{i,c,t-1}} = \alpha_{c,t} + \eta \ln \frac{V_{i,c,t}}{V_{i,c,t-1}} + \varepsilon_{c,t} \tag{8.6}$$

式（8.6）中，i 为各省（市、区）的编号，$i = 1$，2，$\cdots$，31；c 表示行业，$c = 1$，2，$\cdots$，25；t 表示年份，$t = 2000$，2001，$\cdots$，2011。$\frac{I_{i,c,t}}{I_{i,c,t}}$ 和 $\frac{V_{i,c,t}}{V_{i,c,t-1}}$ 分别表示 i 省（市、区）c 行业 t 年的工业固定资产净值增长和工业利润总额增长。η 是 i 省（市、区）的资本配置效率，$\eta > 0$，表明该省（市、区）工业资本配置有效；$\eta < 0$，表明该省（市、区）工业资本配置无效。$\varepsilon_{c,t}$ 为随机扰动项，衡量该年工业固定资产净值增长中利润总额不能解释的部分。

将 1999—2011 年中国 31 个省（市、区）25 个工业行业工业固定资产净值和工业行业利润总额代入模型（8.6），采用似不相关回归方法（SUR），得到各省（市、区）的工业资本配置效率。

表 8-6 显示，中国工业资本配置效率存在显著省际差异。1999—2011 年，除海南和河北外，东部各省（市）工业资本配置效率均远高于中国整体工业资本配置效率，这与东部较高的市场化程度与经济发展水平相关。[①] 天津工业资本配置效率最高，为 0.144。天津一直是中国重要的工业基地，通过成功推进工业战略东移和新一轮"嫁改调"带动工业结构优化，各类利润创造能力强的高新技术产业园和特色产业聚集区快速发展，对以利润为引导的工业资本吸引力较强。山东、广东和江苏工业资本配置效率分别为 0.137、0.085 和 0.034，这与三个省份工业比较收益高、发展潜力大、市场发展前景好、利润创造能力强、对以利润为导向的社会资本具有较强吸引力有关。[②] 海南主要依托其得天独厚的自然资源禀赋，大力发展农业产业化经营和以旅游业为龙头的现

[①] Jeffrey Wurgler（2000）的研究显示，发达国家的资本配置效率普遍高于发展中国家。2011 年，中国人均 GDP 为 35181 元，天津、上海、北京、江苏、浙江、辽宁、广东和山东等东部省（市）人均地区生产总值分别高达 85213 元、82560 元、81658 元、62290 元、59249 元、50760 元、50807 元和 47335 元，远高于全国平均水平。

[②] 1999—2011 年，山东、广东和江苏的工业行业利润总额分别由 253 亿元、287 亿元和 204 亿元上升至 4401 亿元、4526 亿元和 5008 亿元，分别为全国工业行业平均利润额的 3.8 倍、4.3 倍、3.1 倍和 3.4 倍、3.5 倍、3.8 倍。2011 年，山东、广东和江苏外商投资总额高达 11688 亿美元，占当年全国外商投资总额的 40.6%。

代服务业①，工业基础相对薄弱，缺乏具有竞争优势的工业体系，社会资本对工业利润总额变动不敏感，工业吸引社会资本的能力较弱，工业资本配置处于无效状态。中部地区的安徽、河南、湖北和湖南及东部的河北，资本配置效率或为负或虽为正但未通过10%的显著性检验，认为其工业资本配置缺乏效率。安徽、河南、湖北和湖南是中国著名的农业大省，对发展以农产品为主要原料的劳动密集型轻工业具有明显区位优势②，高新技术产业发展相对不足，工业价值创造能力与市场竞争力较弱，工业对社会资本的吸引力不强，工业资本配置缺乏效率。辽宁、吉林和黑龙江工业资本配置效率分别为0.047、0.034和0.046。这三个省份属东北老工业基地，工业产值占地区GDP的比重均高达50%以上，产业结构转型升级尚未完成，工业仍是地区经济的主导产业，工业资本投资对利润的变动较敏感，工业资本配置处于有效状态。西部的新疆、贵州和陕西工业资本配置效率分别为0.111、0.072和0.058，较高水平的工业资本配置效率与其利润总额增长迅速有关。1999—2011年，新疆、贵州和陕西工业行业利润总额分别增长2879倍、245倍和175倍，年均增长率分别高达94.2%、58.2%和53.9%。说明新疆、贵州和陕西工业成长性能好、利润创造能力强，能更好地吸引以利润为引导的社会资本投入，工业资本配置效率较高。西藏、宁夏、青海和甘肃工业资本配置缺乏效率。可能的原因：一是受市场投资环境、区位优势、政策优惠程度等的影响，这些地区工业竞争力、工业成长性及利润创造能力较弱③，工业投资利润空间狭小，很难吸引政策性投资以外的社会资本。二是西部地区政府政策性投资主要以水利、电力、交通等基础设施建设为主，社会效益优于经济效益，盈利能力较弱，工业资本配置效率不高。三是这些地区技术水平相对落后，技术进步未能随资本投资增加同步提升，资本

---

① 2011年，海南第一产业和第三产业占地区生产总值的比重分别高达26.1%和45.5%。

② 2011年，安徽、河南、湖北和湖南四省农副食品加工业总产值占全国农副食品加工业总产值的22.6%。

③ 1999—2011年，西藏、宁夏、青海和甘肃四省（区）工业行业利润总额均不足全国省际平均水平的10%。

投资边际生产力较低，由此影响资本配置效率提高。

表 8 – 6　　1999—2011 年中国各省（市、区）工业资本配置效率

省份	配置效率	t – value	Prob.	省份	配置效率	t – value	Prob.
北京	0.061	4.438	0.000	湖北	0.010	1.038	0.300
天津	0.144	7.015	0.000	湖南	0.030	0.914	0.362
河北	0.017	1.407	0.161	广东	0.085	5.880	0.000
山西	0.073	4.161	0.000	广西	0.041	4.270	0.000
内蒙古	0.031	2.739	0.007	海南	0.016	1.448	0.149
辽宁	0.047	4.373	0.000	重庆	0.021	1.802	0.073
吉林	0.034	2.416	0.016	四川	0.033	2.037	0.043
黑龙江	0.046	3.858	0.000	贵州	0.072	4.095	0.000
上海	0.039	2.368	0.019	云南	0.089	4.732	0.000
江苏	0.034	2.876	0.004	西藏	0.133	1.011	0.154
浙江	0.025	2.516	0.013	陕西	0.058	4.686	0.000
安徽	– 0.001	– 0.059	0.953	甘肃	0.077	1.791	0.109
福建	0.086	6.779	0.000	青海	0.117	1.651	0.110
江西	0.059	3.856	0.000	宁夏	0.021	1.356	0.177
山东	0.137	8.984	0.000	新疆	0.111	6.589	0.000
河南	0.014	1.603	0.110				

四　工业内部不同行业资本配置效率

为测算中国 25 个工业行业的资本配置效率，借鉴 Jeffrey Wurgler（2000）建立如下模型：

$$\ln \frac{I_{c,i,t}}{I_{c,i,t-1}} = \alpha_{i,t} + \eta \ln \frac{V_{c,i,t}}{V_{c,i,t-1}} + \varepsilon_{i,t} \tag{8.7}$$

式（8.7）中，c、i、t、$\varepsilon_{i,t}$ 与式（8.6）同。$I_{c,i,t}/I_{c,i,t-1}$ 和 $V_{c,i,t}/V_{c,i,t-1}$ 分别表示 c 行业 i 省（市、区）t 年的工业固定资产净值增长和工业利润总额增长。η 是 c 行业的工业资本配置效率，$\eta > 0$，表明该工业行业资本配置有效；$\eta < 0$，表明该工业行业资本配置缺乏效率。

将 1999—2011 年中国 25 个工业行业 31 个省（市、区）共 10075 组工业固定资产净值和工业行业利润总额代入模型（8.7），采用似不

相关回归方法（SUR）进行回归，得到各工业行业的资本配置效率。

表 8 - 7 显示，1999—2011 年中国各工业行业的资本配置效率存在显著差异。资源型矿业行业资本配置效率较高。煤炭采选业、石油和天然气开采业、黑色金属矿采选业和有色金属矿采选业资本配置效率分别为 0.045、0.101、0.172 和 0.132。其原因：一是矿业是为国民经济发展提供能源和原材料的基础性和战略性产业，矿业资源的有效供给是保证工业化、城镇化快速发展的重要支撑。[①] 随着中国工业

表 8 - 7　　　　　1999—2011 年中国各工业行业的资本配置效率

行业	配置效率	t - value	Prob.	行业	配置效率	t - value	Prob.
B06	0.045	3.819	0.000	C28	0.096	5.064	0.000
B07	0.101	5.483	0.000	C31	0.031	3.349	0.000
B08	0.172	6.948	0.000	C32	- 0.025	- 2.129	0.034
B09	0.132	7.599	0.000	C33	0.054	4.752	0.000
C13	0.053	4.633	0.000	C34	0.061	4.002	0.000
C14	0.043	3.353	0.000	C35	0.063	5.025	0.000
C15	- 0.001	- 0.061	0.951	C36	0.013	1.233	0.219
C16	0.017	1.429	0.154	C37	0.040	3.154	0.002
C17	0.066	8.654	0.000	C39	0.014	0.828	0.408
C22	0.026	2.432	0.016	C40	0.124	6.598	0.000
C25	0.039	3.072	0.002	C41	0.120	6.588	0.000
C26	0.027	1.885	0.060	C44	0.030	3.472	0.000
C27	0.042	2.969	0.003				

注：B06：煤炭开采和洗选业；B07：石油和天然气开采业；B08：黑色金属矿采选业；B09：有色金属矿采选业；C13：农副食品加工业；C14：食品制造业；C15：饮料制造业；C16：烟草制品业；C17：纺织业；C22：造纸及纸制品业；C25：石油加工、炼焦及核燃料加工业；C26：化学原料及化学制品制造业；C27：医药制造业；C28：化学纤维制造业；C31：非金属矿物制品业；C32：黑色金属冶炼及压延加工业；C33：有色金属冶炼及压延加工业；C34：金属制品业；C35：普通机械制造业；C36：专用设备制造业；C37：交通运输设备制造业；C39：电气机械及器材制造业；C40：通信设备、计算机及其他电子设备制造业；C41：仪器仪表及文化、办公用机械制造业；C44：电力、燃气及水的生产和供应业。

[①] 《中国的矿产资源政策》（2003）指出，中国 92% 以上的一次能源、80% 的工业原材料、70% 以上的农业生产资料和 30% 以上的生活用水来自矿产资源。

化和城镇化进程的加快，对能源、原材料等资源型产业产品的需求迅速攀升，为保障其产品供给，促进资源型行业快速发展，各级政府对资源型产业采取支持政策，对采矿企业尤其是国有控股企业和大型企业给予财政、金融扶持。二是中国资源生态环境补偿法律体系、补偿政策及监督机制尚不完善、不健全，在现行税费和补偿制度下，资源型矿业尚未形成为生态环境服务埋单的理念，缺乏"资源有价"的补偿意识，资源型企业并未将其在资源损耗和生态环境污染等方面的负外部成本充分内部化，由此造成企业成本小于社会成本，企业收益高于社会收益，企业利润较高且增长较快。① 资源型矿业由于市场需求旺盛、成长性能好、盈利能力高、价值创造力强，对以盈利为目的的社会资本具有较强吸引力。②

饮料制造业和造纸及纸制品业属于投资规模不高、进入门槛相对偏低的劳动密集型行业，一些无法进入具有政府垄断或行业垄断行业的社会资本大量进入该行业，由此导致这些行业市场竞争激烈，整体盈利能力不强，造成投资与利润创造不匹配，资本配置效率低甚至无效。农副食品加工业和食品制造业虽同属于劳动密集型的传统工业，但其资本配置效率较高，分别为 0.053 和 0.043。其原因：一是食品消费需求价格弹性较低，随着城乡居民收入水平的不断提高和人口的自然增长，不仅居民的食品消费总量不断增加，而且居民的食品消费结构逐渐改善，质量要求逐步提高。食品市场需求规模的扩大与需求层次的提升，拉动了食品工业投资增加，促进了行业的快速发展。③ 二是东南亚金融危机后，政府为鼓励食品工业发展，采取新增收益分配重心向食品企业倾斜的税收优惠政策，大大促进了食品工业利润的

---

① 自 2000 年起，中国采矿业利润总额进入快速增长阶段。以煤炭采选业为例，2000年中国规模以上煤炭采选企业利润总额为 0.5 亿元；扣除物价变动影响后，2011 年实现利润 3342.0 亿元，年均定基增速高达 123.3%；同期工业行业利润年均定基增速仅为 23.6%，采矿业利润增速为工业行业平均增速的 5.22 倍。

② 2011 年，全国规模以上采选企业 13553 个，其中私营企业数占比为 59.6%，小型企业占比达 76.0%。

③ 1999—2011 年，全部国有及规模以上非国有食品工业企业固定资产投资总额、总产值及销售收入年均增速分别为 14.7%、23.2% 和 15.8%。

快速增长。① 食品工业较高的成长性和较好的经济效益，对社会资本产生了较强吸引力。三是随着市场化水平提高，国有食品工业企业股份制改制加速，民营经济和国外资本不断进入，提高了食品工业的竞争性水平，激发了食品行业的竞争活力。② 四是随着食品行业的不断崛起，食品行业开始在资本市场占据重要地位，2011 年，中国食品行业共有 101 家上市公司，食品企业向社会融资规模进一步扩大。

烟草加工业资本配置效率虽为正，但在 10% 的显著性水平下未通过检验，认为其资本配置缺乏效率。主要原因：一是烟草行业资产为单一的国有资产，资本结构不向社会开放，由此限制了除国家资本以外的其他社会资本进入。二是中国烟草行业实行统一领导、垂直管理、专卖专营的管理体制，其生产、批发、零售等市场均不向社会开放，由此导致烟草工业缺乏必要的外部竞争，国内社会资本及外资均难以进入，资本配置缺乏效率。

电气机械及器材制造业资本配置效率较低，仅为 0.014。电气机械及器材制造业既是国民经济发展的基础，也是工业化、现代化建设的必备条件。伴随国家在电力、装备制造高新技术领域的政策支持和引导，中国电气机械及器材制造业处于较快增长阶段。③ 特别是 21 世纪以来，市场对电气机械，尤其是输变电机械设备研发和制造需求的增加及层次的提高，对行业整体增长产生了双向刺激作用。但该行业产品市场结构性失衡较为突出，行业产能增长与市场需求增长出现错位或错位与缺位并存。一方面，发电设备、二次设备、环保设备等高中端产品需求快速增加；另一方面，由于市场资源被过多搁置于配电开关及元件、电线电缆等低端细分产业，增长前景较好的变压器、电容器产品比重偏低，新型产品产量甚微。结构性失衡导致产品链无法

---

① 1999—2011 年，食品工业利润总额和销售税金年均增速分别为 40.3% 和 11.2%，利润是税金增长的近 3 倍。

② 根据 2009 年《中国大型工业企业年鉴》，农副食品加工业和食品制造业行业前 4 名的企业主营业务收入占行业主营业务收入总额的比重 CR4 分别为 4.1% 和 3.5%。

③ 中商情报网数据显示：2011 年年末，中国电气机械及器材制造业行业总资产达 3.6 万亿元，同比增长 23.90%；2011 年，中国规模以上电气机械及器材制造业工业企业实现主营业务收入 4.96 万亿元，同比增长 24.86%；实现利润总额 2860.79 亿元，同比增长 14.52%。

与市场实际需求对接，影响电气机械及器材制造业的整体利润与行业竞争力，延缓了社会资本的流入速度。

通信设备计算机及其他电子设备制造业、仪器仪表文化办公用机械制造业资本配置效率分别为 0.124 和 0.120，处于较高水平。其原因：一是中国是制造业大国，2010 年中国制造业产值居全球之首，作为工业主体的制造业在国民经济发展及进出口贸易中占绝对主导地位。[①] 企业积极参与区域分工和国际竞争，不仅有利于企业发挥其比较优势，实现资本在地区间、产业间自由流动和合理配置，也有利于发挥贸易的技术和管理溢出效应，促进企业资本配置效率改善。二是"十一五"以来，在《国务院关于加快振兴装备制造业的若干意见》的指导下，中国装备制造业发展迅速，重大技术装备自主化水平显著提高，国际竞争力不断提升，部分产品技术水平和市场占有率跃居世界前列。随着国家开始向高端装备制造业快速布局及各项扶持政策的陆续出台，为节能减排、高速铁路、通信设备、智能电网、国防军工、航空工业等高端装备制造业发展提供了更广阔的市场前景与发展机遇，对社会资本产生了较强吸引力。三是通信设备计算机及其他电子设备制造业和仪器仪表文化办公用机械制造业属于高技术产业。[②] 高技术产业高强度的研发投入、高密集的技术和高成长性，不仅使其成为经济发展的战略产业和先导产业，而且也是企业竞争和区域竞争的制高点，各级政府对高技术产业优惠的财税和金融政策，对国内外社会资本产生了强烈吸引力，提升了资本配置效率。

高耗能行业资本配置效率较低甚至处于无效状态。黑色金属冶炼和压延加工业资本配置效率为负，石油加工、炼焦及核燃料加工业、化学原料和化学制品制造业、非金属矿物制品业和电力热力生产和供应业资本配置效率分别为 0.039、0.027、0.031 和 0.030，在 25 个工业行业中处于较低水平。其原因：一是中国高耗能行业的增长主要采用要素大量投入的粗放型扩张模式，而非通过技术进步、工艺革新和

---

① 2011 年，电子及通信设备制造业和仪器仪表文化办公机械制造业的出口交货值分别为 37469.1 亿元和 2188.4 亿元，分别占该行业当年销售总产值的 59.9% 和 29.4%。

② 医药制造业和交通运输设备制造业也属高技术行业，资本配置效率分别为 0.042 和 0.040，处于较高水平。

能源综合利用等方式促进 TFP 提高。二是随着资源稀缺和环境污染双重约束的日益加剧，节能减排越来越受到重视，高耗能产业理所当然成为各级政府关注的重点。为达到节能减排目标，各地把限制高耗能企业作为重要控制目标，由此导致高耗能企业发展空间有限。三是高耗能产业普遍面临产品市场需求乏力、产能过剩、综合成本上升压力，生存空间相对狭小。一方面，受经济增长放缓的影响，全社会对电力、钢材、水泥等产品的市场需求增长放缓，高耗能行业普遍存在的产能过剩与需求不足相互交织，导致其产品出厂价格下降，利润空间压缩，严重影响投资者社会预期和市场信心。另一方面，高耗能企业综合成本上升，进一步挤压企业盈利空间，导致企业利润下降，亏损面扩大①，企业自身投资继续的能力偏弱，对以盈利为目的的社会资本吸引力降低。

第三节　中国服务业资本配置效率测算

本书借鉴 Jeffrey Wurgler（2000）的资本配置效率模型，利用 2004—2011 年中国 31 个省（市、区）服务业固定资本形成总额和行业增加值数据②，对服务业整体、区域、省际和行业的资本配置效率进行测算，实证研究中国服务业资本配置效率的变动及其区域和行业差异。式（8.1）中，I 和 V 分别表示服务业固定资本形成总额和服务业增加值，$I_{i,t}/I_{i,t-1}$ 和 $V_{i,t}/V_{i,t-1}$ 分别表示服务业固定资本形成总额的增长和服务业增加值的增长，$\varepsilon_{i,t}$ 为随机扰动项，衡量该年服务业固定资本形成总额增长中行业增加值不能解释的部分。

一　服务业整体资本配置效率

将 2004—2011 年中国 31 个省（市、区）服务业固定资本形成总

---

① 2011 年，电力热力和供应业、黑色金属冶炼和压延加工业、石油加工炼焦和核燃料加工业亏损企业占比分别高达 27.7%、19.7% 和 16.8%。2011 年，冶金和有色金属行业利润同比分别下降 24.8% 和 11.6%，企业亏损面分别高达 27.6% 和 26.5%。

② 服务业资本配置效率测算中投入与产出指标及时序选择，在第五章已进行解释与说明，在此不赘述。

额与服务业增加值代入式（8.1）回归，结果如下：

$$\ln \frac{I_{i,t}}{I_{i,t-1}} = 0.141 + 0.211 \frac{V_{i,t}}{V_{i,t-1}} \tag{8.8}$$

式（8.8）显示，中国服务业资本配置效率为0.211，且在5%的显著性水平下通过检验，服务业资本配置有效。主要原因为：伴随中国经济转型、结构调整升级与政府对服务业的财税、金融等政策扶持，社会资本特别是经济发达地区的社会资本开始向附加值高、市场前景好、增长潜力大的服务业流动，服务业资本投资对行业增加值的敏感性增强，服务业资本配置处于有效状态。

将2004—2011年各年31个省（市、区）服务业固定资本形成总额和服务业增加值数据代入式（8.1）进行回归，得到各年服务业资本配置效率。

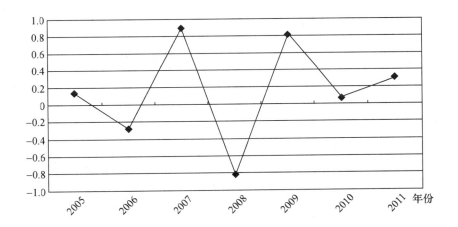

图8-3　2005—2011年中国各年服务业资本配置效率变动趋势

注：2005—2011年中国各年服务业资本配置效率在1%显著性水平下通过检验。

图8-3显示，2005—2011年中国服务业资本配置效率呈显著波动性。伴随中国经济快速发展和产业结构调整升级，服务业得到快速发展，服务业在国民经济中所占比重迅速提高，服务业对社会资本的吸引力逐渐增强，2007年服务业资本配置效率达到0.90。2008年，全球性金融危机对中国出口及国内经济造成严重负面影响，特别是对

中国服务业中产值比重最大的批发和零售业、房地产业等行业影响严重，由此造成 2008 年服务业资本配置效率出现恶化。2009 年服务业资本配置效率回升至较高水平，主要原因是中国政府为应对全球金融危机的影响，出台四万亿元投资刺激计划，通过扩大政府投资建设规模和公共财政资金注入，以稳定经济增长，特别是加大对交通运输、教育、水利、环境和公共设施等的投资力度。国内经济的平稳向好，激活了社会资本的投资积极性，改善了服务业资本配置效率。2010 年服务业资本配置效率的下滑，与金融危机时期社会资本投资积极性不高，服务业过度依赖政府财政、金融支持，但政府政策性投资难以成为经济持续增长的内生性动力有关。2011 年，随着全球经济复苏，投资者对经济趋好的预期增加，批发和零售业、房地产业发展加速，资本开始向投资回报率高、成长潜力好、价值创造力强的行业流动，服务业资本配置效率得到改善。

二　服务业资本配置效率的区域差异

将 2004—2011 年东中西部服务业固定资本形成总额和行业增加值数据分别代入式（8.1），采用似不相关回归方法（SUR），得到各区域服务业资本配置效率。

表 8-8　　2004—2011 年中国各区域服务业资本配置效率

区域	资本配置效率	t - value	Prob.	Coefficient
东部	0.151	4.568	0.000	0.134
中部	0.422	6.712	0.000	0.126
西部	0.184	1.573	0.120	0.148

表 8-8 显示，东部和中部服务业资本配置效率分别为 0.151 和 0.422，且在 1% 的显著性水平下通过检验，资本配置有效。其原因：一是东部和中部较高的工业化水平、完善的交通条件和良好的区位优势，为现代物流、金融保险、信息服务、酒店旅游、商务商贸等新兴服务业发展奠定了基础，东中部逐渐成为中国新兴服务业聚集区域。

二是随着产业结构转型升级，服务业逐步成为东中部经济发展新的增长点，成为决定中国经济实现能级跃迁的关键因素，服务业对社会资本投资的吸引力日渐增强。东部服务业资本配置效率低于中部，可能的原因：一是东部服务业发展水平整体虽高于中部，但服务业中所占比重较大的行业由于其供给带有公共服务性质，对这些领域的投资建设是政府职能的体现，投资主要由政府完成，对以盈利为目的的社会资本缺乏吸引力。二是由于规模经济、范围经济、资源稀缺性等技术和经济方面的原因，部分服务业主要由政府或行业垄断经营，民间资本难以进入，资本配置效率不高。三是东部新型工业化尚未完成，工业（主要是制造业）仍是东部经济发展的主要动力，工业在国民经济中的比重仍最高且呈上升趋势，东部尚未完成由工业经济向服务经济的过渡和转型，社会资本更多地还是流向市场前景更广、价值创造力更强、增长潜力更大的工业，由此导致服务业资本配置效率不高。西部服务业资本配置效率在 10% 的水平下未通过显著性检验，资本配置缺乏效率。可能的原因：一是西部工业化水平滞后于东部和中部，工业仍是西部国民经济发展的重要支柱和主要增长点，工业资本投资仍是推动西部经济发展的重要途径，因此，社会资本主要向市场前景更广、价值创造力更强、增长潜力更大的工业积累。二是西部市场化程度和城市化水平较低，服务业发展的自身动力不足，对服务业需求基础相对缺乏，服务业发展更多地只能依赖于政府政策性投资，对社会资本投资缺乏吸引力。

三　服务业资本配置效率的省际差异

采用面板数据的变系数模型，将 2004—2011 年 31 个省（市、区）服务业固定资本形成总额和行业增加值数据代入式（8.1），得到各省（市、区）服务业资本配置效率。

表 8-9 显示，2004—2011 年，中国服务业资本配置效率存在显著省际差异。上海、山东、广东、海南、湖南、四川、贵州、云南、广西等省（市、区）服务业资本配置有效。服务业资本配置有效的省（市、区）主要有两类：一是经济比较发达，工业化程度、人均收入水平、城镇化水平高，服务业产值占 GDP 的比重及服务业增加值占总的增加值的比重高，服务业已成为国民经济发展主导产业和新增长点

表 8-9　　2004—2011 年中国各省（市、区）服务业资本配置效率

省份	配置效率	t-value	Prob.	省份	配置效率	t-value	Prob.
北京	0.488	-5.545	0.142	河南	-0.317	3.102	0.002
天津	0.379	5.534	0.173	湖北	0.308	3.358	0.311
河北	0.236	2.429	0.116	湖南	0.170	1.900	0.059
辽宁	-0.223	2.228	0.027	四川	0.221	2.039	0.043
上海	0.450	-4.431	0.000	重庆	-0.342	-3.650	0.000
江苏	-0.081	-1.170	0.244	贵州	0.158	2.268	0.025
浙江	-0.238	-2.679	0.008	云南	0.444	4.295	0.000
福建	0.220	2.496	0.013	西藏	-0.460	-3.996	0.000
山东	0.273	3.597	0.000	内蒙古	0.383	5.529	0.000
广东	0.454	1.643	0.102	甘肃	-0.465	-3.810	0.000
海南	0.610	7.191	0.000	青海	0.445	3.720	0.000
山西	-0.751	8.100	0.000	宁夏	0.247	3.195	0.002
吉林	0.453	4.702	0.118	新疆	-0.517	-3.723	0.000
黑龙江	0.401	3.560	0.671	广西	0.953	9.509	0.000
安徽	-0.143	-1.161	0.247	陕西	0.153	1.945	0.053
江西	-0.391	-4.373	0.000				

的东部发达地区。[①] 如上海、广东、山东、海南等省（市）。这些地区为促进产业结构的转型升级，地方政府对服务业投资提供了较多的优惠，社会资本逐渐由盈利能力较弱的传统型制造业流向附加值较高、增长潜力大、价值创造力和盈利能力强的服务业，由此导致服务业资本投资对其增加值变动敏感，资本配置效率较高。二是具有独特自然资源且开发潜力较好的地区，由于资源优势与政策优惠的双重作用，使服务业具有良好的市场前景与价值创造力，对社会资本的吸引力较强，资本配置效率较高。如云南、贵州、广西等省（区）。资本

---

　　① 2005—2011 年，北京市服务业总产值占 GDP 的比重及服务业增加值占 GDP 增加值的比重分别保持在 67.7%—75.5% 和 61.4%—71.9%，上海市服务业总产值占 GDP 的比重及服务业增加值占 GDP 增加值的比重分别保持在 51.1%—59.4% 和 39.9%—57.9%。2005—2011 年广东、福建、浙江等东部经济发达地区服务业总产值占 GDP 的比重及服务业增加值占 GDP 增加值的比重年均值均在 40% 以上。

配置无效的省份主要有三类：一是虽然经济发展水平较高，服务业也发达，但由于具有政府或行业垄断性质的服务业及具有公共服务性质、不以盈利为目的的服务业所占比重大，服务业投资主要以政府投资为主，以盈利为目的的社会资本很难进入或不愿进入。如北京和天津。二是工业化水平高，工业在国民经济发展中居于重要地位，工业的成长性能和价值创造能力更大，工业对社会资本具有更强的吸引力。如浙江、江西和山西。三是城市化水平与人均收入水平较低，对服务业的需求基础缺乏，价值创造能力较弱，对以利润为引导的社会资本投资吸引力不足。如新疆、甘肃、西藏和重庆。

四 服务业内部不同行业资本配置效率

采用行业面板数据变系数模型（8.1），得到2004—2011年中国服务业各行业资本配置效率。

表8-10显示，中国服务业资本配置效率存在显著行业差异。2004—2011年，中国服务业内部资本配置效率为正且通过至少10%

表8-10　　　2004—2011年中国服务业各行业资本配置效率

行业	配置效率	t-value	Prob.	行业	配置效率	t-value	Prob.
交通运输、仓储和邮政业	0.030	0.073	0.942	水利、环境和公共设施管理业	0.126	0.357	0.722
信息传输、计算机服务和软件业	-0.970	-2.719	0.008	居民服务和其他服务业	0.273	0.819	0.415
科学研究、技术服务和地质勘查业	0.365	1.802	0.075	卫生、社会保障和社会福利业	-0.063	-0.201	0.841
住宿和餐饮业	0.715	1.854	0.067	教育业	-0.588	-2.032	0.045
金融业	0.163	0.899	0.372	批发和零售业	-0.131	-0.546	0.586
房地产业	0.131	2.601	0.093	文化、体育和娱乐业	-0.094	-0.309	0.758
租赁和商务服务业	0.577	2.630	0.010	公共管理和社会组织	-0.072	-0.304	0.762

显著性水平检验的行业包括：科学研究、技术服务和地质勘查业，住宿和餐饮业，租赁和商务服务业，房地产业，资本配置效率分别为0.365、0.715、0.577 和 0.131。服务业资本配置有效的行业：一是由传统产业向现代产业转型发展的行业，由于具有投资主体多元化、经营方式连锁化、品牌建设特色化等特点，进入门槛相对较低，吸引社会资本投资的能力较强。如住宿和餐饮业。二是成长性好、增长潜力大、价值创造力强的行业，如租赁和商务服务业、房地产业。

服务业资本配置缺乏效率的行业：一是具有政府垄断或行业垄断性质、社会资本难以进入的行业。如交通运输、仓储和邮政业、金融业、教育业等。二是进入门槛较高、行业技术要求高的现代服务业，以及投资规模大、投资周期长且具有风险投资性质的技术性服务行业。如信息传输、计算机服务和软件业，房地产业等。三是具有公共服务性质、不以盈利为目的，社会效益优于经济效益，对以盈利为目的的社会资本投资吸引力有限的行业。如卫生、社会保障和社会福利业、公共管理和社会组织及水利环境和公共设施管理业。四是进入门槛虽低，但市场竞争激烈，盈利能力弱，投资与利润创造不匹配的劳动密集型传统服务业，由于没有充足利润引致资本流入，使社会资本对行业增加值或利润变动不敏感，资本配置处于无效状态。如批发和零售业、居民服务和其他服务业。

第四节　本章小结

本章对中国农业、工业、服务业资本配置效率进行实证分析发现：①1998—2010 年中国农业资本配置整体无效，且表现出较为显著的波动性。农业资本配置效率存在显著省际和区域差异。农业增加值高，优质、高效农业及特色农业发达的省（区），农业资本配置效率较高；区域农业资本配置效率呈中东西部梯度递减特征，农业经营条件好且农业投资机会成本较低的地区，农业资本配置效率较高。②1999—2011 年工业资本配置整体有效，但与发达国家比较显著偏低；随着市场化程度不断提高，工业资本配置效率整体处于上升趋势。工业资本配置效率呈东西中部梯度递减特征；工业资本配置效率存在显著省际和行业差异，工业价值创造力和市场竞争力强、工业成长性好、发展潜力大、利润增长快的省（市），工业资本配置效率较高，反之工业资本配置效率低甚至无效。③2004—2011年服务业资本配置整体有效，但由于其发展过度依赖政府财政、金融支持，尚未形成多元化投资投入体系，资本配置效率表现出较为显著的波动性。服务业资本配置效率存在显著区域、省际和行业差异。东部和中部服务业资本配置有效，西部资本配置无效。城市化与经济发展水平较低的地区、工业成长性和价值创造力强的省（市、区）、具有垄断性质或公共服务性质的行业，服务业对以利润为引导的社会资本吸引力不足，资本配置处于低效或无效状态。

第九章 中国资本投资效率影响因素的实证分析

本章在第六章和第七章对资本投资宏观效率、工业资本回报率、资本积累动态效率进行测算的基础上，对影响中国资本投资宏观效率、工业资本回报率、资本投资动态效率的因素进行实证分析与检验。

第一节 中国资本投资宏观效率影响因素的实证分析

本节采用省际面板数据，对影响中国全要素资本效率的因素进行实证分析与检验，以揭示中国经济增长、资本投资和环境污染之间的关系与作用机理。

一 变量选择及数据采集说明

国内外学者对 TFP 影响因素的研究主要集中在产业结构、技术创新、经济开放度、研发投入及人力资本等方面（见表 9 - 1）。借鉴已有研究文献与经济学基本原理，并考虑研究目的与数据可得性，本书选择产业结构、人力资本、财政支出、金融发展和市场化程度五个指标，考察其对全要素资本效率的影响。

（1）产业结构（IS）。在技术进步和主导产业依次推动产业结构变迁的过程中存在着产业生产率水平的巨大差异，投入要素从低生产率或低生产率增长率的部门（或产业）向高生产率或高生产率增长率的部门（或产业）流动，能促进整个社会生产率水平提高，由此带来的"结构红利"维持经济持续增长（Peneder，2003）。产业结构变化对 TFP 增长具有显著影响（杨剑波，2009）。产业结构变动，一方面通过工业化促进经济发展与资本效率提高；另一方面以资源消耗、环境污染为代价的粗放型工业经济增长模式，降低了环境约束下的全要素资本效率。由于三次产业对资本投入与技术水平等的要求不同，三次产业资本效率也存在显著差异。考虑中国正处在新型工业化过程中，第二产业主要是资本密集型产业，资本投入量大，因此本书用各省（市、区）第二产业总产值占 GDP 的比重作为产业结构变动指标。

（2）人力资本（HC）。人力资本的正外部性及人力资本与物质资本的互补性，使高素质人力资本不仅具有更高的生产效率和回报率，而且能更有效地运用物质资本，提高物质资本产出效率。学者们的研究认为，"技能与知识都是对劳动生产率产生重要影响的因素"（J. S. Mill，1848），人力资本是比物质资本更重要的促进经济增长的决定因素，是经济增长的内在源泉（T. W. Schultz，1961）。在长期，劳动力的人力资本水平较低将影响资本利用效率，较高人力资本水平对先进技术和物质资本具有更大吸引力（Becker，1964）。人力资本存量通过直接影响技术进步进而决定经济长期增长，人力资本和资本存量的变动对资本回报率具有重要影响（Romer，1986）。Lucas（1988）建立人力资本外溢效应模型，提出物质资本投资的边际生产率受人力资本影响。国内外学者对人力资本核算进行了大量研究，由于早期省际相关数据的获得存在一定难度，考虑研究时间跨度内数据的可得性，本书用各省（市、区）高等学校毕业生人数表示人力资本指标。

（3）财政支出（FS）。国内外经济增长经验表明，经济政策、财政政策等政府行为是影响 TFP 的重要变量。一方面，财政对公共基础设施建设、教育、研发等的投资支出，可带来收益的外溢效应，可促进劳动者素质的提高与科学技术的进步，由此提高生产效率和资本效率；另一方面，如果政府支出集中在生产性领域，会造成政府对经济的干预与政府投资对私人投资的挤出，由此限制市场机制在资源配置中决定性作用的发挥，导致生产效率损失和资本效率降低。因此，合理的财政政策能有效提高经济效率（林毅夫，2010）。本书用各省（市、区）财政支出占 GDP 的比重作为考察政府干预经济水平的指标。

（4）金融发展（FD）。金融发展通过促进资本积累和改善资源配置效率实现经济可持续增长。金融体系通过改善资本流动性对英国工业化过程产生举足轻重的作用（Bagehot，1874），金融机构的运行将资本配置到创造价值能力高的实体经济中（Schumpeter，1912），金融发展通过市场力量实现储蓄、利率、投资和经济增长协调（McKinnon and Shaw，1973），通过资本边际生产率渠道（Pagano，1993）改善资本配置效率。王永剑（2011）、尹希果等（2010）、李青原等（2013）的实证研究验证了金融发展促进实体经济资本效率提高的结论。衡量金融发展水平的常用指标是 M2/GDP，由于中国缺失各省份 M2 的统计数据，本书采用 Christopoulos 和 Tsionas（2004）的方法，用各省（市、区）年末存贷款余额/GDP 作为衡量各省（市、区）金融发展水平的指标。

（5）市场化程度（*MZ*）。市场化程度越高，意味着市场机制在资源配置中的决定性作用发挥越充分，市场竞争程度越大，政府行政干预减少，行政性垄断对资源配置的扭曲程度降低，由此促使企业在市场竞争压力与追求利润最大化动力的双重作用下，改善公司治理环境，建立适应市场经济发展要求的企业发展机制和经营机制，提高企业竞争力与资本效率（刘小玄和郑京海，1998；方军雄，2006；樊纲，2011）。Bagehot（1874）指出："在英国，资本理所当然地、迅速地流向最需要它的地方，就像水流找到它的位置。"这说明完善的市场经济不存在"预算软约束"、"过度投资"、"投资结构不合理"等制度性扭曲问题。市场化程度提高既可表现为非公有制企业份额增加，也可表现为公有制企业预算约束硬化及政府管制放松，二者均可促进企业以追求利润最大化为目标，通过企业重构、裁减冗员等方式提高资本效率。基于中国基本国情及数据可得性，本书用各省（市、区）非国有企业就业人数占其总就业人数的比重表示市场化程度。

各影响因素的相关基础数据来自 1986—2011 年中国各省统计年鉴，各省（市、区）资本效率数据来自第六章对环境约束下资本效率的估算结果。

二 理论模型及实证结果分析

本书构建如下两个全要素资本效率影响因素的分析模型：

$$TFE_c = F(IS, HC, FS, FD, MZ, C) \tag{9.1}$$

表 9 – 1　　　　　　　全要素生产率影响因素分析指标选择对比

作者时间	文献名称	一级指标	二级指标
杜汜敏 (2013)	全要素生产率视角下我国区域中心城市经济增长方式研究	人力资本、利益分配格局、政府行为、城市化水平、产业结构	分别用在校大学生人数占总人口的比率、政府财政收入占 GDP 的比率、政府财政支出占 GDP 的比率、非农业人口占总人口的比率、第三产业占 GDP 的比率表示
马丹丹 (2012)	中国全要素生产率的测算及其影响因素分析	技术进步、产业结构	分别用 R&D 投入、第二产业占 GDP 的比重表示
许小雨 (2011)	长三角全要素生产率的测算及其影响因素分析	科技投入、经济开放度、产业结构、政府财政支出、经济增长速度	分别用 R&D 经费投入强度、进出口及外商直接投资占 GDP 比重、第二、第三产业产值占 GDP 比重、财政支出占 GDP 比重、GDP 变化率表示
赵志耘、杨朝峰 (2011)	中国全要素生产率的测算与解释：1979—2009 年	经济体制改进、技术引进、自主创新	分别用市场化指数、国外技术引进经费、R&D 经费投入强度表示
石风光 (2010)	基于全要素生产率视角的中国省际经济差距研究	R&D 投入、人力资本、对外经济活动、资本形成率、工业化水平	分别用 R&D 强度、人均受教育年限、进出口及外商直接投资占 GDP 比重、资本形成额与 GDP 比率、地区工业总产值与全国工业总产值比率表示
于建勋 (2009)	产业结构与全要素生产率对能源利用效率影响的实证研究	产业结构、人力资本、市场化程度、R&D、外贸依存度、基础设施条件	分别用第二、第三产业产值占 GDP 比重、人均受教育年限、非国有经济占工业总产值比重、财政支出中用于科学研究的人均经费支出、进出口总额占 GDP 比重、标准化道路里程占人口的比重表示

资料来源：根据相关研究文献整理。

$$TFE_{CE} = F(IS, HC, FS, FD, MZ, C) \qquad (9.2)$$

式 (9.1)、式 (9.2) 中，TFE_C 和 TFE_{CE} 分别为无环境约束和有环境约束下的全要素资本效率，IS、HC、FS、FD、MZ 分别代表产业结构、人力资本、财政支出、金融发展水平、市场化程度5个影响因素，C 为除上述五个因素外其他影响资本效率的因素。由于本书数据具有时间和空间两种特性，为检验资本效率与其影响因素的关系，采用面板数据计量模型进行回归。

$$TFE_{ck,t} = \alpha + \beta_1 \ln IS_{k,t} + \beta_2 \ln HC_{k,t} + \beta_3 \ln FS_{k,t}$$
$$+ \beta_4 \ln FD_{k,t} + \beta_5 \ln MZ_{k,t} + \varepsilon_{k,t} \qquad (9.3)$$

$$TFE_{CEk,t} = \alpha + \beta_1 \ln IS_{k,t} + \beta_2 \ln HC_{k,t} + \beta_3 \ln FS_{k,t}$$
$$+ \beta_4 \ln FD_{k,t} + \beta_5 \ln MZ_{k,t} + \varepsilon_{k,t} \qquad (9.4)$$

式（9.3）、式（9.4）中，β_1、β_2、β_3、β_4、β_5 分别为产业结构、人力资本、财政支出、金融发展及市场化程度对全要素资本效率的弹性，k，t 分别表示省（市、区）和时期，β_i 是被估计参数，$\varepsilon_{k,t}$ 是随机误差项，服从正态分布。为减少误差项中存在的异方差性和序列相关性，本书使用可行广义最小二乘法（FGLS）对模型进行参数估计。

为避免伪回归，首先对各变量进行单位根检验。[①] 本书采取相同根下的 LLC、Breitung 检验及不同根下的 Im-Pedsran-Shin 检验，检验结果见表9-2。

表9-2　　　　　　　　　各变量的单位根检验结果

检验变量	LLC	P	Breitung	P	Im-Pesaran-Shin	P
TFE_C	-25.5041***	0.0000	-12.6475***	0.0000	-23.7523***	0.0000
TFE_{CE}	-20.8036***	0.0000	-11.7891***	0.0000	-16.7145***	0.0000
LnIS	-19.5156***	0.0000	-11.1461***	0.0000	-17.5055***	0.0000
LnHC	-16.0805***	0.0000	-5.0650***	0.0000	-12.1126***	0.0000
LnFS	-15.5710***	0.0000	-6.0117***	0.0000	-11.5156***	0.0000
LnFD	-10.8250***	0.0000	-7.2281***	0.0000	-12.6017***	0.0000
LnMZ	-5.4543***	0.0000	-4.3830***	0.0000	-4.6884***	0.0000

注：当 ADF 检验值大于某一显著性水平下的临界值时说明序列不平稳，***、**、* 分别表示在1%、5%和10%显著性水平下平稳。

———————————

① 面板数据包括时间维度和截面维度的数据，当时间维度较小时，可用面板数据直接建模，当时间维度增加到一定长度时，则需要对面板数据进行平稳性检验，即单位根检验。本书的时间维度从1985—2010年，时间维度较长。

　　表 9 - 2 显示，在有无环境约束下所有变量的水平序列基本上都是平稳的。为验证上述变量是否存在一个长期稳定的均衡关系，本书对上述变量进行协整检验，其检验结果如表 9 - 3 所示。

表 9 - 3　　　　　　　　　　变量的协整检验结果

有无环境约束	检验方法	检验类型	临界值		估计值	
			Statistic	Prob.	Statistic	Prob.
无环境约束下	Pedroni 检验	Panel rho - Statistic	- 5. 7148	0. 0000 ***	- 5. 3701	0. 0000 ***
		Panel PP - Statistic	- 21. 4148	0. 0000 ***	- 20. 2310	0. 0000 ***
		Panel ADF - Statistic	- 8. 9922	0. 0000 ***	- 9. 2464	0. 0000 ***
	Kao 检验	ADF	- 5. 1735	0. 0000 ***	—	—
有环境约束下	Pedroni 检验	Panel rho - Statistic	- 4. 1078	0. 0000 ***	- 4. 1023	0. 0000 ***
		Panel PP - Statistic	- 13. 9750	0. 0000 ***	- 13. 7381	0. 0000 ***
		Panel ADF - Statistic	- 5. 3034	0. 0000 ***	- 5. 2786	0. 0000 ***
	Kao 检验	ADF	- 8. 7827	0. 0000 ***	—	—

　　注：***、**、*分别表示估计系数在1%、5%和10%水平上显著。

　　表 9 - 3 显示，在有无环境约束下，两个方程的 Pedroni 检验和 Kao 检验均显示统计量在 1% 显著水平下拒绝原假设，即在有无环境约束下统计量均存在协整关系。本书用 Eviews 6. 0 对方程进行多元线性回归，回归结果如表 9 - 4 所示。

表 9 - 4　　　　　全要素资本效率影响因素的计量分析

变量	无环境约束下			有环境约束下		
	Coefficient	t - Statistic	Prob.	Coefficient	t - Statistic	Prob.
IS	- 0. 116271	- 2. 855527	0. 0044 ***	- 0. 130098	2. 486793	0. 0131 *
HC	0. 034383	2. 137815	0. 0328 *	0. 077844	- 4. 272436	0. 0000 ***
FS	- 0. 001962	- 0. 122909	0. 9022	0. 028802	1. 579953	0. 1146
FD	0. 08937	4. 052305	0. 0001 ***	0. 121608	4. 040214	0. 0001 ***
MZ	0. 080503	3. 592262	0. 0003 ***	0. 062531	2. 547498	0. 0111 *

　　注：***、**、*分别表示估计系数在1%、5%和10%水平上显著。

表 9 - 4 的回归结果显示：

（1）产业结构对全要素资本效率具有显著负效应，且在有环境约束下是唯一负影响因素。第二产业比重每提高 1%，在有无环境约束下将使资本效率分别下降 0.13% 和 0.116%，表明第二产业发展存在一定程度的资本浪费，第二产业比重上升引起资本效率下降。加入环境约束后，产业结构对资本效率的负向影响程度加剧，表明第二产业发展在一定程度上以资源消耗和牺牲环境为代价。可能的原因：一是长期以来中国实行粗放型经济增长方式，特别是粗放型工业增长方式；二是中国正处在新型工业化过程中，重化工业的发展，特别是早期的加速工业化在一定程度上付出了环境保护的代价。

（2）人力资本对全要素资本效率具有显著积极影响。人力资本每提高 1%，在有无环境约束下将使资本效率分别提高 0.078% 和 0.034%，表明人力资本水平的提升有利于提高资本投资效率，且有环境约束下人力资本对资本效率的影响程度远高于无环境约束下的影响程度。可能的原因是：在新型绿色经济环境下，政府越来越重视环境保护，政府对环境的重视促使企业发展必须通过新技术实现其战略性转变，必须走科技含量高、经济效益好、资源消耗低、环境污染少、人力资本优势得到充分发挥的发展道路。由此促使企业重视和加强对新型人才的培养，着力提高人力资本素质，通过促进企业技术进步和科技发明，提高物质资本的边际生产率和企业研发效率，着力提高资本利用效率，提高全要素资本效率。

（3）财政支出对全要素资本效率的影响不显著。表 9.4 显示，有无环境约束下，地方政府财政支出对全要素资本效率的影响均不显著。Aigner（1997）、Meeusen（1997）认为，只有政府财政支出偏向有利于技术进步和技术效率提高，政府干预才能在提高全要素资本效率方面具有正向作用。中国地方政府倾向于基础设施建设等投资支出，其投资周期长、社会效益大于经济效益，因此财政投资规模的扩张带来资本边际报酬的降低。地方政府须进一步加强引导企业生产方式从粗放型向集约型转变，实现绿色经济发展目标。

（4）金融发展对全要素资本效率具有显著积极影响。金融发展程度每提高 1%，有无环境约束下资本效率分别提高 0.122% 和

0.089%。资本作为一种稀缺的经济资源，只有通过自由的流动才能实现其优化配置和充分利用。资本的流动在很大程度上依赖于金融系统的完善，金融系统越发达，越有利于资本在最短时间内流向市场前景好、价值创造力强、盈利能力高的产业或企业，实现其最优配置。特别是在绿色经济环境下，新兴绿色经济体本身具有科技人才优势，发达的金融，有利于促进资本有效流动而提高效率。

（5）市场化程度对全要素资本效率具有积极影响。市场化程度每提高1%，在有无环境约束下资本效率将分别提高0.063%和0.081%，即市场机制能促进资源有效配置和效率提高。无环境约束下市场化对资本效率的积极影响高于有环境约束下的影响，这与无环境约束下企业承担的环境治理成本较低有关。

第二节　中国工业资本回报率影响因素的实证分析

第六章对工业资本回报率的估算发现，中国工业资本回报率呈"U"形路径。本节就影响中国工业资本回报率的因素进行实证分析与检验。

一　研究假说

中国工业资本回报率呈"U"形变动是包括资本边际效益递减在内的多重因素综合作用的结果。本节在前人研究基础上，采用"从一般到特殊"的动态建模方法①，重点考察市场化进程和技术进步偏离

---

① "从一般到特殊"建模方法的基本思路：构建一个可能与被解释变量相关的多变量模型作为初始的"一般模型"，然后对模型进行回归，通过对解释变量的显著性检验逐步剔除不显著变量后再回归，直至最终得出逐步约化的、统计意义显著的"特殊模型"。主要优点：第一，将一般模型逐步简单集约化，得到一个包含 ECM 长期趋势项的简单模型，再对所得模型进行正态性检验、自相关检验、异方差等检验以确定模型的稳健性。第二，模型中的滞后项通过对数据的相关检验进行选择，而非先验性地制定滞后变量及滞后期数，有效避免了模型建立过程中解释变量及滞后期选择的随意性，使建模过程更加规范。第三，将数据信息分离为长期和短期关系，模型融合了长期协整方程和短期误差修正机制，是一种动态模型。

方向对工业资本回报率的影响。结合国内外相关研究成果与经济学基本原理，本书提出如下研究假说。

假说一：工业资本回报率与市场化进程正相关。

市场化程度提高意味着政府行政干预的减少或退出，资本能在利润信号引导下自发流向效益好且具有较高成长潜力的行业和部门，实现资本优化配置，从而提高资本效率。学者们认为利用市场"无形的手"替代政府统一定价和配额管理，能有效提高资源利用效率（Becker，1995），市场自由指数对经济增长的产出弹性大于1（哈勒根和张军，1999），政府管制放松能引导企业经营目标转向利润最大化，促进资本在行业间重新配置，改善资本绩效（陈钊，2004），而政府干预和非税负担则会显著降低地区资本回报率（胡凯，2012）。实证研究也发现，市场化程度提高通过增加非公有制企业份额（樊纲，2003）、促进资本更快地由低效率产业向高效率产业转移（方军雄，2006）等途径实现资本优化配置与资本效率提高。为此，本书假设，在其他条件不变情况下，工业资本回报率与市场化进程正相关。

假说二：技术进步对工业资本回报率的影响取决于技术进步偏离方向。

根据内生经济增长理论，生产函数可表示为：

$$Y = Kf\left(\frac{L}{K}\right) \tag{9.5}$$

式（9.5）中，Y、K 和 L 分别表示产值、物质资本和人力资本。基于 C – D 生产函数 $Y = AK^{\alpha}L^{\beta}$ 的假定，当物质资本投资与人力资本投资报酬率相等时，均衡增长路径的技术模式为：

$$\frac{K}{L} = \frac{\alpha}{\beta} \tag{9.6}$$

当 $\frac{K}{L} < \frac{\alpha}{\beta}$ 时，应选择以物质资本为主的投资路径；当 $\frac{K}{L} > \frac{\alpha}{\beta}$ 时，表示物资资本积累过度，应选择以人力资本为主的投资路径。

在技术研发过程中，有些企业会选择劳动利用型技术创新，另一些企业会选择资本利用型技术创新，从而使社会生产过程中既有资本利用型技术的不断引入与使用，也有劳动利用型技术的不断引入与使用。Abramovitz（1993）的研究显示，在美国工业化初期，以技术进步表示的 TFP 对劳动生产率增长的贡献远远低于资本深化的贡献，但后期 TFP 的影响则逐渐增强。张军（2002）认为，中国工业企业间激烈的竞争，导致企业资本—劳动比率快速上升，并认为资本密集型发展模式不适合中国工业的比较优势，增量资本产出比（ICOR）的增长由于受资本边际收益递减规律作用难以长期持续。黄德春等（2006）和黄伟力（2007）认为，技术创新和技术进步是提高资本回报率的主要原因。郑京海等（2002）的实证研究发现，东北地区国有企业产值增长主要依靠资本利用型技术进步，工业部门技术使用效率普遍偏低。理论与实证研究均显示，技术进步对工业资本回报率的影响取决于工业部门技术进步偏离的方向。

二　理论模型与数据说明[①]

为更好反映市场化进程和技术进步偏离方向对工业资本回报率的影响，本书根据已有文献及经济学基本原理引入宏观经济景气程度、工业部门投入品价格水平、资本深化程度等作为控制变量，建立如下理论模型：

$$R_t = f(RF_t, \ TE_t, \ Y_t, \ PI_t, \ CA_t) \tag{9.7}$$

式（9.7）中，R_t 为工业资本回报率，RF_t、TE_t、Y_t、PI_t、CA_t 分别表示市场化进程、技术进步偏离方向、宏观经济景气程度、工业部门投入品价格水平、资本深化程度。

（1）市场化进程（RF）：本书选择樊纲和康继军的市场化进程指数。[②] 该指数涵盖了中国经济转型过程中要素市场、产品市场等多种因素，是衡量市场化进程的综合性指标。由于康继军（2009）和樊纲（2011）分别只估算了 1978—2007 年和 1997—2010 年的市场化指数。考虑数据的完整性，本书将康继军（2009）的数据对樊纲（2011）

---

① 本节数据采集在此处统一加以说明，为避免重复，本节实证部分相关图表资料不再进行数据来源标注。

② 国内外学者选择不同指标衡量市场化程度，有的选择非国有企业就业人数占总就业人数的比重、非国有企业产值占总产值的比重等单一指标，有的选择市场化进程指数等综合性指标。由于本书重点考察市场化与技术进步方向对工业资本回报率的影响，为此市场化程度选择市场化进程指数综合性指标。

的数据进行回归，再将樊纲（2011）的数据代入回归方程，获得调整后的市场化进程指数。

图 9－1 显示，1978—2010 年经调整后的中国市场化进程指数呈逐年上升趋势，表明改革开放以来中国市场化进程不断提高。

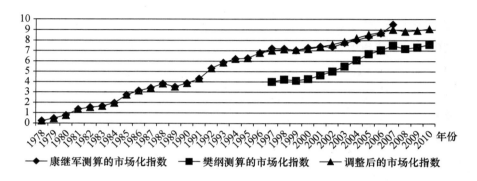

图 9－1 1978—2010 年经调整后的中国市场化进程指数

（2）技术进步偏离方向（*TE*）：本书根据希克斯的技术进步分类公式，对 1978—2010 年中国工业部门的技术进步偏离方向进行测算，测算方法如下：

借助 CES 生产函数，对技术进步的偏离进行数量化刻画：

$$Y_t = \left[(1-\alpha)(A_t L_t)^{\frac{e-1}{e}} + \alpha(B_t K_t)^{\frac{e-1}{e}} \right]^{\frac{e}{e-1}} \tag{9.8}$$

式（9.8）中，A_t 表示劳动增进型技术进步系数，B_t 表示资本增进型技术进步系数，参数 α 表示资本使用密集度，e 表示资本和劳动的替代弹性。对式（9.8）求劳动和资本的边际产出，得方程（9.9）：

$$\frac{\partial Y_t}{\partial L_t} = (1-\alpha)\left(\frac{Y_t}{L_t}\right)^{\frac{1}{e}}(A_t)^{\frac{e-1}{e}}; \quad \frac{\partial Y_t}{\partial K_t} = \alpha\left(\frac{Y_t}{K_t}\right)^{\frac{1}{e}}(B_t)^{\frac{e-1}{e}} \tag{9.9}$$

定义 D_t 为资本边际产出与劳动边际产出之比：

$$D_t \triangleq \frac{\partial Y/\partial K_t}{\partial Y_t/\partial L_t} = \frac{\alpha}{(1-\alpha)}\left(\frac{B_t}{A_t}\right)^{\frac{e-1}{e}}\left(\frac{L_t}{K_t}\right)^{\frac{1}{e}} \tag{9.10}$$

根据 Acemoglu（2006），Hayami（2005）对技术进步的定义，如果技术进步为资本利用型技术进步，技术进步以提高资本边际产出为主，则在 L/K 保持不变的前提下，D_t 随时间增加。反之，如果技术进步为劳动利用型技术进步，相对于资本边际产出而言，劳动的边际产出增长更快，在 L/K 保持不变的前提下，D_t 随时间下降。如果技术进步为中性技术进步，则 D_t 不随时间变化。根据这一定义，利用式（9.10）将技术进步偏离指数定义为：

$$TE_t \triangleq \frac{1}{D_t} \cdot \frac{\partial D_t}{\partial (B_t/A_t)} \cdot \frac{\mathrm{d}(B_t/A_t)}{t} = \frac{e-1}{e} \cdot \left(\frac{A_t}{B_t}\right) \cdot \frac{\mathrm{d}(B_t/A_t)}{t} \quad (9.11)$$

为获得技术进步方向，需要计算劳动扩张系数 A_t、资本扩张系数 B_t，并估算要素替代弹性 e。在竞争性市场结构下，劳动者工资等于其边际贡献，资本回报率等于资本边际产出，故式（9.10）等价为：

$$D_t \triangleq \frac{r_t}{w_t} = \frac{\alpha}{(1-\alpha)} \left(\frac{B_t}{A_t}\right)^{\frac{e-1}{e}} \left(\frac{L_t}{K_t}\right)^{\frac{1}{e}} \quad (9.12)$$

将式（9.12）代入生产函数式（9.8）中，可得：

$$Y_t = \left[(1-\alpha)(A_t L_t)^{\frac{e-1}{e}} + \alpha \left(\frac{1-\alpha}{\alpha} \frac{r_t}{w_t} \frac{K_t}{L_t}\right)(A_t L_t)^{\frac{e-1}{e}} \right]^{\frac{e}{e-1}} \quad (9.13)$$

经整理得到劳动扩张型系数 A_t 和资本扩张型系数 B_t 如下：

$$A_t = \frac{Y_t}{L_t}\left(\frac{SL_t}{1-\alpha}\right)^{\frac{e}{e-1}}; \qquad B_t = \frac{Y_t}{K_t}\left(\frac{1-SL_t}{\alpha}\right)^{\frac{e}{e-1}} \quad (9.14)$$

式（9.14）中，SL_t 为劳动收入份额，$1-SL_t$ 为资本收入份额。由式（9.11）和式（9.14）可以看出，数量刻画技术进步的类型，需要计算 TE_t 数值，在既定的资本劳动替代弹性下，可根据 TE_t 符号及其大小进行判断，$TE_t > 0$ 为资本利用型技术进步，$TE_t < 0$ 为劳动利用型技术进步。将数据代入式（9.11）发现，除 1979 年、1981 年、1990年、1998 年、2006 年和 2009 年为劳动利用型技术进步外，1978—2010 年中国工业部门技术进步大多数年份均属于资本利用型技术进步，因此本书将工业部门技术进步类型设定为资本利用型技术进步。

（3）宏观经济景气程度（Y）：经济景气程度通过影响对工业品的需求与工业品销售价格影响利润水平。在经济扩张期，企业利润率增长，在经济紧缩期，企业利润率下降（张军，2002）；工业税前利润率波动与 GDP 增长率呈相关（卢锋，2007）。本书用真实 GDP 表示宏观经济景气程度，基础数据来自《中国统计年鉴》。

（4）工业部门投入品价格水平（*PI*）：企业投入成本的大小影响企业利润，工业部门投入品主要为原材料和资本。本书以固定资产投资价格指数与原材料、燃料和动力价格指数的平均值表示工业部门投入品价格水平，基础数据来自《中国统计年鉴》。

（5）资本深化程度（*CA*）：Gordon（1999）的研究发现，资本深化由技术变化引致，长期内资本深化与资本利润率之间具有复杂关系。本书引入资本—劳动比考察资本深化对工业资本回报率的影响，基础数据来自《中国统计年鉴》及《中国固定资产投资统计数据》。

（6）工业资本回报率（*R*）：数据来自第六章的估算结果。

三　实证检验与结果分析

1. 单位根与协整检验

为减少数据的异方差，对宏观变量经济景气程度、资本深化程度、工业投入品价格水平进行对数处理。在建立工业资本回报率影响因素回归模型前，采用 ADF 值进行平稳性检验，以确定模型各变量的阶数。[①]

表 9 - 5　　　　　　　　　　单位根检验结果

变量	水平检验结果			一阶差分检验结果		
	检验形式 (C, T, K)	ADF 值	p 值	检验形式 (C, T, K)	ADF 值	p 值
R	(C, T, 1)	- 0.5204	0.8712	(C, 0, 0)	- 5.1514	0.0029 ***
Ln*Y*	(C, T, 4)	- 0.1323	0.6933	(C, T, 2)	- 3.9003	0.0057 ***
Ln*PI*	(0, 0, 3)	- 0.1743	0.7302	(0, 0, 2)	- 7.2617	0.0000 ***
TE	(C, T, 1)	- 2.0207	0.5671	(C, 0, 0)	- 6.4635	0.0001 ***
RF	(C, 0, 1)	- 0.7635	0.9589	(C, 0, 0)	- 4.1824	0.0027 ***
Ln*CA*	(C, T, 0)	1.8607	0.9996	(C, T, 1)	- 3.7741	0.0320 **

注：检验形式（C，T，K）中的 C、T、K 分别表示单位根检验方程中的常数项、时间趋势项和滞后阶数；*、**、*** 分别表示在 10%、5% 和 1% 的显著水平。

---

① 先通过各变量的时序图观察有无常数项和趋势项，然后用赤池最小信息原则（AIC）选取 ADF 检验滞后阶。

表 9 - 5 显示，模型各变量的水平值均存在单位根，经过一阶差分后，在 10% 的临界值下，ADF 值可很好拒绝存在单位根的零假设，可断定模型中各变量为一阶单整变量，即 $I(1)$。

表 9 - 6　　　　　　　最佳滞后阶数检验结果

LAG	InL 值	AIC 值	LR 值	SC 值	FPE 值	HQ 值
0	76. 69708	- 4. 713139	NA	- 4. 432899	3. 62e - 10	- 4. 623488
1	291. 4012	- 16. 62675	329. 2130	- 14. 66507 *	2. 55e - 15	- 15. 99919
2	344. 4673	- 17. 76448	60. 14153 *	- 14. 12137	1. 12e - 15	- 16. 59902
3	403. 2032	- 19. 28021 *	43. 07301	- 13. 95566	6. 67e - 16 *	- 17. 57684 *

注：*、**、***分别表示在 10%、5% 和 1% 的水平上显著。

表 9 - 6 通过各种检验值确定，无约束水平 VAR 模型的最佳滞后阶数（LAG）为 3。本身的协整检验滞后阶数应为一阶差分变量的滞后一期，即为二阶滞后。基于各变量均为一阶单整变量，本书采用 Eviews 软件的 VAR 系统 Johansen 进行协整关系检验。通过 SC 和 AIC 表明序列有确定性的线性趋势，但协整方程只有截距，没有趋势。

表 9 - 7　　　　　　　　Johansen 协整检验结果

协整向量数目	特征值	λ_{Trace}	5% 临界值	p 值	$\lambda_{\max}$	5% 临界值	p 值
0	0. 9288	179. 36	103. 84	0. 00	79. 30	40. 95	0. 0000
≥1	0. 7214	100. 05	76. 97	0. 0003	38. 34	34. 80	0. 0181
≥2	0. 5351	61. 71	54. 07	0. 0090	22. 98	28. 58	0. 2206
≥3	0. 4198	38. 733	35. 19	0. 0199	16. 33	22. 29	0. 2751
≥4	0. 3911	22. 39	20. 26	0. 0250	14. 88	15. 89	0. 0715

表 9 - 7 显示，Johansen 协整检验结果存在协整关系，其中迹检验（Trace test）表明在 5% 的显著水平下，有 4 个协整方程，最大特征根检验表明在 5% 的显著水平下有 2 个协整方程。

对协整变量进行弱外生性检验，该检验都是对 α 和 β 施加相应的线性约束的检验得到，这些统计值在原假设下渐进服从 χ^2 分布。弱外生性检验是检验矩阵相应的行是否为 0（Johansen，1992），如果该行为 0，则协整关系中的不均衡不会反馈到相应变量中。

表 9 - 8   弱外生性检验结果

变量	LnY	LnPI	LnCA	RF	TE
χ^2 (2)	0.575992	1.035897	4.002754	0.503676	3.105523
p 值	0.7498	0.5957	0.1351	0.7774	0.2117

表 9 - 8 显示, 各变量的 χ^2 统计值均小于临界值, LnY、LnPI、LnCA、RF、和 TE 是弱外生性的。因此, 工业资本回报率影响因素方程能在单一方程框架下进行估计和检验而不会损失有用信息。

2. "从一般到特殊" 的动态建模

基于上述各种检验结果, 本书运用 "从一般到特殊" 的方法估计工业资本回报率影响因素方程。本书先估计一个三阶滞后的 ADL 模型, 然后将其简化为长期趋势项 ECM。估计结果表明, 三阶滞后模型中大部分系数不显著且缺乏经济学含义, 但其长期趋势项的系数被很好地确定。

$$ECM = R - 0.06RF + 0.75TE + 0.14LnPI - 0.21LnY + 0.003LnCA$$
$$(9.15)$$

该 ECM 项隐含了工业资本回报率的长期均衡关系:

$$R = 0.06RF - 0.75TE - 0.14LnPI + 0.21LnY - 0.003LnCA \quad (9.16)$$

由式 (9.16) 可知, 长期工业资本回报率与市场化进程、宏观经济景气程度正相关, 与资本利用型技术进步、工业投入品价格水平、资本深化程度负相关。

长期均衡关系式 (9.16) 中, 各变量均为一阶变量, 且各变量之间存在协整关系, 经单位根检验, ECM 项为 0 阶变量。因此, 通过空间差分从一阶空间转换为 0 阶空间, 建立二阶滞后的 ADL 模型, 并加入 ECM_{t-1} 作为其均衡项, 通过 PC - GIVE "自由策略"[①] 的逐步约化, 在简化模型中加入长期趋势项可对短期动态模型进行调节, 含有的短

———————

① 在约化的过程中有 "自由策略" 和 "保守策略" 两种策略。"自由策略" 是使相关变量不被删除的概率最小化, 从而尽可能多地保留有用变量; "保守策略" 是使不相关变量不被删除的概率最小化, 从而尽可能避免保留无用变量。本书采用 PC - GIVE 软件中默认的 "自由策略" 进行约化。

期模型为：

$$\Delta R = -0.03914 + 0.4491\Delta R_{t-2} - 0.0436\Delta RF_{t-2} - 0.0714\Delta TE_{t-1}$$
$$+ 0.4607\Delta \mathrm{Ln}Y - 0.164ECM_{t-1} \qquad\qquad (9.17)$$

$$\mathrm{R}^2 = 0.437051 \qquad\qquad \mathrm{F}\,(5,\,24) = 3.727\,[0.012]^*$$

$$\mathrm{Log-likelihood} = 74.5186 \qquad \mathrm{D-W} = 1.84$$

式（9.17）中既包含了工业资本回报率与各解释变量间的长期关系，也包含了短期动态关系。长期趋势项即误差修正项 ECM_{t-1} 对模型具有反向调节作用，有助于短期内的不稳定状态回归到长期均衡状态。从长期趋势项系数绝对值的大小可以看出，模型从短期动态状态回归到长期均衡状态的速度较快，长期趋势项对短期均衡状态的调节力度较大。

在短期动态模型中，工业资本回报率受其自身惯性（ΔR_{t-2}）、市场化进程（ΔRF_{t-2}）、技术进步偏离方向（ΔTE_{t-1}）和宏观经济景气程度（$\Delta \mathrm{Ln}Y$）的影响。短期内资本利用型技术进步、市场化进程与工业资本回报率负相关，宏观经济景气程度与工业资本回报率显著正相关。

为进一步检验模型（9.17）的稳定性，表9-9给出了模型的一些假设检验。

表9-9　　　　　　　　模型稳定性各项假设检验结果

假设检验	零假设（H_0）	检验结果	结论
自回归条件异方差检验（ARCH 1-1 test）	无异方差	F（1,22）= 0.0092951 [0.9241]	无异方差
正态性检验（Normality test）	正态分布	Chi^2（2）= 0.66759 [0.7162]	呈正态分布
回归模式识别检验（RESET test）	回归式设定正确	F（1,23）= 2.8668 [0.1039]	回归式设定正确
自相关检验（AR 1-2 test）	无自相关	F（2,22）= 0.41225 [0.6672]	无自相关
异方差检验（Hetero test）	无异方差	F（10,13）= 0.43151 [0.9056]	无异方差

注：[ ] 中是检验结果的概率值。

　　表9-9通过自回归条件异方差检验、正态性检验、自相关检验等检验结果表明，模型的计量结果不仅具有统计意义，而且模型的拟合程度较高，具有明显的经济意义，可判断模型（9.17）具有稳定性，与现实情况较吻合。为进一步考察模型的稳定性，本书对式（9.17）的统计属性进行分析。

　　3. 模型的统计属性分析

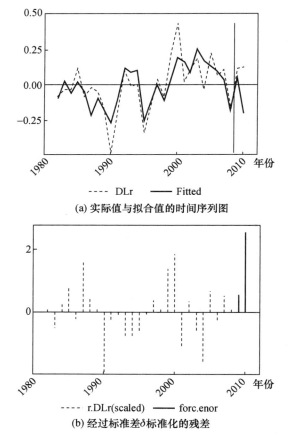

(a) 实际值与拟合值的时间序列图

(b) 经过标准差δ标准化的残差

图9-2　1978—2010年中国工业资本回报率分析模型的拟合结果

　　从图9-2（a）显示的样本区间内实际值和拟合值的时间序列看，拟合度非常高，拟合线与实际值线重合程度很高，但由于现实中影响工业资本回报率的因素更多元、更复杂，由此导致工业资本回报率实际值较拟合值波动更剧烈。从图9-2（b）显示的经过标准差δ

标准化的残差看，在区间［－2，＋2］以外仅存在极少数异常值，可以判定残差的平稳性很高。

通过 PC－GIVE 软件进行残差分析的结果如图 9－3 所示。图 9－3（a）是残差光谱图，为对自相关系数加权求和得到的序列，横轴已被标准化，因此横轴区间为［0，1］，光谱图将时间序列分解为不同频率和振幅的成分（伍戈，2009）。由于白噪声的时间序列往往有很"扁平"的光谱图像，图 9－3（a）的曲线形状扁平，类似于白噪声序列，说明残差自相关不明显。图 9－3（b）为残差累计分布图，显示样本残差及相应正态分布的累积分布函数，正态分布函数为一条直线。图 9－3（b）显示图形类似一条直线，但不平整，说明残差累计分布接近正态分布，但可能存在部分异常值。图 9－3（c）为直方图和密度函数及其相应的正态分布，图形显示模型在总体上是合意的。图 9－3（d）为自相关与偏相关图，自相关图描绘了连续的滞后残差之间的自相关性，偏相关性则描绘了偏自相关关系。白噪声的自相关图形往往趋于 0，图 9－3（d）类似于白噪声，表明不存在自相关。

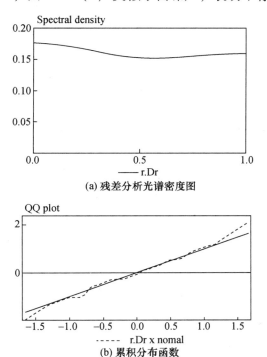

(a) 残差分析光谱密度图

(b) 累积分布函数

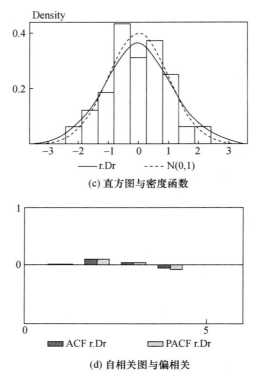

(c) 直方图与密度函数

(d) 自相关图与偏相关

图 9 - 3 残差分析

　　模型中所用参数的稳定性对模型至关重要，本书选择递归最小二乘法检验参数的稳定性①，检验结果如图 9 - 4 所示。图 9 - 4 给出了各变量的递归系数以及 ±2 倍标准差区间，大部分参数总体上都比较平稳，且在 2000 年后趋于稳定。受 1997 年东南亚金融危机和 2008 年全球金融危机影响，个别参数在 2000 年和 2008 年波动较大，除此之外几乎没有大的波动，说明模型总体具有稳定性。

　　4. 实证结果分析

　　模型（9.17）将中国工业资本回报率变化轨迹的影响因素分为长期和短期两类。在长期因素中，反映工业资本回报率、市场化程度、技术进步方向、宏观经济景气指数、工业投入品价格水平、资本深化

---

　　① 通过比较邹氏突变检验、QA 突变检验和递归最小二乘法（逐次扩大样本并逐次重新估计的动态估计方法），本书认为选择递归最小二乘法更适合动态模型。

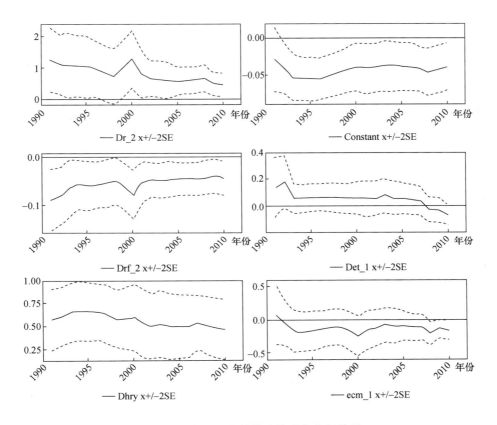

图9-4　参数稳定性检验的递归分析结果

程度之间的长期关系。模型中长期均衡项的系数为 -0.164，符合误差修正机制，表示长期因素对工业资本回报率的波动起到约 0.164 的负反馈修正作用，即当上一期工业资本回报率大于长期均衡值时，由于误差修正机制的存在（$ECM_{t-1} \neq 0$），这一差异将使本期工业资本回报率相对于上期的资本回报率降低，因此，长期工业资本回报率的失衡可通过误差修正机制向均衡状态回归。

式（9.16）的长期均衡模型显示，在长期稳定的发展状态下，市场化进程每提高 1%，工业资本回报率提高 0.06%，即长期内市场化水平提高有利于提高工业资本回报率，与假设一致。资本利用型技术进步每提高 1%，工业资本回报率将下降 0.75%，与张军（2002）的结论一致，说明资本利用型技术进步不适合中国工业发展的比较优势。即在长期中，缺乏技术进步推动，单纯依靠增加资本存量的资本利用型技术进步不能促进中国工业资本回报率持续提高。长期以来，由于投资体制和金融部门改革滞后，以至于各级政府主导的投资选择与决策、相互分割的市场环境和局部的发展目标相互加强，不断将中国经济推向偏离要素比例的技术轨道，由此降低了工业资本投资回报率。这也说明资本投资回报率提升的可持续性，很大程度上不是取决于资本持续的供给能力，而是取决于充分利用和有效配置资本的能力。在长期中，工业资本回报率的提升，依赖于投资选择和投资所推动的技术进步方向及其性质（张军，2002）。工业资本回报率与宏观经济景气程度具有长期稳定关系，宏观经济景气程度每提高1%，工业资本回报率将提高0.21%。说明国民经济长期稳定增长与经济繁荣是保持对工业品需求稳定增长、提高工业资本回报率的重要因素与必要的宏观环境。工业投入品价格水平与工业资本回报率负相关。说明工业生产投入品的成本是影响工业资本回报率的主要原因，工业企业必须通过节省直接原材料，合理配置劳动力，有效降低企业生产成本。资本深化程度与工业资本回报率负相关。说明在长期，企业通过资本深化的发展道路难以持续提高工业资本回报率，必须结合禀赋状况选择适合中国国情的工业发展道路，在增加资本投资的同时，加快技术进步与人力资本积累，促进物质资本与高素质人力资本有效契合，不断提高资本边际生产力。

在短期关系中加入了长期趋势项 ECM_{t-1}，实证结果表明长期趋势项对短期工业资本回报率变动具有显著调节作用。从短期均衡模型（9.17）中工业资本回报率惯性可见，本期工业资本回报率惯性颇大，前期对滞后二期的工业资本回报率影响系数为0.449，即工业资本回报率的提高是一个循序渐进的过程。在短期均衡模型中没有出现本期工业部门投入品价格水平，即在短期内工业部门投入品价格水平对工业资本回报率的影响具有一个缓冲过程。这是因为企业为保证生产的连续性与计划性，必须保持必要的原材料库存，本期工业生产成本主要取决于前期购入要素的价格。这一结论也适用于资本深化对工业资本回报率的影响。短期内宏观经济景气程度对工业资本回报率的影响为正，且影响程度较大。这是因为宏观经济景气程度对市场需求与工业产品价格之间的调整和影响能迅速传递，不存在时滞。本期宏观经济景气程度能迅速通过对工业产品有效需求的变动，影响工业产品的价格，进而影响工业企业利润水平。短期内市场化进程提高并未提升工业资本回报率，可能的解释为：一方面，长期以来中国地方政府之间的 GDP 竞争，导致产出规模大、产值比重高的工业成为地方政府"关照"的对象，地方政府给予工业企业大量优惠资源，特别是在土地、资金和税收方面的优惠，加之在计划和市场并轨过程中，政府和市场的边界界定不清，政府越位现象大量存在，市场价格机制在资源配置中的决定性作用尚未得到充分发挥，由此导致一定程度上对工业资本回报率存在高估的情况。随着市场化程度提高，更多的非国有企业进入市场，市场竞争日趋激烈，原本由国有工业企业占有的垄断利润逐渐减少，企业短期内尚未形成完全适应市场环境的生产经营和管理体制，市场化带来的短期冲击与挑战较大。另一方面，市场化进程加速了市场资源配置功能，政府逐步退出微观经济活动领域，以市场为主要资源配置方式分配经济资源的比重越来越大，资源配置逐渐趋于合理和公平，工业企业特别是大中型工业企业在原有体制下享有的部分资源配置特权逐渐减少甚至消失。与此同时，随着对外开放度的扩大和外资企业的进入，市场竞争程度进一步加剧，产品市场发育程度逐渐提高，市场决定生产资料价格的比重越来越大，金融信贷体制的逐渐健全降低了行业门槛，不仅促进了企业在市场上的公平竞争，也使中国工业资本回报率逐渐回归真实水平。因此，短期内市场化进程对工业资本回报率的影响为负，可以理解为对原本高估的工业资本回报率的修正。在长期，市场化进程提高对工业资本回报率具有正向作用。短期内技术进步与工业资本回报率负相关，可能的解释为：技术进步通过生产技术的不断改进与提高，在降低企业生产成本的同时提高企业生产率，但无论企业生产新产品，采用新生产方法，开辟新市场，或发现新的原材料供应来源等，不仅需要较长周期，而且在前期均需投入大量初始资本，由此导致短期内用于技术进步的资本投入与产出不匹配，技术进步对工业资本回报率的影响为负。

第三节　中国资本投资动态效率
影响因素的实证分析

根据 AMSZ 准则，资本投资动态效率取决于资本总投资和资本总收益，因此，影响资本投资规模与资本收益的因素是影响资本投资动态效率的重要因素。

一　变量选择与模型构建

国内外相关研究文献及经济学原理表明，资本投资动态效率受制度因素、经济增长方式、二元经济结构、技术进步、人力资本积累、政府生产性公共支出规模等因素影响。

（1）制度因素（RF）。提供适当个人激励的有效产权制度是促进经济增长的决定性因素（North，1993），税收、财政、分配、工会、立法等制度因素均对经济增长产生影响（Thomas，1998），利益集团的干预和利益集团的数量阻碍经济增长（Olson Mancur，1986；Virgina Gray，David Lowery，1996）。制度创新通过降低交易费用，减少未来不确定性因素，促进要素合理分配，改善经济结构，促进技术进步和经济持续增长（陆军荣，2003）。国内学者的实证研究证明，非国有化水平、开放度、投资市场化程度和财政收入比（国家财政收入占GDP 的比重）等制度变迁均影响经济增长。其中，非国有化水平、开放度、投资市场化程度对经济增长产生积极影响（胡乃武和闫衍，1998；金玉国，1998；沈坤荣，2002），国家财政收入占 GDP 的比重与经济增长之间具有负相关（金玉国，1998）或正相关（沈坤荣，2002）关系。国内学者从不同角度构建市场化指数以衡量制度变迁因素，本书借鉴康继军（2009）和樊纲（2011）的市场化进程相对指数作为衡量中国制度变迁因素的指标，其数据获得与处理与第二节相同。

（2）经济增长方式（K/L）。经济增长方式①指决定经济增长的各种要素的组合方式及各种要素通过组合推动经济增长的方式，经济增长方式对资本积累动态效率具有重要影响。改革开放以来，中国经济增长主要依靠增加资本和资源投入的粗放型经济增长方式，投资拉动的粗放型经济增长方式，造成资本—劳动比率（K/L）上升，资本边际生产率降低，资本投资动态效率恶化。张军（2002）对中国经济增长率与资本—产出比（K/L）进行研究，发现 20 世纪 90 年代中后期资本形成过快造成投资收益率持续恶化。耿明斋等（2001）、沈坤荣（2001）和叶飞文（2004）分别对中国 1985—1996 年、1953—1996 年和 1952—2002 年的投资和增长数据进行研究，发现物质资本投资对经济增长贡献度超过 50%，但 TFP 波动明显且对经济增长贡献有限。本书用资本—劳动比率作为衡量经济增长方式的指标。资本采用第三章核算的资本存量数据，劳动力数据用各年年末就业人员数。基础数据来自 2011 年《中国统计年鉴》。

（3）二元经济结构（IS）。中国经济具有典型的现代部门和传统部门并存的二元经济结构特征。由于现代部门资本积累大于传统部门，资本投资的大量增加使现代部门 K/L 迅速上升，在缺乏技术进步的条件下，导致现代部门资本边际报酬递减。传统部门存在大量富余劳动力，由于劳动者整体素质偏低，富余劳动力不能迅速转移到现代部门，由此降低了传统部门资本积累动态效率。本书选择二元对比系数作为衡量中国二元经济结构强度的指标。二元对比系数用二元经济结构中农业和非农产业比较劳动生产率的比率表示。其中，农业部门比较劳动生产率用农业部门产值比重与农业部门劳动力比重的比率表示，非农产业部门比较劳动生产率用非农产业部门产值比重与非农产业部门劳动力比重的比率表示。基础数据来自 2011 年《中国统计年鉴》。

（4）技术进步（TE）。技术进步显著影响经济增长（Robert

---

① 现代经济学将经济增长方式分为粗放型和集约型两类。粗放型经济增长方式指主要依靠增加资本、原材料、劳动力等资源的投入增加产品数量，以推动经济增长。集约型经济增长方式指主要依靠生产要素的优化组合，通过提高生产要素的质量和使用效率，通过技术进步、提高劳动者素质，提高资本、设备、原材料的利用率推动经济增长，其实质是以提高经济增长质量和经济效益为核心。

M. Solow，1957）。Arrow（1962）的"干中学"模型①将技术进步内生化，认为技术进步表现为人力资本和物质资本投入增加，会带来产出增加，同时投资增加也会带来知识水平提高，从而促进整体经济收益递增。Romer（1986）认为，知识不仅可带来规模化效益，而且能提高资本投资收益，知识和技术研发是经济增长的源泉。他认为，知识和技术本身能产生递增的效益，也能使资本和劳动等投入要素的收益递增，技术进步可通过充分挖掘现有资本投资的潜力，节约资本、劳动力及原材料等，促进新产品创新和经济可持续增长。国内学者就技术进步与资本回报率的实证研究发现，中国资本投资边际报酬受技术进步影响并未出现递减现象（舒元，2002），由于技术进步导致资本份额上升，使中国资本回报率上升（方文全，2012）。本书基于Acemoglu（2006）、Hayami（2005）对技术进步的定义，采用技术进步偏差衡量技术进步偏向对资本投资动态效率的影响。如果技术进步偏向资本设备技术进步，则技术进步带来的超额利润将带来更多新资本品的投入，资本投资回报率会增加，此时资本投资动态效率将提高；如果技术进步偏向劳动技术进步，资本投资回报率会降低，从而导致资本投资动态效率下降。改革开放以来，中国固定资本投资一直保持较高增长率，劳动力投入增长较为缓慢，技术进步偏向为资本利用型，大量资本投入促使企业采用新技术以获取超额利润，由此提高资本投资动态效率。技术进步偏向数据来自本章第二节的测算结果。

（5）人力资本积累（*HC*）。人力资本通过知识、技术进步、分工与专业化发展提高生产率，并形成规模经济效应，实现边际效益递增（舒尔茨和贝克尔，1960）；人力资本也通过内部效应与外部效应共同作用②，使人力资本投资自身呈现收益递增，使物质资本投资收益不

---

① Arrow（1962）提出的干中学效应认为，人们是通过学习获得知识的，技术进步是知识的产物、学习的结果，学习又是经验的不断总结，经验来自行动，经验的积累体现在技术进步上。

② Lucas（1988）将人力资本的作用分为内部效应（internal effect）和外部效应（external effect）两方面。前者指个人的人力资本能提高自身的生产率和收益，后者指平均人力资本水平提高能提高所有生产要素的生产率，因为没有人会在人力资本投资时考虑这一影响，故称为外部效应。Lucas认为这种外部性是通过团体中的互动、相互学习产生的。

递减甚至递增（Romer，1986；Lucas，1988）。人力资本积累和投资比物质资本更有利于经济增长（杨建芳等，2006），人力资本素质提高一方面通过劳动者对新技术、新方法的吸收与应用，促进技术水平提高，使产业生产向技术密集型方向转变，从而提高物质资本投入产出效率；另一方面为富余劳动力向现代部门转移创造条件，现代部门可将过多的资本积累用于吸收富余劳动力，促进资本合理配置，提高资本积累动态效率（余长林，2006）。本书采用受教育年限法核算人力资本，其中文盲及半文盲、小学、初中、高中、大学受教育年限分别设为0年、6年、9年、12年和16年。平均教育年限用各类受教育程度人口比重分别乘以相应受教育年限，然后加总求和得到。基础数据来自相关年份《中国统计年鉴》及《第五次人口普查》。为消除异方差的影响，对人力资本（HC）进行对数化处理，用$\ln HC$表示。

（6）政府生产性公共支出规模（GI）。外生的政府支出变化仅影响经济转移动态，不影响经济稳态增长（Arrow and Kurz，1970），内生的政府支出显著影响经济稳态增长，政府增加消费性公共支出，储蓄率和GDP增长率均会下降（Barro，1990）。Romer（1986）认为，政府支出通过人力资本积累和技术创新等内生变量的作用影响经济增长，他在"知识外溢增长模型"中也证明了资本和知识积累水平的提高可通过政府积极的财政支出政策实现。国内学者的研究发现，中国政府公共支出规模与经济增长负相关，但生产性公共支出促进经济增长（郭庆旺等，2003）；刘俊英（2008）的研究却发现，政府支出与中国经济增长存在长期均衡关系，生产性支出与经济增长显著负相关。中国由于工业化尚未完成，一方面，政府是基础设施建设、支农支出及企业挖潜改造和科技费用支出等生产性公共投资支出的主体；另一方面，政府生产性公共投资不以盈利为目的，投资周期较长，投资具有外溢效应，且投资收益存在时滞，需要在较长时期才能凸显。基于此，本书用生产性公共支出占GDP的比重表示政府生产性公共支出规模。生产性支出①用扣除科教文卫后的财政支出表示。基础数据来自《中国统计年鉴》及《中国财政统计年鉴》。

（7）资本投资净收益率（R）：数据来自第七章对中国资本投资动态效率的估算结果。

基于上述分析，本书假设：在其他条件不变情况下，资本深化的经济增长方式、二元经济结构、政府生产性公共支出与资本投资动态效率负相关；市场化进程、资本技术进步偏差、人力资本与资本投资动态效率正相关。

据此，本书建立影响资本投资动态效率的计量模型：

$$R = F(RF, \ K/L, \ IS, \ TE, \ HC, \ GI) + \varepsilon \tag{9.18}$$

式（9.18）中，R、RF、K/L、IS、TE、HC 和 GI 分别表示资本投资净收益率、制度因素、经济增长方式、二元经济结构、技术进步因素、人力资本积累、政府生产性公共支出规模，ε 表示误差项。样本区间为 1994—2010 年。

二 实证结果分析

运用 Eviews 6.0 对模型（9.18）进行回归分析，以检验各因素对资本投资净收益率（R）的影响。由于回归变量较多，且变量间存在一定差异，本书根据影响因素的不同选择逐步回归。

在对模型进行回归分析时发现，模型存在高阶自相关，因此对回归过程进行高阶自相关过程校正，校正后的结果见表 9 - 10。校正后的所有模型均消除了自相关性，可决系数得到较大提升，且回归模型

---

① 国内外不同研究对财政支出的划分方法有所不同，统计年鉴中没有对生产性公共支出的明确界定和解释。Devarajan 等（1996）指出，生产性财政支出是指"在总公共支出中比例上升则会提高稳定状态经济增长率的那部分支出"。但 Devarajan 等的研究是通过实证分析"事后"区分生产性支出与非生产性支出。还有一些国内外学者认为生产性财政支出主要指经济运行所必需的基本建设投资与维护、教育支出、科技研发支出、国防支出等（Arrow and Kurz；Kormendi and Meguire；Grier and Tullock；Summers and Heston；Barro；Devarajan；Kalaitzidakis；Glomm；娄洪；郭庆旺）。在现实中，完全区分生产性支出与非生产性支出是非常困难的，特别是 2007 年财政预算科目统计口径发生变化，2007 年前按支出功能进行分类，即按部门预算进行编制；2007 年后按支出经济性质进行分类，由此导致难以区分某项支出是用在工资上还是用在购物上，是用在企业上还是用在家庭上，是消费性支出还是生产性支出。国内一般把财政支出中的基本建设费、企业挖潜改造资金和科技三项费用认为是生产性财政支出。

的符号、系数大小及显著性均无显著变化。

表 9–10　　　　中国资本投资动态效率影响因素的回归结果

变量	净收益率（M1）	净收益率（M2）	净收益率（M3）	净收益率（M4）	净收益率（M5）	净收益率（M6）	净收益率（M7）
常数项（C）	2.967 7.5783***	0.265 11.21**	−14.774 −2.44**	3.085 9.90***	0.373 7.98***	−1.556 −2.63**	1.222 9.96***
市场化进程相对指数（RF）	0.171 −8.24***			0.136 −10.75***			
二元对比系数（IS）	−3.521 −4.24***			−3.510 −5.39***	−0.629 −2.75**		−2.821 −6.38***
资本—劳动比率（K/L）		−0.163 −10.02***			−0.158 −18.50***	−0.177 −18.16***	
技术进步偏差（TE）		0.076 3.09***		0.114 2.53**	0.080 2.94**	0.079 3.33***	
人力资本（HC）			1.192 2.54**			0.224 3.74***	
生产性公共支出比重（GI）			−18.660 −5.42***				−11.810 −11.44***
高阶自相关校正（AR）	AR（4） −0.638 −2.86**	AR（1） 0.518 2.06*	AR（4） −0.338 −2.08*	AR（4） −0.645 −3.73***			
R²	0.853	0.964	0.892	0.919	0.940	0.972	0.904
F 值	17.45	107.05	24.74	22.57	109.16	152.83	66.26
D.W.	1.909	1.98	1.82	1.79	1.84	1.59	2.52

注：带星号的数值为该系数的 t 统计值，*、**和***分别表示在 10%、5% 和 1% 的置信水平下通过显著检验。

模型 1 的回归结果显示：市场化进程与资本投资净收益率显著正相关，二元经济结构与资本投资净收益率显著负相关，影响系数分别为 0.171 和 −3.521，且都在 1% 的显著性水平下通过了检验。市场化进程、二元对比系数每增加 1%，资本投资净收益率分别增加

0.171%和下降3.521%。

模型2的回归结果显示：经济增长方式与资本投资净收益率负相关，资本利用型技术进步与资本投资净收益率正相关，影响系数分别为-0.163和0.076，且都在1%的显著性水平下通过了检验。资本—劳动比率（K/L）每增加1%，资本投资净收益率下降0.163%；资本利用型技术进步每增加1%，资本投资净收益率上升0.076%，资本利用型技术进步对资本投资净收益率的积极作用有限。

模型3的回归结果显示：人力资本积累与资本投资净收益率正相关，政府生产性公共支出规模与资本投资净收益率负相关，影响系数分别为1.192和-18.66，且分别在5%和1%的显著性水平下通过了检验。人力资本积累每增加1%，资本投资净收益率上升1.192%，人力资本积累对增加物质资本收益率具有明显促进作用；政府生产性公共支出比重每增加1%，资本投资净收益率下降18.66%，政府生产性公共投资规模对资本投资净收益率具有显著负向影响。

模型4的回归结果显示：城乡二元结构与资本投资净收益率负相关，市场化进程、资本偏向型技术进步与资本投资净收益率正相关，影响系数分别为-3.510、0.136和0.114，且分别在1%、1%和5%的显著性水平下通过了检验。二元对比系数每增加1%，资本投资净收益率下降3.51%；市场化进程和资本利用型技术进步每增加1%，资本投资净收益率分别上升0.136%和0.114%。可见，中国二元经济结构不利于资本投资净收益率提高，市场化程度和资本利用型技术进步对资本投资净收益率的积极作用较小。

模型5的回归结果显示：二元结构、经济增长方式与资本投资净收益率负相关，技术进步偏差与资本投资净收益率正相关，影响系数分别为-0.629、-0.158和0.080，且分别在5%、1%和5%的显著性水平下通过了检验。二元对比系数和资本—劳动比率（K/L）每增加1%，资本投资净收益率分别下降0.629%和0.158%；技术进步偏差每增加1%，资本投资净收益率上升0.08%。可见，二元结构与资本深化的经济增长方式均使资本投资净收益率下降，资本利用型技术进步对资本投资净收益率的正向作用较小。这表明，中国依赖大量资本投资拉动的粗放型经济增长方式与不合理的城乡二元结构，降低了技术进步对资本投资动态效率的积极作用。

模型 6 的回归结果显示：资本深化型经济增长方式与资本投资净收益率负相关，技术进步偏差、人力资本与资本投资净收益率正相关，影响系数分别为 -0.177、0.079 和 0.224，且都在 1% 的显著性水平下通过了检验。资本—劳动比率（K/L）每增加 1%，资本投资净收益率下降 0.177%，资本利用型技术进步和人力资本每增加 1%，资本投资净收益率分别上升 0.079% 和 0.224%。资本深化的经济增长方式对资本动态效率提升具有负面影响，资本偏向型技术进步及人力资本积累有利于资本投资净收益率提高，且人力资本对资本投资净收益率的作用大于资本偏向型技术进步的作用。

模型 7 的回归结果显示：二元结构、政府生产性公共支出与资本投资净收益率均显著负相关，影响系数分别为 -2.821 和 -11.810，且都在 1% 的显著性水平下通过了检验。二元对比系数和政府生产性公共支出比重每增加 1%，资本投资净收益率分别下降 2.821% 和 11.81%。这表明，中国二元经济结构的存在及以政府为主体的投资结构造成资本投资净收益率降低，尤其是全球金融危机后，政府对基础设施等公共支出投资规模的扩大，造成资本投资出现动态无效。

模型 1（M1）至模型 7（M7）的回归结果均符合预期理论假设。二元结构、资本深化型经济增长方式、政府生产性公共支出与资本投资净收益率负相关，且二元结构与政府生产性公共支出的影响最显著；市场化进程、资本偏向型技术进步、人力资本与资本投资净收益率正相关，且人力资本对资本投资动态效率的影响大于资本偏向型技术进步的影响。

第四节　本章小结

本章对影响资本投资宏观效率、工业资本回报率及资本积累动态效率的因素进行实证分析与检验发现：①无论有无环境约束，第二产业占 GDP 比重的提高对全要素资本效率均具有显著负效应，人力资本、金融发展及市场化程度对全要素资本效率均具有显著积极影响，财政支出对全要素资本效率的影响均不显著。有环境约束下，人力资本、金融发展对全要素资本效率的促进作用更大，无环境约束下市场化程度对全要素资本效率的积极影响更大。②短期内工业资本回报率与资本利用型技术进步、市场化进程负相关，与宏观经济景气程度正相关；长期内工业资本回报率与市场化进程、宏观经济景气程度正相关，与资本利用型技术进步方向、工业投入品价格、资本深化程度负相关。短期内市场化水平提高对原本"高估"的工业资本回报率具有一定修正作用，长期内市场化进程加快，通过加剧企业间竞争、促使资本流向配置效率更高的行业和企业，提高工业资本回报率。③二元结构、资本深化型经济增长方式、政府生产性公共支出与资本投资净收益率负相关，且生产性公共支出对资本投资净收益率的影响大于资本深化型经济增长方式的影响；市场化程度、资本利用型技术进步、人力资本与中国资本投资净收益率正相关，且人力资本对资本投资净收益率的积极作用大于资本利用型技术进步及市场化程度的积极作用。

第十章　中国资本配置效率影响因素的实证分析

本章对影响中国农业、工业和服务业资本配置效率的因素进行实证分析与检验，为政府通过投资、金融、财政等相关体制改革与制度创新，提升资本配置效率提供政策依据。

第一节　中国农业资本配置效率影响因素的实证分析

中国是农业大国，农业在中国历来被认为是安天下、稳民心的战略产业。2004—2013 年，中央政府连续十个中央一号文件着力关注"三农"问题，国家对"三农"投入的总量、增量和增幅屡创新高，但对于比较利益偏低、风险性较大、具有显著正外部效应的农业而言，实现资本要素在农业的注入和积累，有效推动农业经济快速发展的关键，是在积极引导社会资本向农业流动，以农业资本改造传统农业的同时，着力提高农业资本配置效率。

目前国内尚无对农业资本配置效率影响因素实证研究的相关文献。本节借鉴 Jeffrey Wurgler（2000）的资本配置效率模型，选择1998—2010 年中国各省（市、区）农业固定资本形成总额和农业增加值面板数据，并通过在模型中引入虚拟变量对影响农业资本配置效率的因素进行实证检验。

一　理论模型及指标选择

在分析农业资本配置效率的影响因素时，借鉴蒋殿春等（2006）的方法，在传统的分组检验方法基础上引入虚拟变量，建立面板数据模型，对农业资本配置效率的影响因素进行实证检验。具体做法是：对选择的各影响因素指标数据进行升序排列，依照排序结果将数据平均分为两组，排位靠前的一半数据为第一组，排位靠后的一半数据为第二组，然后设虚拟变量 D 使其满足：

$$D = \begin{cases} 0, & \text{第一组} \\ 1, & \text{第二组} \end{cases}$$

则第八章中农业资本配置效率的回归模型（8.1）可相应地变为如下形式：

$$\ln \frac{I_{i,t}}{I_{i,t-1}} = \alpha + \theta_1 D \ln \frac{V_{i,t}}{V_{i,t-1}} + \theta_2 (1 - D) \ln \frac{V_{i,t}}{V_{i,t-1}} + \varepsilon_{i,t} \tag{10.1}$$

模型（10.1）相当于一个针对资本配置效率系数 θ 的分段函数模型。数值较大一组的资本配置效率系数为 θ_1，数值较小一组的资本配置效率系数为 θ_2，通过检验系数 θ_1 和 θ_2 是否发生显著变化，可以确定分组所依据的指标是否对农业资本配置效率产生显著影响。

根据国内外研究文献和经济学基本理论，并考虑数据可得性选择如下指标：

（1）经济发展水平（D_1）：经济发展对农业资本配置效率的影响是双重的。一方面，经济发展为农村富余劳动力转移、工业反哺农业、政府加大对农业的投入力度提供了前提和保障，有利于提高农业资本配置效率。另一方面，经济发展也为社会资本提供更多的投资选择，由于农业投资风险大、收益低且不稳定，对包括农民资金在内的社会资本吸引力弱，不利于提高农业资本配置效率。本书用1998—2010年各省（市、区）实际人均GDP衡量地区经济发展水平，实际GDP用1997年为基期的各省（市、区）GDP指数平减。基础数据来自《中国统计年鉴》（1998—2011）。

（2）市场化进程（D_2）：选择樊纲等（2011）公布的1997—2010年的市场化指数（NERI指数）。该指数是包括政府与市场关系、非国有经济发展、产品市场发育、要素市场发育、市场中介组织发育和法律制度环境等内容的综合性市场化进程指数。

（3）农业金融发展水平（D_3）：用金融机构农业贷款占总贷款的比重表示。该比重越大，说明农业金融市场服务水平越高，农业更容易获得资金，农业资本配置效率更高。基础数据来自《中国区域经济统计年鉴》（1999—2010）。

（4）农户经营规模（D_4）：土地规模化经营有利于农业现代化发展与规模化经营，提高农业劳动生产率和土地产出率，改善农业资本配置效率。本书用农业人口人均耕地面积衡量土地经营规模。基础数据来自《中国农村统计年鉴》（1999—2011）。

（5）人力资本积累（D_5）：人力资本积累可促进技术进步和资本边际效率提高。本书用农户家庭劳动力人均受教育年限度量人力资本状况。其中，文盲及半文盲、小学、初中、高中、大学受教育年限分别设为 0 年、6 年、9 年、12 年和 16 年。平均教育年限用各类受教育程度人口比重分别乘以相应受教育年限，然后加总求和得到。基础数据来自《中国农村统计年鉴》（1999—2011）。

（6）二元结构（D_6）：发展经济学家认为，农村劳动力向工业和非农产业的有序转移，有利于农业部门效益和农业边际劳动生产率提高，从而增强对以利润信号引导的社会资本吸引力，提高农业资本配置效率。本书用农业劳动力人口占总就业人口的比重衡量二元结构。基础数据来自《中国农村统计年鉴》（1999—2011）。

二　实证结果分析

上述六个指标对模型（10.1）的回归结果如表 10 – 1 所示。

表 10 – 1　　　　　　　　资本配置效率的影响因素实证检验

回归系数	解释变量					
	D_1	D_2	D_3	D_4	D_5	D_6
C	0.229 *** (18.275)	0.226 *** (14.809)	0.244 *** (19.611)	0.232 *** (18.943)	0.234 *** (19.452)	0.230 *** (19.352)
θ_1	− 0.401 *** (− 2.673)	− 0.146 (− 0.564)	− 0.340 ** (− 2.114)	− 0.312 ** (− 1.960)	− 0.246 * (− 1.503)	0.096 (0.442)
θ_2	0.082 (0.315)	− 0.234 (− 0.615)	− 0.177 (− 0.684)	− 0.154 (− 0.793)	− 0.258 (− 1.235)	− 0.516 *** (− 3.428)

注：括号内为相应的 t 值；*、**和***分别表示在 10%、5%和 1%的水平上显著。

由表 10-1 可见，人均 GDP 较高和较低地区的资本配置效率分别为 -0.401 和 0.082，即地区经济发展水平与农业资本配置效率负相关。这是因为经济发达地区，产业结构层次较高，具有较强政策依赖性和市场脆弱性的农业对社会资本的吸引力不足，社会资本更多地流向回报率更高的工业或服务业。市场化进程较高和较低地区资本配置效率分别为 -0.146 和 -0.234，认为市场化进程对农业资本配置效率有正向影响。这是因为市场化程度高的地区，农产品市场具有更强的流通性和竞争性，投入的资本要素能更快地从商品资本形式转换为货币资本形式，由此刺激社会经济主体的投资意愿，提高农业资本配置效率。金融机构农业贷款占总贷款的比重较高和较低地区的资本配置效率分别为 -0.340 和 -0.177，即农业金融服务与农业资本配置效率负相关，农业金融发展对优化农业资本配置效率支持不力。这一结果与理论假设相悖。可能的原因是：目前中国大量政策性金融机构贷款主要投向农业基础设施建设，农业的弱质性和农业投资收益的不确定性使金融机构对小额信贷重视程度不够，对大额信贷风险评估过高，发展优质、高效、特色农业整体上存在巨大资金需求与资本非农化流出之间供需结构的严重失衡，并且农业缺乏优化资本配置效率的动力，已投入的农业贷款存在无序、无效使用情况，资本配置未得到合理优化。人均耕地面积较高和较低地区资本配置效率分别为 -0.312 和 -0.154，即人均耕地面积与资本配置效率负相关。这一与理论假设相悖的结果，与农村青壮年劳动力大量转移造成农地撂荒与农业粗放经营使土地实际利用率下降、农业劳动生产力和产品竞争力削弱有关。[①] 人均受教育程度较高和较低地区资本配置效率分别为 -0.246 和 -0.258，影响方向与理论假设一致，但影响程度差异不

---

① 一是农村劳动力大量转移使人均耕地面积成倍增长，留守劳动力品质结构弱化使农民人均劳动力大幅下降，在劳动强度严重超过留守农民承载能力情况下，很多留守农民不得不选择性地耕种土地，逐渐将边远的、贫瘠的、灌溉不便的土地弃耕。二是留守劳动力品质结构弱化，导致农业先进技术和先进生产方式推广应用困难，农业经营比较粗放，农业劳动生产率及土地产出率降低，耕地实际上处于半抛荒状态。三是农村青壮年劳动力大量流出造成农业经济建设主体严重缺位，阻碍了农业产业化、现代化和产业结构升级，削弱了农业价值创造力与农产品市场竞争力。

大。这一方面说明提高农村人力资本素质，促进农业资本投资与较高素质的劳动力有效契合，是促进农业资本优化配置的有效途径。另一方面也说明中国农村留守劳动力结构性弱化的普遍性与趋同性特征显著。二元结构程度较高和较低地区的农业资本配置效率分别为 0.096和 -0.516，即二元结构对农业资本配置效率具有负向效应。这是因为在二元结构较低地区，随着国家城镇化进程的大力推进，劳动力要素市场的流动性提高，农户面临更多的非农就业选择，投资农业收益的不确定性决定了理性的农户更倾向于从事非农活动，而把农业生产仅维持在自给自足的水平，农业资本配置效率较低。相反，二元结构较高地区的农户取得非农收入较难，农户被拴系于农业，只能通过不断追加农业投资以获取收入，农业资本配置效率较高。

第二节　中国工业资本配置效率
影响因素的实证分析

第八章对工业资本配置效率的测算显示，中国工业资本配置效率存在显著省际与行业差异。本节借助第八章对工业资本配置效率的测算结果，分别构建工业省际面板数据和工业行业面板数据模型，并通过在模型中引入控制变量，重点考察金融发展对工业资本配置效率的影响，为政府部门通过相关政策制定与制度创新，引导后续资本投入，促进工业资本在地区和行业间高效流动，提升工业资本配置效率，促进工业可持续增长提供理论依据。

一　省际工业资本配置效率影响因素的实证分析

本节借鉴李青原等（2013）的"跨国研究"方法，利用第八章对 1999—2011 年中国 31 个省（市、区）25 个工业行业省际资本配置效率的测算结果，分别构建包括银行业、证券业和保险业在内的金融发展水平综合指标，通过建立省际面板数据模型，从多视角就影响工业资本配置效率省际差异的因素进行实证分析与检验。

国内外学者的大量研究均表明，区域金融发展水平对区域资本配置效率具有显著影响。[①] 本书建立 2000—2011 年中国 31 个省（市、区）的面板数据模型，重点考察金融发展水平对工业资本配置效率的影响，同时将市场化、政府干预水平、人力资本积累、基础设施条件和对外开放程度等可能影响资本配置效率的因素作为控制变量纳入模型：

$$\eta_{i,t} = \alpha + \beta_1 \times fd_{i,t} + \beta_2 \times \eta_{i,t-1} + \beta_3 \times gov_{i,t} + \beta_4 \times njob_{i,t}$$
$$+ \beta_5 \times edu_{i,t} + \beta_6 \times infra_{i,t} + \beta_7 \times trade_{i,t} + \beta_8 \times fi_{i,t} + \varepsilon_{i,t} \quad (10.2)$$

式（10.2）中，$\eta_{i,t}$ 为地区 i 第 t 年的工业资本配置效率，数据来自第八章的测算结果。[②]

（1）金融发展水平（$fd_{i,t}$）：本书选取银行、证券、保险三类金融发展指标。一是银行业指标，分别用各省（市、区）金融机构存贷款额占该省（市、区）GDP 的比重 fd_1、非国有企业贷款占该省（市、区）GDP 的比重 fd_2 表示；二是证券业指标，用各省（市、区）股票交易额占该省（市、区）GDP 的比重 fd_3 表示；三是保险业指标，用各省（市、区）人均保险收入 fd_4 表示。

考虑中国银行业长期实行粗放型信贷规模扩张模式，使具有较高配置效率的民营企业常常被排除在以大型国有银行为主导的信贷市场之外，不仅造成金融中介高额不良资产，而且导致中国企业，特别是民营企业广泛存在"资本饥渴"。因此，银行全部信贷额占地区 GDP 的比重只能衡量地区金融发展的规模水平，以此衡量金融发展水平会导致对中国地区金融发展水平的高估。张军等（2005）认为，用银行非国有企业贷款占地区 GDP 的比重反映中国地区金融发展水平更合适，但中国缺失银行非国有企业贷款的统计数据。Aziz 等（2002）、张军等（2005）、李敬等（2007）及李青原等（2013）基于银行国有

---

① Bagehot（1874）、McKinnon（1973）和 Shaw（1973）、Diamond（1984）、Stiglitz（1985）、Levine（1991）、Allen 和 Gale（1995）、Boot 和 Thako（2000）、Diamond 和 Verrecchia（1981）、Jensen 和 Murphy（1990）、Ayyagari（2010）、范学俊（2008）、李青原等（2013）。

② 2000—2011 年各年 31 个省（市、区）工业行业的资本配置效率，借鉴 Jeffrey Wurgler（2000）的模型：$\ln I_{i,c,t}/I_{i,c,t-1} = a_{i,t} + \eta \ln V_{i,c,t}/V_{i,c,t-1} + \varepsilon_{i,t}$ [i 为各省（市、区）的编号，$i = 1, 2, 3, \cdots, 31$；c 表示行业，$c = 1, 2, 3, \cdots, 25$；t 表示年份，$t = 2000, 2001, \cdots, 2011$。$I_{i,c,t}/I_{i,c,t-1}$ 和 $V_{i,c,t}/V_{i,c,t-1}$ 分别表示 i 省（市、区）c 行业 t 年的工业固定资产净值和利润总额的增长]。将 1999—2011 年各年 31 个省（市、区）25 个工业行业共 10075 组固定资产净值和利润总额数据代入模型，即可得到 i 省（市、区）t 年的资本配置效率 η_t。

企业贷款占银行信贷的比重和国有企业产出占总产出的比重之间的密切关系，用回归方法对银行国有企业贷款和非国有企业贷款进行数据分离。本书借鉴其研究思路，运用一阶自回归（AR1）的固定效应面板数据方法，间接估计出各地区银行信贷中非国有企业贷款比重。

　　本书假设，全部银行信贷分为国有企业贷款和非国有企业贷款两部分。考虑国有企业贷款占银行信贷的比重与国有企业产出占总产出的比重高度相关，建立如下面板数据模型：

$$loan_{it} = \alpha + \beta soe_{i,t} + \varphi_i + v_{i,t} \tag{10.3}$$

　　其误差项 v 满足：

$$v_{i,t} = \rho v_{i,t-1} + \varepsilon_{i,t}, \quad |\rho| < 1 \tag{10.4}$$

　　式（10.3）、式（10.4）中，$loan$ 代表银行总贷款占各省（市、区）GDP 的比重，soe 代表国有企业产出占地区总产出的比重，$\beta soe_{i,t}$ 衡量的是 i 省（市、区）t 年银行信贷中分配给国有企业的份额，分配到非国有企业的贷款份额由常数项 α、地区的虚拟变量 φ_i 和误差项 $v_{i,t}$ 三部分组成。因此，各省（市、区）银行非国有企业贷款占该省（市、区）GDP 的比重 $F_{i,t}$ 为：

$$F_{i,t} = loan_{i,t} - \beta soe_{i,t} \tag{10.5}$$

　　本书利用 2000—2012 年中国 31 个省（市、区）的面板数据得到 $loan$ 和 soe，其中银行总贷款和各省（市、区）GDP 分别用以 1999 年为基期的消费者价格指数和 GDP 指数平减。基础数据来自 2000—2012 年《中国金融统计年鉴》和《中国统计年鉴》、2004 年《中国经济普查年鉴》。

　　为避免伪回归现象，对 $loan$ 和 soe 进行单位根检验，检验结果见表 10 - 2。

表 10 - 2　　　　　　　　　　$loan$ 和 soe 单位根检验结果

变量	LLC	IPS	Fisher - ADF	Fisher - PP
$loan$	- 5.1857 ***	- 1.7466 **	75.8849	48.6992
D（$loan$）	- 13.3863 ***	- 6.9233 ***	152.9310 ***	170.9840 ***
soe	- 6.7539 ***	- 0.8230	72.3869	148.5440 ***
D（soe）	- 15.2677 ***	- 9.9105 ***	201.8610 ***	286.5430 ***

注：*、**、*** 分别表示在 10%、5% 和 1% 的水平上显著。

表 10 - 2 显示，*loan* 和 *soe* 两变量均为一阶单整序列。将 *loan* 和 *soe* 数据代入式（10.3）进行回归估计，经协方差分析检验、Hausman 检验和 Redundant Fixed Effects 检验，选择截面固定效应模型。经 D - W 检验发现，残差自相关严重，因此在模型中加入自回归项 AR（1）。模型最终回归结果如表 10 - 3 所示。

表 10 - 3   国有企业信贷比重的估计结果

变量	回归系数	t - value	Prob.
Cons	0.9954	24.6040	0.0000
soe	0.1658	1.7593	0.0795
AR（1）	0.6757	16.8618	0.0000
Adj. R² = 0.9212		D. W. = 1.8123	

注：因篇幅有限，截面虚拟变量值未列出。

表 10 - 3 显示，模型拟合优度较好，$Adj. R^2$ 为 0.9212，*soe* 的回归系数为 0.1658，且在 10% 的显著性水平下通过检验。因此，银行非国有企业贷款占地区 GDP 的比重 fd_2 为：

$$fd_{2,i,t} = loan_{i,t} - 0.1658soe_{i,t} \qquad (10.6)$$

据式（10.6）可计算出 2000—2011 年中国 31 个省（市、区）各年的银行非国有企业贷款占地区生产总值的比重。

（2）市场化水平（*njob*）：通过对国内外文献的研读发现，市场化程度提高意味着产品市场和要素市场具有更强的流动性和竞争性，价格信号能更真实及时地反映行业供求关系，引导以利润为导向的社会资本在行业、地区间充分流动，实现资本优化配置。与此同时，市场化程度高的地区，国有企业改革、非国有经济发展相对更快，这意味着企业预算约束的硬化和政府管制的放松，企业经营目标逐渐转向利润最大化，有利于资本配置效率提高。市场化水平有多种指标，考虑数据可得性，本书用非国有单位就业人数占该省（市、区）从业人员总数的比重表示。

（3）政府干预程度（*gov*）：1994 年中央和地方分税制财政管理体制的实行，促进了中央和地方财政收入稳定增长。地方政府财政收入增加，有利于发挥地方政府的宏观调控能力和资源配置能力，但政府干预经济程度的提高会降低市场机制在资源配置中的作用，阻碍资本配置效率提高。考虑地方政府财政支出中科教文卫支出属于消费性支出，随人均收入水平提高，人们对该类公共品的需求会相应提高，科教文卫支出反映地方政府对长期经济发展的支持，而非对经济的干预。本书用扣除科教文卫后的财政支出占各省（市、区）GDP 的比重衡量政府干预程度。

（4）人力资本积累（*edu*）：人力资本和物质资本是现代生产活动中两种重要的投入要素。Grier（2002）首次提出人力资本和物质资本"联合内生"的概念，即经济增长过程中一种资本的积累对另一种资本积累的外部性。他通过对 18 个国家的数据分析发现，人力资本增加导致该地区物质资本存量增长，物质资本存量增长又带来人力资本提高。Romer（1990）指出，人力资本在知识生产中具有规模效应，受过更多教育的人力资本更具创新性，对新技术的吸收和传播更快，更有利于技术进步和资本边际效率提高，从而提高资本配置效率。本书采用国际通行的 Barro 和 Lee（2000）方法，以平均受教育年限代表人力资本积累，其中小学、初中、高中、大学受教育年限分别设为6 年、9 年、12 年和 16 年。平均教育年限用各类受教育程度人口比重分别乘以相应受教育年限，然后加总求和得到。

（5）基础设施条件（*infra*）：完善的交通基础设施是经济增长和社会发展的前提条件。通达和便利的交通基础设施有利于降低交通运输成本，不仅提高生产效率和生活水平，而且有利于对运输成本反应灵敏的企业进行空间集聚，产生规模经济，提高企业经营效率。本书用各省（市、区）每平方公里对应的铁路、公路和水路里程衡量基础设施条件。

（6）对外开放程度（*trade*）：本书选择外贸依存度和外资依存度两指标。

外贸依存度（*open*）：一方面，对外贸易通过引进先进技术和市场理念，促进区域间经济合作，促进进出口企业积极参与区域分工和国际竞争，充分发挥其比较优势，实现要素在地区间的自由流动和合理配置。另一方面，对外开放既可促进一国企业充分利用国外原材料、中间产品和机器设备等资源，弥补国内生产资源的相对不足，也可摆脱国内市场的局限，根据国际市场需求状况安排生产规模、配置生产要素，促进资源配置优化。本书用各省（市、区）进出口贸易总额占各省 GDP 的比重表示外贸依存度。其中以美元计价的进出口贸易总额以当年平均价汇率换算为以人民币计价的进出口额。

外资依存度（fi）：一方面，外商投资可给目标国带来资金流量，弥补目标国投资的不足和改变国内金融部门的低效率，提高市场竞争水平，并通过技术转移和外溢效应提高目标国在资本、技术、管理能力和国际市场信息获取等方面的能力，提高经济增长效率。另一方面，外商投资的进入可能会对国内资本的投入和国内企业的运营产生挤出效应，外资企业通过其雄厚的资本和广泛的信息来源，大量占用目标国的稀缺资源，争夺市场份额，造成国内企业生产能力下降。本书用各省（市、区）外商投资企业投资总额占各省（市、区）GDP 的比重代表外资依存度。其中以美元计价的外商投资总额用当年平均价汇率换算为以人民币计价的外商投资额。

模型中各指标的选取和数据来源列于表 10 - 4 中。

表 10 - 4　　　　　　　　　　指标选取与数据来源

指标	指标说明	数据处理	基础数据来源
fd_1	存贷款额占各省 GDP 的比重	金融机构各项存款与贷款/地区 GDP	《中国金融统计年鉴》（2000—2012）、2013 年各省（市、区）地方统计年鉴
fd_3	股票交易金额占地区生产总值的比重	股票交易金额/地区生产总值	《中国证券期货统计年鉴》（2000—2013）
fd_4	人均保险收入	保险收入/地区年末人口总数。保险收入以 1999 年为基期的消费者价格指数平减	《中国保险统计年鉴》（2000—2013）、《中国统计年鉴》（2000—2013）
gov	扣除科教文卫后的财政支出占地区生产总值的比重	（地区公共财政预算支出 - 教育支出 - 科学技术支出 - 文化体育与传媒支出 - 医疗卫生支出）/地区生产总值	《中国统计年鉴》（2000—2013）
$njob$	非国有企业员工占地区就业人员的比重	1 -（国有单位年末就业人员/地区从业人员总数）	《中国劳动统计年鉴》（2000—2013）

续表

指标	指标说明	数据处理	基础数据来源
edu	人均受教育年限	令小学、初中、高中、大学受教育年限分别为 6 年、9 年、12 年和 16 年，人均教育年限用各类受教育程度人口比重分别乘以相应受教育年限，然后加总求和得到	《中国统计年鉴》（2000—2013）
infra	地区每平方公里对应的铁路、公路和水路里程	（铁路＋公路＋内河航道里程）/地区国土面积	《中国统计年鉴》（2000—2013）
trade	进出口贸易总额占地区生产总值的比重	进出口贸易总额×当年汇率/地区生产总值	《中国统计年鉴》（2000—2013）
fi	外商投资企业投资总额占地区生产总值的比重	外商投资总额×当年汇率/地区生产总值	《中国统计年鉴》（2000—2013）

表 10 – 5 显示，2000—2011 年，中国 31 个省（市、区）平均工业资本配置效率为 0.0703，高于同期中国整体资本配置效率 0.017。其中，2004 年新疆工业资本配置效率最高（0.8458），2008 年云南工业资本配置处于极度无效（ – 0.3944）。工业资本配置效率的标准差为 0.1561，离散程度最高的变量为股票交易额占地区 GDP 的比重、人均受教育年限和存贷款额占地区 GDP 的比重，标准差分别为 1.8885、1.1897 和 1.1295，相对集中的变量为人均保险收入，其标准差为 0.0561。

表 10 – 5　　　　　　　　　　**各变量描述性统计**

指标	n	Mean	Median	Maximum	Minimum	Std. Dev.
η	372	0.0703	0.0449	0.8458	– 0.3944	0.1561
fd_1	372	2.7064	2.5594	9.5504	0.7904	1.1295
fd_2	372	0.9716	0.9046	2.4973	0.4406	0.3417
fd_3	372	1.2702	0.7051	15.9222	0.0618	1.8885
fd_4	372	0.0471	0.0303	0.4154	0.0027	0.0561

续表

指标	n	Mean	Median	Maximum	Minimum	Std. Dev.
gov	372	0.1607	0.1299	1.1261	0.0370	0.1304
njob	372	0.5394	0.5400	0.8630	0.2110	0.1475
edu	372	7.9822	8.0866	11.5550	2.9985	1.1897
infra	372	0.6279	0.5153	2.3447	0.0183	0.4679
trade	372	0.3481	0.1344	2.1449	0.0380	0.4504
fi	372	0.4968	0.2483	5.7933	0.0603	0.6103

为避免数据不稳定造成伪回归,回归前先对面板数据进行单位根检验,表 10 – 6 显示,LLC 检验、IPS 检验、Fisher – ADF 和 Fisher – PP 检验均表明模型各变量的单位根检验均为一阶平稳。

表 10 – 6   面板数据单位根检验结果

变量	LLC	IPS	Fisher – ADF	Fisher – PP
$D(\eta)$	– 18.4494 ***	– 13.6230 ***	272.8180 ***	399.3390 ***
$D(fd_1)$	– 14.9942 ***	– 7.5226 ***	170.3400 ***	156.9750 ***
$D(fd_2)$	– 13.7086 ***	– 7.0839 ***	154.5350 ***	171.0420 ***
$D(fd_3)$	– 19.3159 ***	– 15.8035 ***	296.0120 ***	312.6660 ***
$D(fd_4)$	– 4.8520 ***	– 5.5557 ***	140.5780 ***	166.3770 ***
$D(gov)$	– 13.5200 ***	– 8.9174 ***	193.9140 ***	238.8410 ***
$D(njob)$	– 16.1622 ***	– 8.5890 ***	184.8640 ***	226.4850 ***
$D(edu)$	– 15.3920 ***	– 13.5408 ***	260.3060 ***	359.0650 ***
$D(infra)$	– 16.7657 ***	– 9.8691 ***	196.3570 ***	220.5770 ***
$D(trade)$	– 12.9408 ***	– 8.6036 ***	182.1480 ***	216.7760 ***
$D(fi)$	– 10.9802 ***	– 6.6668 ***	147.1760 ***	166.2380 ***

注:*、**、***分别表示在10%、5%和1%的水平上显著。

分别以存贷款额占各省(市、区)GDP 的比重 fd_1 和非国有企业贷款占各省(市、区)GDP 的比重 fd_2 衡量金融发展水平,代入式(10.2),采用似不相关回归方法(SUR),回归结果如表 10 – 7 中的模型 1 和模型 2 所示。

表 10 - 7　　　　　　　　**以银行业指标 fd_1、fd_2 衡量金融**
发展水平的面板数据回归结果

变量	模型1				模型2	
Cons	0.0488 ***	0.0507 ***	0.0325 ***	0.0532 ***	0.0524 ***	0.0511 ***
	(7.111)	(7.316)	(3.357)	(6.784)	(7.881)	(7.775)
η_{-1}	0.1047 ***	0.1060 ***	0.1052 ***	0.0949 ***	0.1055 ***	0.1052 ***
	(181.256)	(156.626)	(161.265)	(57.562)	(273.766)	(267.892)
fd_1	0.0021	0.0021	0.0015	0.0012		
	(1.750)	(1.361)	(1.308)	(0.678)		
fd_2					0.0023 ***	0.0032 ***
					(3.691)	(3.489)
gov	- 0.0095 **				- 0.0046 **	
	(- 2.926)				(- 1.896)	
njob		0.0059			0.0093 ***	
		(1.379)			(3.567)	
edu			0.0028 ***			
			(2.951)			
infra	0.0096 ***					0.0078 ***
	(2.959)					(3.407)
trade				0.0127 ***		
				(3.695)		
fi						- 0.0001
						(- 0.261)
N	341	341	341	341	341	341
Adj. R^2	0.9600	0.9422	0.9538	0.7380	0.9847	0.9849
D. W.	1.9719	1.9339	1.9309	1.9469	1.9504	1.9519

注：*、**、***分别表示在10%、5%和1%的水平上显著；括号内数据为 t 值。

　　表10 -7中模型1和模型2拟合效果良好，金融机构存贷款比重 fd_1 的回归系数虽为正，但未通过检验。表明中国当前银行信贷行为存在一定程度的企业性质偏好，国有企业、政治关联企业的融资约束较低，更容易得到信贷资金支持，而获得贷款后这些企业倾向于过度投资，对信贷资源配置效率有显著负面影响（张敏等，2010）。从中

国普遍存在的民间资金投资难与中小企业融资难的矛盾折射出中国较为严重的金融压抑现象，阻碍了银行优化资本配置效率作用的发挥。非国有企业贷款比重 fd_2 的系数均显著为正，说明银行非国有企业贷款促进工业资本配置效率提升。金融机构具有节约收集、处理信息成本的专业优势和规模优势，能集中各类闲置资金，并将其配置到价值创造能力高的行业和地区，优化资本配置效率（Stiglitz, 1985）。近年来，以盈利为目标的外资银行和区域性中小型银行逐步发展壮大，不仅在一定程度上缓解了中国中小型企业的融资困境，而且打破了国有银行的垄断地位，促使国有银行从服从政府指令性融资的行政目标逐渐向追求利润最大化的商业目标转化，并将各类闲置资金配置到资本边际效率高的项目，提高资本配置效率。

资本配置效率滞后项 η_{-1} 的回归系数在 0.1 左右，且在 1% 的显著性水平下通过检验。表明随市场化和地区经济发展水平提高，工业资本配置效率整体呈上升趋势。政府干预水平 gov 的回归系数分别为 -0.0095 和 -0.0046，即政府对资源配置的宏观调控降低了市场机制在资源配置中的作用，不利于资本配置效率提高。市场化程度 $njob$、人力资本积累 edu、基础设施条件 $infra$ 和外贸依存度 $trade$ 的回归系数均显著为正，外资依存度 fi 的系数未通过 10% 的显著性检验，认为非国有经济发展、人力资本积累、基础设施条件和进出口贸易在一定程度上促进工业资本配置效率提高，外商投资对工业资本配置效率影响不显著。

分别以股票交易金额占地区 GDP 比重 fd_3 和人均保险收入 fd_4 衡量金融发展水平代入式（10.2），采用似不相关回归方法（SUR），回归结果如表 10-8 中的模型 3 和模型 4 所示。

表 10-8　　　　　　　以证券业指标 fd_3 和保险业指标 fd_4
衡量金融发展水平的面板数据回归结果

变量	模型 3				模型 4	
Cons	0.0596 ***	0.0460 ***	-0.0121	0.0480 ***	0.0202	0.0510 ***
	(9.670)	(4.533)	(-0.319)	(5.344)	(0.937)	(7.753)

续表

变量	模型 3				模型 4	
η_{-1}	0.1063***	0.1050***	0.0947***	0.1036***	0.1062***	0.0907***
	(902.009)	(47.699)	(14.040)	(38.278)	(51.161)	(16.719)
fd_3	−0.0002**	−0.0005***	−0.0011**	−0.006***		
	(−1.996)	(−0.577)	(−2.234)	(−2.889)		
fd_4					0.0191	0.0436
					(0.812)	(0.957)
gov	−0.0031***					
	(−3.774)					
njob		0.0247*				
		(1.697)				
edu			0.0082*		0.0048**	
			(1.710)		(1.797)	
infra				0.0180*		
				(1.7454)		
trade			0.0346***			0.0184**
			(3.047)			(2.184)
fi				−0.0087		
				(−1.273)		
N	341	341	341	341	341	341
Adj. R^2	0.9992	0.7227	0.2012	0.6208	0.9210	0.5470
D. W.	1.9900	1.9936	1.9935	1.9924	1.9645	1.9592

注：*、**、***分别表示在10%、5%和1%的水平上显著；括号内数据为 t 值。

表 10 − 8 显示，模型 3 中 fd_3 的系数显著为负，即股票交易规模的扩大对工业资本配置效率具有负向影响。说明中国股票市场未能有效发挥其配置资源、分散风险、及时性信息披露和强化公司治理等功能，无法显著改善公司经营效率。从理论上讲，股票市场规模的扩张，一方面通过股价上涨产生的财富效应刺激消费需求，企业则通过扩大投资增加供给以满足消费需求。另一方面股票市值的上涨使企业资产市场价值和重置成本的托宾 Q 比率上升，企业会扩大实际投资，

从而刺激经济中的投资支出。但在实践中，由于中国股市国有股一股独大的股权结构，股票投资者极少通过介入公司经营管理改变公司经营预算软约束特征。由于投资者对公司进行长期投资的信心不足，只能频繁换手。中国股票交易规模的扩大更多地映射出其畸高的换手率，相对于美国市场 50%—60% 的换手率，中国市场的换手率高达 228%—254%（张峥等，2013）。另外，由于风险和收益约束不对称，中国企业往往更愿从事高风险的短期资本投资而不愿从事长期性实物投资。在企业托宾 Q 比率增长的情况下，资金仍通过种种途径重新投入股市而非实体经济，大量资金滞留在股市延长或阻碍了股市对实际投资应有的促进作用。模型 4 中，人均保费收入 fd_4 的回归系数虽为正，但在 10% 的显著性水平下未通过检验。可能的原因为：中国保险收入虽逐年增加，但长期以来出于"安全性"考虑，保险业一直存在"重保费，轻投资"的不平衡现象，对保险资金"收益性"的重视不够，保费收入运用于资本市场的渠道和比重相对不足，保险公司的融资职能未得到有效发挥。

二 工业行业资本配置效率影响因素的实证分析

国内外学者的大量实证研究表明，行业的产权制度是影响行业资本配置效率的重要因素，非国有企业的资本配置效率明显高于国有企业（Boardman 等，1989；Dewenter 等，2001；姚洋，2001；方军雄，2007；李青原等，2010）。本书建立 2000—2011 年中国 25 个工业行业的面板数据模型，重点考察行业非国有经济发展对行业资本配置效率的影响，并将政府支持度、对外开放度、行业技术发展水平作为控制变量纳入模型。模型设定如下：

$$\eta_{c,t} = \alpha + \beta_1 \times nsoe_{c,t} + \beta_2 \times tax_{c,t} + \beta_3 \times exp_{c,t}$$
$$+ \beta_4 \times fie_{c,t} + \beta_5 \times fund_{c,t} + \beta_6 \times org_{c,t} + \varepsilon_{c,t} \tag{10.7}$$

式（10.7）中，$\eta_{c,t}$ 为行业 c 第 t 年的工业资本配置效率。2000—2011 年中国 25 个工业行业各年的工业资本配置效率数据来自第八章的测算结果。

（1）非国有经济比重（$nsoe_{c,t}$）：c 行业 t 年的非国有经济比重本书用非国有企业个数占规模以上企业个数的比重 $nsoe_1$、非国有企业从业人员占规模以上企业总从业人员数的比重 $nsoe_2$、非国有企业资产占规模以上企业总资产的比重 $nseo_3$ 及非国有企业总产值占规模以上企业总产值的比重 $nsoe_4$ 四个指标进行综合衡量。

（2）政府对行业的支持力度（$tax_{c,t}$）：本书用 c 行业 t 年规模以上企业税金总额占利润总额的比重衡量政府对该行业的支持力度。基于经济社会全局和长远发展，政府选择对具有知识技术密集、物质资源消耗少、成长潜力大、综合效益高等特点的国家战略性新兴产业给予优惠补贴，对占用资本较多、耗能量较大、排放的环境污染量较高、产出较少的高耗能行业加以限制。税金总额包括企业所得税、增值税和主营业务税金及附加。①

（3）行业开放程度：对省际工业资本配置效率影响因素的实证分析表明，对外开放度的扩大有助于改善工业资本配置效率，为此本书在工业行业资本配置效率影响因素模型中引入行业外贸开放度和行业外资开放度指标。式（10.7）中，$exp_{c,t}$ 为 c 行业 t 年规模以上企业出口交货值占工业销售产值的比重，衡量该行业外贸开放度；$fie_{c,t}$ 为 c 行业 t 年外商投资企业和港澳台投资企业总产值占规模以上企业总产值的比重，衡量该行业外资开放度。

（4）行业技术水平：用 $fund_{c,t}$ 和 $org_{c,t}$ 两个指标衡量。$fund_{c,t}$ 为 c 行业 t 年大中型企业 R&D 活动内部支出总额占企业销售收入的比重；$org_{c,t}$ 为 c 行业 t 年大中型企业中有科技开发机构企业个数占总企业个数的比重。

大中型企业中有科技开发机构企业个数及 R&D 活动内部支出总额数据来自《中国科技统计年鉴》（2001—2012），其余相关数据来自《中国工业经济统计年鉴》（2001—2004，2006—2012）和《中国经济普查年鉴》（2004）。

表 10-9 列出了各变量的描述性统计结果。2000—2011 年，中国25 个工业行业平均资本配置效率为 0.0735。其中，2004 年通信设备、计算机及其他电子设备制造业资本配置效率最高，为 1.2207；2006

① 主营业务税金及附加指企业在报告期内销售产品、提供劳务等主要经营业务应负担的城市维护建设税、消费税、资源税和教育附加税等。

年石油和天然气开采业资本配置效率处于极度无效状态，为
-0.6177。工业资本配置效率标准差为0.1735，行业差异大于省际差
异。离散程度最高的变量为规模以上企业税金总额占利润总额的比
重，其标准差高达7.4890，相对集中的变量为大中型企业R&D活动
内部支出总额占企业销售收入的比重，其标准差为0.0083。

表10-9　　　　　　　　各变量的描述性统计

指标	n	Mean	Median	Maximum	Minimum	Std. Dev.
η	300	0.0735	0.0457	1.2207	-0.6177	0.1735
$nsoe_1$	300	0.7983	0.8890	0.9890	0.1283	0.2165
$nsoe_2$	300	0.6049	0.6648	0.9572	0.0057	0.2782
$nseo_3$	300	0.5306	0.5659	0.9503	0.0069	0.2745
$nsoe_4$	300	0.6348	0.7300	0.9764	0.0053	0.2891
tax	300	1.3546	0.7939	125.7437	-28.6689	7.4890
exp	300	0.1197	0.0844	0.6814	0.0000	0.1399
fie	300	0.2408	0.2354	0.8414	0.0000	0.1811
$fund$	300	0.2756	0.2670	0.6251	0.0550	0.1306
org	300	0.0141	0.0132	0.0356	0.0009	0.0083

为避免数据不稳定造成的伪回归问题，进行回归分析前先对面板
数据进行单位根检验，表10-10为模型各变量的单位根检验结果。
LLC检验、IPS检验、Fisher-ADF和Fisher-PP表明各变量均是一阶
平稳的。

表10-10　　　　　　　　面板数据单位根检验结果

变量	LLC	IPS	Fisher-ADF	Fisher-PP
$D(\eta)$	-17.1636***	-14.1922***	254.2470***	384.2340***
$D(nsoe_1)$	-24.9351***	-13.5154***	227.6210***	325.0090***
$D(nsoe_2)$	-4.1325***	-0.8588*	55.7856*	68.8949**
$D(nseo_3)$	-7.1846***	-4.2037***	98.3014***	115.6560***
$D(nsoe_4)$	-7.9946***	-4.6050***	105.8250***	114.6060***

续表

变量	LLC	IPS	Fisher – ADF	Fisher – PP
D（tax）	− 44. 7087 ***	− 29. 2519 ***	343. 9240 ***	397. 0600 ***
D（exp）	− 10. 5922 ***	− 6. 5396 ***	127. 6020 ***	148. 3210 ***
D（fie）	− 21. 5361 ***	− 11. 0272 ***	165. 5080 ***	175. 9310 ***
D（fund）	− 7. 9775 ***	− 7. 3654 ***	142. 5470 ***	144. 2410 ***
D（org）	− 16. 5514 ***	− 10. 7703 ***	196. 8640 ***	256. 9800 ***

注：*、**、***分别表示在10%、5%和1%的水平上显著。

　　将2000—2011年25个工业行业各指标数据代入式（10.7），采用似不相关回归方法（SUR），模型回归结果如表10 – 11所示。

　　表10 – 11显示，在控制政府支持度、对外开放度和行业技术发展水平等变量后，模型5、模型6、模型7和模型8中，衡量行业非国有经济比重的非国有企业个数比重、非国有企业从业人员数比重、非国有企业资产比重和非国有企业总产值比重的回归系数分别为0. 1071、0. 0914、0. 0813和0. 0899，且均在1%的显著性水平下通过检验，说明行业非国有经济比重提高对工业行业资本配置效率具有显著正向影响。

表10 – 11　　　工业资本配置效率行业差异影响因素回归结果

变量	模型5	模型6	模型7	模型8
Cons	− 0. 0018 （ − 0. 088）	0. 0288 * （1. 595）	0. 0375 ** （2. 131）	0. 0244 （1. 223）
$nsoe_1$	0. 1071 *** （4. 553）			
$nsoe_2$		0. 0914 *** （3. 536）		
$nseo_3$			0. 0813 *** （3. 019）	
$nsoe_4$				0. 0899 *** （3. 463）

续表

变量	模型 5	模型 6	模型 7	模型 8
tax	− 0.0013 **	− 0.0011 *	− 0.0010 *	− 0.0009
	(− 2.126)	(− 1.850)	(− 1.682)	(− 1.580)
exp	0.1884 ***	0.1838 ***	0.1717 ***	0.1716 ***
	(3.412)	(2.928)	(2.588)	(2.527)
fie	− 0.1436 ***	− 0.1854 ***	− 0.1671 ***	− 0.1652 ***
	(− 3.461)	(− 3.600)	(− 3.048)	(− 3.053)
fund	− 1.4685 **	− 1.1277 *	− 1.0110	− 1.5743 **
	(2.315)	(− 1.635)	(− 1.411)	(− 2.083)
org	0.0514	0.0728	0.0658 *	0.0910 *
	(1.237)	(1.544)	(1.371)	(1.768)
N	300	300	300	300
Adj. R²	0.1176	0.0798	0.0653	0.0770
D. W.	1.9884	2.0161	2.0239	2.0196

注：*、**、*** 分别表示在 10%、5% 和 1% 的水平上显著；括号内数据为 t 值。

企业税金占利润总额的比重 *tax* 的回归系数在模型 5、模型 6 和模型 7 中通过了 10% 的显著性检验，该系数值在 − 0.001 左右，即工业行业中企业税金占利润总额的比重下降 1%，工业行业资本配置效率提高 0.001%，表明政府税收对工业行业资本配置效率的积极影响非常有限。行业外贸开放度 *exp* 的回归系数显著为正，该系数值在 0.17—0.19 范围内。说明行业出口贸易的扩大对工业行业资本配置效率有积极作用。这与出口企业积极参与区域分工和国际竞争，促进企业发挥其比较优势，实现资本要素在地区间、产业间自由流动和合理配置，以及国际贸易的技术和管理溢出效应，促进企业资本配置效率改善有关。行业外资开放度 *fie* 的回归系数显著为负。表明在其他条件不变情况下，外商和港澳台投资企业比重越高的行业，工业资本配置效率越低。可能的原因：一是外商投资总额在地方经济增长与财政收入增长中作用重要，地方政府官员基于政治晋升目标，对外资企业予以土地、税收等多种优惠政策。政府对行业发展干预程度的提高，降低了市场机制在资源配置中的决定性作用，从而对工业行业资本配置效率产生负面影响。二是外资企业通过其雄厚的资本和广泛的信息来源，大量占用稀缺资源，抢占市场份额，对行业内内资企业的运营产生挤出效应，造成内资企业生产效率下降。大中型企业 R&D 活动内部支出总额占企业销售收入的比重 fund 的回归系数为负，且在模型5、模型 6 和模型 8 中至少在 10% 的显著性水平下通过检验，认为 fund 对工业行业资本配置效率具有负向影响。模型 7 和模型 8 中，大中型企业具有科技开发机构企业个数占总企业个数的比重 org 的回归系数通过了 10% 的显著性检验，但影响系数较小，分别为 0.0658 和 0.0910。这可能与企业科技进步转换机制尚不健全，资本投资增加未能带来技术进步同步提升，工业发展主要以外延式增长方式为主，尚未走上内涵式增长道路，科技经费对技术进步的促进作用未能充分显现有关。

第三节　中国服务业资本配置效率 影响因素实证分析

目前，国内尚无对服务业资本配置效率影响因素进行理论与实证研究的相关文献。本节借鉴国内外学者对资本配置效率影响因素的相关研究成果，并结合经济学基本原理，选择 2004—2012 年中国各省（市、区）服务业固定资本形成总额和服务业增加值面板数据，并通过在模型中引入交互项，尝试对影响中国服务业资本配置效率的因素进行实证分析与检验。

一　模型选择与指标选取

本节参考方军雄（2007）的模型，构建省际面板数据模型（10.8），重点考察金融发展和市场化对服务业资本配置效率的影响，同时将地区经济发展水平、人力资本积累和对外开放程度等因素作为控制变量纳入模型：

$$\ln \frac{I_{c,t}}{I_{c,t-1}} = \alpha + \beta_1 \times \ln \frac{V_{c,t}}{V_{c,t-1}} + \beta_2 \times \ln \frac{F_{c,t}}{F_{c,t-1}} + \beta_3 \times \ln \frac{F_{c,t}}{F_{c,t-1}} \times \ln \frac{V_{c,t}}{V_{c,t-1}}$$

$$+ \beta_4 \times \ln \frac{M_{c,t}}{M_{c,t-1}} + \beta_5 \times \ln \frac{M_{c,t}}{M_{c,t-1}} \times \ln \frac{V_{c,t}}{V_{c,t-1}} + CONTROL + \varepsilon_{c,t}$$

$$(10.8)$$

式（10.8）中，$I_{c,t}$ 和 $V_{c,t}$ 分别为省（市、区）c 第 t 年服务业固定资本形成总额和行业增加值，若系数 β_1 显著为正，说明服务业资本配置处于有效状态；若 β_1 显著为负，说明服务业资本配置无效。$F_{c,t}$ 为省（市、区）c 第 t 年的金融发展水平，本书选取的金融发展水平指标包括银行、证券和保险三类。银行业指标用各省（市、区）金融机构存贷款 F_1 和贷存比 F_2 表示，基础数据来自《中国金融年鉴》（2005—2012）；证券业指标用各省（市、区）股票交易额 F_3 表示，基础数据来自《中国证券期货统计年鉴》（2005—2012）；保险业指标用各省（市、区）保险密度 F_4 和保险深度 F_5 表示，基础数据来自《中国金融年鉴》（2005—2012）。若金融发展水平与行业增加值交互项的系数 β_3 显著为正，说明金融发展有助于提高服务业资本配置效率；若 β_3 显著为负，说明金融发展抑制服务业资本配置效率提高。$M_{c,t}$ 为省（市、区）c 第 t 年的市场化水平，本书用各省（市、区）非国有企业就业人数占其就业总人数的比重表示，基础数据来自《中国统计年鉴》（2005—2012）。若市场化水平与行业增加值交互项的系数 β_5 显著为正，说明市场化有助于提高服务业资本配置效率；若 β_5 显著为负，说明市场化抑制服务业资本配置效率提高。

CONTROL 为包括地区经济发展水平、人力资本积累、外商直接投资和对外贸易等在内的一组控制变量。各指标选择说明如下：

（1）地区经济发展水平（GDP）。对正处于工业化过程中的中国而言，地区间经济发展水平的差异将导致地区间经济效率的差异。本书采用各省（市、区）人均 GDP 作为衡量地区经济发展水平差异的指标，并以 2004 年为基期的 GDP 指数进行平减。基础数据来自《中国统计年鉴》（2005—2012）。

（2）人力资本积累（HC）。Richard Nelson 和 Edmund S. Phelps（1966）认为，受过更多教育的劳动力可能更具创新性，对新技术的吸收和传播更快，更适应日益细分的现代经济环境，从而有利于物质资本积累。Theodore W. Schultz（1993）认为，人力资本，特别是掌握新知识的人力资本可促进技术进步和资本边际效率提高。人力资本数据的获得与处理方式与第十章第二节中相同。基础数据来自《中国统计年鉴》（2005—2012）。

（3）外商直接投资（*FI*）。外商直接投资的流入通过示范和竞争带来水平、前向和后向关联的技术溢出，提高目标国在资本、技术、管理能力和国际市场信息获取等方面的能力，提高经济增长效率。Bai（2006）认为，外商直接投资发挥了资本配置功能，一定程度上弥补了国内金融部门的低效率。本书用按当年人民币对美元汇率水平折算的人民币外商投资企业年末投资总额作为外商直接投资指标，并以 2004 年为基期的消费者价格指数平减。基础数据来自《中国统计年鉴》（2005—2012）。

（4）对外贸易（*T*）。对外贸易的扩大有助于进出口企业积极参与国际分工和国际竞争，充分发挥比较优势，实现资本要素和商品在国际间流动，推动地方经济增长和资本配置效率提高。本书用各省（市、区）进出口额代表对外贸易状况，并以 2004 年为基期的消费者价格指数平减。基础数据来自《中国统计年鉴》（2005—2012）。

二　变量描述与单位根检验

表 10 – 12　　　　　　　　　各变量的描述性统计分析

变量	变量表示	样本量	平均值	最大值	最小值	标准差
固定资产净值	$\ln \dfrac{I_{c,t}}{I_{c,t-1}}$	215	0.162972	0.524530	− 0.135573	0.099453
服务业增加值	$\ln \dfrac{V_{c,t}}{V_{c,t-1}}$	215	0.105067	0.266404	− 0.037313	0.065396
存贷款	$\ln \dfrac{F_{1c,t}}{F_{1c,t-1}}$	215	0.140765	0.949962	− 0.750780	0.105778
存贷比	$\ln \dfrac{F_{2c,t}}{F_{2c,t-1}}$	215	− 0.012541	2.277746	− 2.380010	0.233205
股票交易金额	$\ln \dfrac{F_{3c,t}}{F_{3c,t-1}}$	215	0.437219	2.914560	− 1.888143	0.815900
保险密度	$\ln \dfrac{F_{4c,t}}{F_{4c,t-1}}$	215	0.138465	0.431803	− 0.325529	0.119415

续表

变量	变量表示	样本量	平均值	最大值	最小值	标准差
保险深度	$\ln\dfrac{F_{5c,t}}{F_{5c,t-1}}$	215	0.007400	4.700480	-4.620059	0.589745
市场化程度	$\ln\dfrac{M_{c,t}}{M_{c,t-1}}$	215	0.041699	0.239267	-0.108435	0.043710
地区经济发展	$\ln\dfrac{GDP_{c,t}}{GDP_{c,t-1}}$	215	0.121977	0.213497	0.052592	0.019185
平均教育年限	$\ln\dfrac{HC_{c,t}}{HC_{c,t-1}}$	215	0.014429	0.147151	-0.091701	0.039369
外商直接投资	$\ln\dfrac{FI_{c,t}}{FI_{c,t-1}}$	215	0.061877	1.980252	-1.305765	0.222865
进出口值	$\ln\dfrac{T_{c,t}}{T_{c,t-1}}$	215	0.136426	2.434624	-0.674726	0.262669

　　为避免模型估计结果出现伪回归现象，首先对各面板序列的平稳性进行单位根检验，以确保回归估计结果的有效性，检验结果如表10-13所示。

表10-13　　　　　　　　　　面板数据单位根检验结果

变量	变量表示	LLC	IPS	Fisher - ADF	Fisher - PP
固定资产净值	$\ln\dfrac{I_{c,t}}{I_{c,t-1}}$	-11.5504***	-3.70482***	119.018***	164.917***
服务业增加值	$\ln\dfrac{V_{c,t}}{V_{c,t-1}}$	-31.3872***	-12.8598***	269.921***	401.528***
存贷款	$\ln\dfrac{F_{1c,t}}{F_{1c,t-1}}$	-8.14208***	-1.48214**	77.6828*	86.789***
存贷比	$\ln\dfrac{F_{2c,t}}{F_{2c,t-1}}$	-18.1120***	-6.21486***	165.867***	234.315***
股票交易金额	$\ln\dfrac{F_{3c,t}}{F_{3c,t-1}}$	-12.7055***	-3.47392***	114.610***	114.471***
保险密度	$\ln\dfrac{F_{4c,t}}{F_{4c,t-1}}$	-4.53341***	-2.25748***	94.6242***	105.289***

续表

变量	变量表示	LLC	IPS	Fisher − ADF	Fisher − PP
保险深度	$\ln\dfrac{F_{5c,t}}{F_{5c,t-1}}$	− 4.95432 ***	− 2.02017 **	90.9590 ***	101.687 ***
市场化程度	$\ln\dfrac{M_{c,t}}{M_{c,t-1}}$	− 15.1187 ***	− 5.95889 ***	157.788 ***	225.517 ***
地区经济发展	$\ln\dfrac{GDP_{c,t}}{GDP_{c,t-1}}$	− 8.93086 ***	− 1.96425 **	89.7262 ***	122.062 ***
平均教育年限	$\ln\dfrac{HC_{c,t}}{HC_{c,t-1}}$	− 15.0895 ***	− 7.50417 ***	188.404 ***	252.026 ***
外商直接投资	$\ln\dfrac{FI_{c,t}}{FI_{c,t-1}}$	− 8.93036 ***	− 1.89195 **	87.7554 ***	114.823 ***
进出口值	$\ln\dfrac{T_{c,t}}{T_{c,t-1}}$	− 21.3833 ***	− 5.34022 ***	141.441 ***	201.988 ***

注：*、**、***分别表示在10%、5%和1%的水平上显著。

表 10 − 13 的检验结果显示，各变量在 10% 的水平下显著，拒绝存在单位根的原假设，为一阶单整序列。

三 实证结果分析

分别以存贷款额 F_1、贷存比率 F_2 衡量金融发展水平代入式（10.8），回归结果如表 10 − 14 中的模型 1 和模型 2 所示。

表 10 − 14 以存贷款额 F_1、贷存比率 F_2 衡量金融发展水平的面板数据回归结果

变量	模型 1			模型 2		
Constant	0.124 (1.142)	0.145 (1.409)	0.140 (1.154)	0.033 (0.422)	0.064 (0.872)	0.070 (0.898)
$\ln\dfrac{V_{c,t}}{V_{c,t-1}}$	− 0.662 (− 0.896)	− 0.799 (− 1.153)	− 0.786 (− 1.089)	0.167 (0.506)	− 0.114 (− 0.437)	− 0.132 (− 0.601)
$\ln\dfrac{F_{c,t}}{F_{c,t-1}}$	− 0.414 * (− 1.486)	− 0.389 * (− 1.411)	− 0.348 (− 1.106)	− 1.381 *** (− 6.093)	− 1.384 *** (− 5.754)	− 1.394 *** (− 5.178)
$\ln\dfrac{F_{c,t}}{F_{c,t-1}}\times\ln\dfrac{V_{c,t}}{V_{c,t-1}}$	5.091 *** (2.478)	4.791 *** (2.344)	4.431 ** (1.739)	12.836 *** (6.102)	12.871 *** (5.789)	12.964 *** (5.182)

续表

变量	模型 1			模型 2		
$\ln \dfrac{M_{c,t}}{M_{c,t-1}}$		-0.815^{**} (-1.740)	-0.659^{*} (-1.342)		-1.111^{***} (-2.190)	-1.078^{***} (-2.626)
$\ln \dfrac{M_{c,t}}{M_{c,t-1}} \times \ln \dfrac{V_{c,t}}{V_{c,t-1}}$		7.360^{***} (2.192)	5.968^{**} (1.607)		10.042^{***} (3.093)	9.713^{***} (3.880)
$\ln \dfrac{GDP_{c,t}}{GDP_{c,t-1}}$	0.721^{**} (1.751)	0.663^{*} (1.545)	0.743^{*} (1.563)	0.925^{*} (1.566)	0.889^{*} (1.454)	0.870^{*} (1.556)
$\ln \dfrac{HC_{c,t}}{HC_{c,t-1}}$	-0.303^{***} (-2.320)	-0.270^{***} (-2.024)	-0.295^{***} (-2.105)	-0.330^{***} (-2.474)	-0.289^{***} (-2.342)	-0.313^{***} (-2.963)
$\ln \dfrac{FI_{c,t}}{FI_{c,t-1}}$	0.020 (0.945)	0.022 (1.005)		0.003 (0.262)	0.011 (0.889)	
$\ln \dfrac{T_{c,t}}{T_{c,t-1}}$	0.013 (0.290)	0.031 (0.682)		-0.022 (-0.399)	0.005 (0.090)	
$Adj. R^2$	0.333^{***} (1.905)	0.340^{***} (1.842)	0.338^{***} (1.979)	0.344^{***} (2.001)	0.359^{***} (2.000)	0.359^{***} (2.171)

注：$*$、$**$、$***$ 分别表示在 10%、5% 和 1% 的水平上显著；括号内数据为 t 值。

表 10 - 14 显示，模型拟合程度较好，拟合优度均达到 30% 以上，且在 1% 的统计水平上显著。模型 1 中存贷款额 F_1 与行业增加值交互项的系数（5.091、4.791、4.431）显著小于模型 2 中贷存比率 F_2 与行业增加值交互项的系数（12.836、12.871、12.964）。即银行业存贷款规模扩张与存款转化为贷款的效率对服务业资本配置效率均具有促进作用，但存贷款规模 F_1 的促进作用小于银行业通过优化存款转化为贷款的效率 F_2 对服务业资本配置效率的作用，表明现阶段中国企业的发展在很大程度上依赖于银行信贷资金投入。① 这也说明要发挥金融对资本配置效率的优化作用，中国银行业必须从以增设机构、

---

① 2011 年，中国存贷差为 261421 亿元，存贷差的不断扩大意味着金融中介正以储蓄的方式从经济中抽离资金，这不利于经济效率的提高。同时，中国银行业长期粗放型的信贷规模扩张模式，使具有较高配置效率的民营企业往往被排除在以大型国有银行为主导的信贷市场之外，这不仅造成金融中介高额不良资产，而且导致中国企业"资本饥渴"广泛存在。

扩大金融业务的外延型扩张方式向以规范金融行为、优化金融机构、改善金融服务、提高金融效率为目的的集约型增长方式转变。以存贷款额及贷存比率衡量金融发展水平下，市场化水平与行业增加值交互项的系数分别为 7.360、5.968 和 10.042、9.713，且至少通过 5% 的显著性水平检验，表明市场化水平提高对服务业资本配置效率有显著正向影响。这是因为市场化程度高的地区，要素和产品市场具有更强的流动性和竞争性，投入的资本要素能更快地从商品资本形式转换为货币资本形式，由此刺激社会经济主体的投资意愿，提高资本配置效率。

表 10 - 15　　　　**以股票交易金额 F_3 衡量金融发展水平的**
面板数据回归结果

变量	模型 3		
$Constant$	0.073	0.111	0.117
	(0.822)	(1.273)	(1.159)
$\ln \dfrac{V_{c,t}}{V_{c,t-1}}$	-0.019	-0.277	-0.161
	(-0.039)	(-0.579)	(-0.333)
$\ln \dfrac{F_{c,t}}{F_{c,t-1}}$	-0.074 *	-0.068	-0.058
	(-1.435)	(-1.257)	(-1.240)
$\ln \dfrac{F_{c,t}}{F_{c,t-1}} \times \ln \dfrac{V_{c,t}}{V_{c,t-1}}$	0.546	0.534	0.475
	(1.520)	(1.396)	(1.331)
$\ln \dfrac{M_{c,t}}{M_{c,t-1}}$		-0.988 ***	-1.039 ***
		(4.134)	(-4.694)
$\ln \dfrac{M_{c,t}}{M_{c,t-1}} \times \ln \dfrac{V_{c,t}}{V_{c,t-1}}$		9.188 ***	9.750 ***
		(4.134)	(5.699)
$\ln \dfrac{GDP_{c,t}}{GDP_{c,t-1}}$	0.864 **	0.734 *	0.518
	(1.845)	(1.459)	(0.983)
$\ln \dfrac{HC_{c,t}}{HC_{c,t-1}}$	-0.284 *	-0.257	-0.288 *
	(-1.337)	(1.283)	(-1.614)
$\ln \dfrac{FI_{c,t}}{FI_{c,t-1}}$	0.018	0.020	
	(0.897)	(1.063)	
$\ln \dfrac{T_{c,t}}{T_{c,t-1}}$	-0.071 *	-0.043	
	(-1.389)	(-0.809)	
$Adj. R^2$	0.302 ***	0.315 ***	0.312 ***
	(1.653)	(1.641)	(1.755)

注：＊、＊＊、＊＊＊表示在 10%、5% 和 1% 的水平上显著；括号内数据为 t 值。

表 10 - 15 显示，模型拟合程度较好，拟合优度均达到 30% 以上，且在 1% 的统计水平上显著。模型 3 中，股票交易金额 F_3 与行业增加值交互项的系数（0.546、0.534、0.475）为正，但未在 10% 的水平下通过显著性检验，说明中国股票市场规模的扩大未能促进服务业资本配置效率提高。2011 年，中国股市总市值达 21.48 万亿元，占当年 GDP 的 45.5%。股票市场规模的扩张，可通过股价上涨产生的财富效应使托宾 Q 比率上升，刺激经济中的投资支出，但由于中国股市国有股一股独大的股权结构，股票投资者极少通过介入公司经营管理，改变公司经营预算软约束特征。由于投资者对公司进行长期投资的信心不足，只能频繁换手，由此导致股票交易规模的扩大对公司经营效率改善不显著。

表 10 - 16   以保险密度 F_4 和保险深度 F_5 衡量金融
发展水平的面板数据回归结果

变量	模型 4			模型 5		
$Constant$	0.052	0.082	0.085	0.069	0.105	0.109
	(0.554)	(0.918)	(0.857)	(0.780)	(1.244)	(1.087)
$\ln \dfrac{V_{c,t}}{V_{c,t-1}}$	0.488	0.214	0.265	0.316	0.026	0.060
	(1.096)	(0.524)	(0.719)	(0.626)	(0.054)	(0.141)
$\ln \dfrac{F_{c,t}}{F_{c,t-1}}$	0.113	0.133	0.136	-0.001	0.011	0.014
	(0.976)	(1.129)	(1.198)	(-0.005)	(0.278)	(0.291)
$\ln \dfrac{F_{c,t}}{F_{c,t-1}} \times \ln \dfrac{V_{c,t}}{V_{c,t-1}}$	-1.256**	-1.302**	-1.351***	0.024	-0.054	-0.073
	(-1.866)	(-1.970)	(-2.383)	(0.055)	(-0.149)	(-0.172)
$\ln \dfrac{M_{c,t}}{M_{c,t-1}}$		-1.150***	-1.126***		-1.223***	-1.163***
		(-2.777)	(-3.636)		(-3.411)	(-4.069)
$\ln \dfrac{M_{c,t}}{M_{c,t-1}} \times \ln \dfrac{V_{c,t}}{V_{c,t-1}}$		10.347***	10.206***		10.979***	10.542***
		(3.693)	(4.860)		(4.682)	(5.041)
$\ln \dfrac{GDP_{c,t}}{GDP_{c,t-1}}$	0.594	0.527	0.444	0.561	0.483	0.416
	(1.263)	(1.158)	(0.925)***	(1.217)	(1.131)	(0.811)
$\ln \dfrac{HC_{c,t}}{HC_{c,t-1}}$	-0.413***	-0.329**	-0.295	-0.367***	-0.301**	-0.331***
	(-2.036)	(-1.841)	(-2.105)	(-2.240)	(-1.955)	(-2.447)

续表

变量	模型 4			模型 5		
$\ln \dfrac{FI_{c,t}}{FI_{c,t-1}}$	0.015 (0.690)	0.019 (0.939)		0.015 (0.765)	0.019 (1.044)	
$\ln \dfrac{T_{c,t}}{T_{c,t-1}}$	−0.044 (−0.816)	−0.017 (−0.289)		−0.040 (−0.669)	−0.010 (−0.164)	
Adj. R^2	0.278 ** (1.472)	0.292 ** (1.476)	0.292 ** (1.596)	0.274 ** (1.437)	0.289 ** (1.452)	0.288 *** (1.567)

注：＊、＊＊、＊＊＊分别表示在10％、5％和1％水平上显著；括号内数据为 t 值。

表 10 – 16 显示，模型拟合程度较好，且在 5％ 的统计水平上显著。模型 4 中，保险密度 F_4 与行业增加值交互项的系数显著为负（ − 1.256、 − 1.302、 − 1.351），且至少通过 5％ 的显著性检验，说明保险密度的扩大对服务业资本配置效率提高有负向影响。模型 5 中，保险深度 F_5 与行业增加值交互项的系数有正有负（0.024、 − 0.054、 − 0.073），但未在 10％ 水平下通过显著性检验，说明保险深度提升尚未对服务业资本配置效率提高产生促进作用，表明中国保险业尚未呈现金融化趋势。

综合表 10 – 14、表 10 – 15 和表 10 – 16 可见，地区 GDP 增长率对服务业固定资本形成总额的增长率具有显著推动作用，服务业固定资本形成总额相对于地区经济景气度的敏感性较高。值得注意的是，人力资本积累对服务业固定资本形成总额有显著负向影响，这一结果与沈能等（2005）的结论一致。这可能与中国各地区高校人力资本存量的转化机制尚不健全，经济发展仍主要以外延式增长为主，尚未走上依靠技术进步与劳动者素质提高的内涵式增长道路，人力资本存量对经济增长的促进作用尚未充分显现有关。外商投资增长率对服务业固定资本形成总额增长率的影响系数虽为正，但未能通过 10％ 显著性水平检验，可以认为外商直接投资对服务业固定资本形成总额增长率的影响不显著。可能的解释：一是改革开放以来，外商直接投资虽逐年增加，但外商直接投资主要集中在工业部门，特别是制造业部门，服务业吸引的外资较少。二是服务业中的交通运输等行业投资周期长、投资规模大、投资收益率低，以盈利为目的的外商资本不愿进入；金融业、邮电、信息传输等行业具有政府或行业垄断性质，外商资本难以进入；教育、科研、社会保障与社会福利等行业，具有公共服务性质或准公共服务性质，本身不以盈利为目的，很难吸引外商资本进入。由此导致服务业固定资本形成总额对外商直接投资不敏感。进出口额与服务业固定资本形成总额呈弱相关关系。可能的原因：一是 2004 年实施的新出口退税制度规定出口退税改由中央负担 75%，地方政府负担 25%，这实际上提高了地方政府的引资成本，对外商直接投资具有挤出效应。对外商投资的挤出效应所带来的服务业固定资本形成总额的减少超过由于进出口企业参与国际竞争带来的服务业固定资本形成总额的增加，由此表现出进出口额越高的地区，服务业固定资本形成总额越低。二是长期以来，工业品进出口在中国进出口贸易中居于主导地位，服务贸易在贸易总额中所占比重较少，由此导致以工业品为主的进出口额对服务业固定资本形成额的影响不显著。

第四节　本章小结

本章对影响农业、工业及服务业资本配置效率的因素进行实证分析与检验发现：①经济发展水平、市场化进程、人力资本积累和二元结构对农业资本配置效率具有正向作用，农业金融服务和农业分散化经营对农业资本配置效率具有负向影响。②非国有企业信贷比重、市场化程度、人力资本积累、基础设施建设、外贸依存度与省际工业资本配置效率显著正相关，股票交易规模、政府财政干预与省际工业资本配置效率显著负相关，银行存贷款规模、人均保险收入、外资依存度对省际工业资本配置效率影响不显著。非国有经济发展、行业外贸开放度对工业行业资本配置效率具有显著正向影响，行业外资开放度和 R&D 活动内部支出规模与工业行业资本配置效率显著负相关，政府税收对工业行业资本配置效率的积极影响非常有限。③市场化水平、银行存贷款额、贷存比率对服务业资本配置效率均具有显著促进作用，但银行业存贷款规模对服务业资本配置效率的促进作用小于存贷比率的作用；保险密度对服务业资本配置效率的影响为负，股票交易额和保险深度对服务业资本配置效率影响不显著；地区 GDP 增长率对服务业固定资本形成额增长率具有显著积极作用，人力资本积累对服务业固定资本形成额有显著负向影响，外商投资额增长率、进出口额增长率对服务业固定资本形成额的影响不显著。

第十一章　提高中国资本投资
效率的对策

本章结合资本投资与配置状况、对资本效率的测算结果及影响资本效率因素实证分析得出的基本结论，就提升中国资本投资效率的相关对策进行探讨。

第一节　树立投资规模与投资效率并重的
经济增长和经济发展观

树立资本投资规模与投资效率并重的经济增长与经济发展观，在扩大资本投资规模的同时，注重资本投资效率，是加快转变经济增长方式，创新经济发展模式，提升经济增长质量，促进国民经济又好又快发展的必要条件。

经济增长与经济发展离不开资本的投入，一定的资本投资规模是经济增长的必要条件，但资本投资规模本身并不是经济增长的目的，而是促进经济增长的手段。从逻辑上讲，投资规模只是经济增长的必要而非充分条件，只有投资规模，缺乏投资效率，难以实现经济长期可持续增长。一方面，缺乏技术进步的资本投资增加，伴随的是资本边际报酬的递减和经济增长优势的减弱。另一方面，低效率、高污染的粗放型经济增长模式给环境带来巨大压力，造成国家未富而资源、环境先衰。因此，投资规模和投资效率兼备是经济长期可持续增长的必要条件，投资规模和投资效率共同构成经济增长的"动力之源"。一方面中国作为一个发展中国家，与发达国家比较，基础设施建设，特别是西部地区及广大农村地区的基础设施建设还比较落后，还有待提高，适度增加投资，特别是加大对农村地区基础设施建设的投资，加快农村资本积累，对经济长期可持续增长无疑是必要的。另一方面，鉴于国内消费在短期内很难实现较快增长，外需也不可能再像过去20年那样成为拉动经济增长的重要因素，今后中国经济增长仍将高度依赖投资。与此同时，基于中国高储蓄的经济结构，国民经济正常增长也需要保持较高的投资率与之匹配。但中国经济增长再也不能走主要依靠要素投入的外延式扩张老路，必须通过提高资本投资效率，将高投入、高消耗的粗放型经济增长模式转变为主要依靠技术进步和提高劳动者素质、提高生产要素质量和效率的集约型经济增长模式，走低投入、高产出的科学发展道路。

树立资本投资规模与资本投资效率并重的发展观，要求在增加资本投资规模的同时注重资本投资效率，将资本效率放在重要地位。要求各部门、各地区在进行资本投资时必须选择最合适的投资战略，在兼顾产业与行业结构平衡、区域协调发展与城乡统筹发展的同时，重点投资产业中行业效率较高且增长潜力大的部门和地区，夯实投资带动经济增长的微观基础。在对地方政府进行考核时，充分体现科学发展观和正确政绩观的要求，在考核地区经济发展时，更注重考核发展方式和发展质量；在考核经济建设情况时，更注重考核经济社会协调发展、人与自然和谐发展的状况，消除片面追求GDP指标、盲目扩大投资和引进外资、对高能耗高污染企业视而不见、重复投资等诟病，切实转变经济增长方式，提高经济增长质量与效率。

第二节　加快市场化进程，促进企业平等竞争

改革开放以来，中国市场化改革进程不断加快，市场在资源配置中的作用逐渐加强，领域不断扩大，在产品市场、生产要素市场及非国有经济发展等方面取得了很大成就，但与发达国家完善的市场经济相比，中国市场化程度整体不高，不同区域间市场化水平差异较大。主要表现在：中国经济整体上仍以政府为主导，特别是在经济调整期，政府通过投资干预实体经济的力度较大；某些行业政府垄断或行业垄断现象较为

严重；中国要素市场发育、法律制度环境建设等市场化改革尚不完善。提高资本效率，必须继续深化市场经济体制改革，全面加速市场化进程，充分发挥市场在资源配置中的决定性作用，通过提高产品市场和要素市场的竞争性和流动性，使潜在竞争者根据真实价格信号提供产品与生产要素，引导资本合理有效流动，提高资本配置效率。

（1）深化国有企业经营机制改革。在中小型国有企业民营化基础上，大型国有企业应通过股份合作制、股份制、混合所有制等企业经营机制改革，实现所有者与经营者两权分离，建立产权清晰的现代企业制度。与此同时，提高市场信息化程度，通过充分的、有效的市场竞争，使市场活动的参与者根据市场供求状况适时调整生产经营决策，及时调整产品结构，提高产品质量和市场竞争力，提高企业产出率和收益率，促使企业在利润信号引导下自发调节资源配置。

（2）打破分割市场的地方保护主义，促进要素自由流动。要素配置功能是市场最重要的功能，应充分利用市场对各种经济信号反应灵敏的优点，自动及时地调节，实现供求均衡；通过市场优胜劣汰机制解决各地产业发展同构性、同质化问题，化解行业产能过剩；打破分割市场的地方保护主义，减少地方政府对产品与要素市场的干预，促进资本、技术、人才、信息等要素在地区、产业和行业间自由流动，实现资本在不同区域、产业与行业间优化配置。

（3）完善市场价格形成机制。加快要素市场和产品市场改革，加快资本、劳动力、土地等要素市场制度建设，促使要素在市场机制作用下自由流动，是提高要素资源配置效率的前提条件。各地区、各部门应重点推进资源性产品价格市场化机制改革，放开竞争性环节价格，建立和完善农产品价格市场形成机制。政府定价范围主要限定在重要公用事业、公益性服务、网络型自然垄断环节，提高政府定价的公正性与透明度。

（4）加快推进西部市场化进程。根据樊纲等（2003）的测算，市场化进程排名靠后的多为西部省（区）[①]，主要表现为西部企业国

---

① 根据樊纲（2003）的测算结果，市场化进程排在第22—30位的省（区）依次是云南、甘肃、内蒙古、贵州、山西、陕西、宁夏、青海和新疆。

有化程度高、西部资源产品定价的非市场化和政府职能转变滞后等方面。加快西部市场化进程，必须加快西部国有企业经营机制改革、西部资源产品定价的市场化和政府职能的转变。通过对国有企业经营机制市场化改革，促使各种经济类型的企业在获取要素资源上处于平等位置，促进公平竞争，提高企业竞争力，提高资本效率。国内外学者对不同企业资本效率进行的实证研究显示，私营企业资本效率普遍高于国有企业，国有企业特别是大型国有企业拥有的资本存量远高于私营企业，政府对国企的保护和政策倾斜会降低国企资本效率。因此，加快国有企业经营机制改革，减少政府对国有经济的政策倾斜力度，充分发挥市场在资源配置中的决定性作用，使资本按利润导向在不同所有制企业间自由流动，不仅能使非国有企业在发展中得到充足的资金支持，而且有利于各种所有制形式的企业在公平的政策环境下竞争和创新，提高资本整体效率。

（5）加强法律制度建设，创建公平公正、自由竞争的市场体系。立法目的要体现市场化特征，突出其对市场经济的"确认、保护、促进"内涵，确认和保障各类市场主体的生存权、产权、竞争权和发展权，体现"权利本位"观念。使市场对所有竞争主体开放，取消地方政府额外收费、差别技术检验、质量检验和环保标准等各种规定和做法，确保市场各类竞争主体具有平等的法律地位，使其在同一起跑线上展开竞争。明确界定产权并对产权进行有效保护，不断健全和完善产权交易市场。中国产权交易市场应由政府主导向行业协会指导转变，健全产权交易市场监管制度，实现产权交易市场跨区结盟与联动。通过法律制度规制不正当竞争等行为，加强《反垄断法》、《反不正当竞争法》的执法监督。

第三节　打破国有行业与行政垄断，大力发展非公有制经济

（1）放宽非公有制企业市场准入范围。打破国有企业行政和行业垄断，对竞争型国有企业积极推进实施国有资本、集体资本、非公有

资本交叉持股、相互融合的混合所有制；对电信、交通运输、民航、矿产等行业放宽非公有制经济市场准入，增强国有企业吸引社会资本和外商资本的能力；取消对国有企业提供的特殊优惠，清除部分行政管理和控制，放宽市场准入范围，引入市场竞争机制，消除对非公有制经济各种形式的隐性壁垒，推进工商注册制度便利化改革，激发民间投资创业热情，培育多元市场竞争主体。

（2）强化政府支持、引导非公有制经济快速发展的服务职能。各级政府应加大对成长型中小微型企业和重点特色产业集群的财政支持力度，引导中小微型企业朝混合型、多方面、多方位外向型发展；建立中小微企业信用担保体系，通过政府预算拨款、资产划拨、会员企业风险保证金等方式成立担保机构，鼓励创办中小型民营企业；重视并构建企业信息服务系统，加快信息披露，建设全国性、地区性的信息公开网，为非公有制企业提供全方位的信息服务；尽快完善对行业协会的立法，认可行业协会在合理制定行业发展规划和行业服务标准中的地位，引导、监督行业协会在组织建设等方面的工作。

（3）加大对非公有制企业的金融支持力度。建立健全中小企业资金借贷制度，培育中小金融机构，鼓励其对有市场、有技术、有发展前景的非公有制企业增加贷款，拓宽非公有制经济的直接融资渠道；民间融资作为资金资源的一种有效配置手段，在正式金融制度供给缺乏的情况下，对缓解中小企业融资难问题有显著作用，在审慎监管模式下进行制度创新防范民间融资风险，扩大非公有制企业的融资渠道。

（4）加强非公有制企业内涵建设，提升企业核心竞争力。鼓励中小企业建立现代企业制度，适应企业规模扩大化、资产社会化、股权分散化、管理专业化的要求；完善人才激励机制，推动企业自主创新，掌握核心技术，提升产品的创新点和科技含量；鼓励和支持非公有制企业"走出去"，积极探索融资租赁、投资与贸易相结合的海外投资新模式，扩展企业发展的国际空间。

第四节　加快金融市场开放，充分发挥金融体系资本配置功能

提升资本投资效率，必须改革原有投资机制，改变资本形成主要发生在公共和国有部门的格局，改革现有的与国有部门相匹配的金融体制和银行部门体制。良好的金融环境，不仅能快速对市场做出反应，而且能有效将资本投入高回报率的区域、产业和行业，提高资本效率。因此应深化金融体制改革，加快金融市场开放进程，大力促进金融市场特别是信贷市场的规范发展，通过金融制度创新和政府引导，创造有利于资本按照利率高低在地区、产业和行业间自由流动的制度保障和政策环境。

（1）继续深化以建立和完善市场竞争机制及产权多样化为目标的金融体系改革，使中国金融体系适应日益激烈的资本市场竞争，切实推进新三板等中小微企业投融资平台建设，为中小微型企业提供有效的投融资渠道，促进中小微型企业的快速发展。

（2）中国金融业应逐渐从增设机构、扩大金融业务的外延型扩张向以规范金融行为、优化金融机构、改善金融服务、提高金融效率为目的的集约型增长方式转变。扩大金融市场对内开放，鼓励和引导民间资本进入金融服务领域、设立中小型商业银行，提高银行业市场竞争力度，消除银行在信贷投放、利率等方面的差别待遇，化解中小微企业融资难的困境。与此同时，创造公开、公平、公正的市场竞争环境与融资机会，加快推进民间资本在不同地区、行业和产业之间合法、合规、有序流动，积极支持和鼓励符合条件的各型企业进入资本市场融资。

（3）加快推进利率市场化。在全面放开贷款利率管制基础上，建立健全科学合理的利率自主定价机制，使金融市场信贷产品多元化，更好地发挥市场在金融资源配置中的决定性作用。按照"先长期、后短期，先大额、后小额"的原则稳妥有序地推进存款利率市场化。建立完善存款保险制度，防范化解金融机构流动性风险。

（4）健全多层次资本市场体系，扩大普通民众投融资渠道。加快推进股票发行注册制改革，确保企业信息披露的真实性、完整性和及时性，证监会及其发审机构强化监督执法，融资方式、发行节奏、发行价格、发行方式等方面则强化市场约束机制。鼓励金融创新，丰富债券市场、期货及衍生品的层次和多样性。

（5）大力推动农村金融制度创新，促进农村金融机构发展。改革开放以来，在农村固定资产投资总额大幅增加的同时，城乡固定资产投资差额不断扩大；在农村固定资产投资率高于城镇固定资产投资率的同时，农村资本投资效率远低于城镇资本投资效率。资本的趋利性决定资本将向效率更高的城镇集聚，由此将进一步拉大城乡间资本投资差距，阻碍城乡经济协调发展。发达国家经济发展的实践表明，一国在经济发展初期，发展重点大都偏向于城市经济，但在城市经济发展到一定程度后，应通过城市支持农村，工业反哺农业，通过城市经济带动农村经济发展，逐步缩小城乡经济发展差距。提高中国农村资本效率必须从增加投资额和改善投资环境两方面着手。首先，政府应进一步加大对农村资本投资力度，特别是加大对农村的道路、交通、通讯、水利等基础设施建设的投资力度，弥补长期以来对农村基础设施建设的欠账，为社会资本向农村注入与农村经济发展创造良好的外部环境，逐步缩小城乡间资本投资"剪刀差"，改变农村经济发展长期处于"资本饥渴"的发展状况。其次，加大农村金融改革力度，通过制度创新和政府引导，创造有利于资本向农村流动的制度保障与政策环境。规范发展适合农村金融需求的金融组织，将政策性金融和商业性金融相结合，建立适合农村金融发展的机制，为农村资本投资建立良好的制度环境；促进小型农村金融机构发展，为农村经济发展提供足够的金融信贷支持，改善农村资本投资效率。

第五节　明确政府与市场边界，减少政府对实体经济的干预

市场经济下，政府的经济职能主要体现在：通过调控财政资源引

导私人资本的流动，促进产业与行业结构平衡、区域协调发展与城乡统筹发展，促进国民经济可持续发展；通过引导社会资本合理流向，促进资本优化配置。

（1）明确政府与市场的边界。改革开放以来，中国通过不断向市场分权，扩大市场运行空间，政府直接干预经济活动的范围越来越小，但现实中政府"越位"、"缺位"和"错位"现象仍然存在。主要表现在：政府行政性资源配置对市场的扭曲①；地方政府在短期政绩追求的冲动下，盲目进行项目投资和规模扩张；地方政府主导经济运行状况②等。市场经济下，政府作为市场秩序的维护者，可弥补市场失灵，政府重点是通过提供公共产品与公共服务、发展重要前瞻性战略性产业、保护生态环境、支持科技进步、保障国家安全等，为实体经济发展创造良好的内部与外部环境。实体经济发展遵循市场规律，充分发挥市场在资源配置中的决定性作用，资本在利润信号引致下，在不同区域、产业与行业间自由流动。政府如果对竞争性实体经济干预过多，就会影响市场在资源配置中决定性作用的发挥，增加地方政府的"寻租"行为。因此，必须合理界定政府与市场的边界，解决政府的"越位"、"缺位"和"错位"，认真落实党的三中全会关于"凡是能由市场决定价格的都交给市场"的战略部署，凡是市场和企业能做的事，政府都应"让位"于市场，让位于从事经济活动的企业，使企业按照市场供求状况进行生产经营决策，大力减少政府对实体经济的干预程度，减少政府直接干预微观主体的行为。政府投资范围应仅限于公共投资领域，且在公共投资领域也要逐渐改变公共投资由政府主导的局面，充分发挥民间资本的主导作用，更多采用公私合作伙伴关系投融资模式，减少负债，增加股本，加强政府公共投资与民间投资的合作。

（2）政府引导资本优化配置。政府对资源配置的引导作用表现在，政府为兼顾产业与行业结构平衡、区域协调发展与城乡统筹发

①　政府依然控制着主要的稀缺性要素性资源，市场主体可通过政府获得低成本的资金和土地等，由此降低投资风险，抬高收入预期，由此加剧某些领域"泡沫性"需求的扩张。

②　国家总体规划的预期性目标在地方政府贯彻实施中演变为指令性目标，且在选择取向上基本是投资规模与增长速度等"硬"指标，忽视结构优化、社会发展等"软"指标。

展，通过"有形的手"，为资源在产业、行业及区域间流动与配置营造良好的"硬环境"和"软环境"。

一是政府引导资本在区域间合理流动，缩小区域间资本积累差距。长期以来，中国东部由于在对外开放度、金融体系、市场环境、人力资本、基础设施建设等方面较其他区域更有优势，较高的投资回报率和良好的投资环境不断吸引社会资本流入，资金积累能力不断增强。充裕的资金供给和良好的投融资环境使东部资本体现出高投入高效率的规模效应。如果没有有效的调节与引导，资本区域间配置失衡状况及区域经济发展差距将进一步恶化，最终将影响经济可持续增长。协调区域发展，缩小区域间经济发展差距，必须充分发挥政府的引导作用，在充分发挥市场对区域资本配置起决定作用的同时，政府通过政策效应积极引导资本流向，缩小资本积累的区域差距与区域资本效率的分化程度，避免资本在某一区域过度集聚导致资本边际报酬递减，在提升整体资本投资效率的同时，促进区域经济协调发展。首先，加大对中西部的政策支持力度，将中西部的资源优势转化为产业优势和经济发展优势。中西部尤其是西部自然资源丰裕但资本匮乏，实现区域协调发展，必须加大对中西部的资本投资力度，特别是加大对基础设施建设的投资力度，为私人资本投资营造良好的"硬环境"，吸引私人资本向中西部流动，改善区域间资本投资差距扩大化趋势，降低区域间资本配置不均衡程度，促进区域经济协调发展。其次，实行区域差异性信贷政策，有效发挥政策性银行的功能。根据中国目前产业政策及产业规划，对不同地区的重点产业进行信贷支持，东部主要支持创汇产业、高新技术密集型产业等新兴产业，中西部重点加强基础设施建设，改善投融资环境。再次，实行差别化货币政策。央行除对不同地区的贷款利率实施差异化政策外，对中西部金融机构在税收和利润留成上给予一定政策优惠，提高金融机构对中西部贷款的积极性，引导信贷资本向中西部地区流动。最后，加大中西部地区对经济发展有最大贡献的技术创新和产业升级企业的支持力度，通过税收优惠和政府采购等支持中西部新技术、新产品创新，并用政府资金支持创新企业，提高企业自主创新能力与市场竞争力，促进企业长期可持续发展。

　　二是引导资本在城乡间合理流动，改善农村资本严重稀缺状况。中国农村资本投资远低于城镇，且绝对差距与相对差距均呈迅速扩大趋势，促进城乡经济协调发展，各级政府在加大对农村资本投资力度，实现资本要素在农业注入和积累，使农村地区摆脱物质资本长期匮乏的资本稀缺型发展模式的同时，必须积极引导社会资本向农村和农业流动，以社会资本和农业资本改造农村和传统农业，着力提高农业资本配置效率。从资本—产出比看，中国农村固定资产投资效率高于城镇，加大农村资本投资力度，特别是加大对农村基础设施建设的投入，改善农村经济发展的投资环境，加强对农村基础教育与职业教育投入，提高农民的整体素质与职业技能，促进物质资本与较高素质的农村人力资本契合，不仅有助于提高资本产出率和整体资本投资效率，而且有助于促进农村经济快速发展，缩小城乡收入差距，实现城乡协调发展。

　　三是引导资本在行业间合理流动，改善行业间资本错配状况，实现行业资本优化配置。本书对工业资本配置及产出状况进行的实证研究显示，一些传统制造业利润增长率低，但投资仍不断增加且增速较快①，而作为国家重点支柱行业的装备制造业利润额远高于行业平均水平，但固定资产形成额却较低②，由于投资与利润创造不匹配，从而影响整体工业资本效率。因此，改善资本在行业间的错配状况，促进行业资本优化配置，在充分发挥市场的决定性作用，使资本资源配置到效益好、成长潜力高、价值创造力强的行业和部门的同时，还应发挥政府"有形的手"的引导作用。政府通过制定相关产业发展政策与产业发展规划，引导资本要素向符合国家产业发展规划的产业和部门流动，为支柱行业、战略性产业、新兴产业等的快速发展提供资金积累。

　　四是引导产业空间转移，促进产业布局合理化。实证研究显示，中国三次产业资本积累与资本配置效率存在显著差异。提高产业资本投资效率，促进产业协调发展，必须改善农业资本投资环境，加大对

---

　　①　如非金属采选业、纺织业、造纸及纸制品业、塑料制品业等传统制造行业。
　　②　如通用设备制造业、专用设备制造业和交通运输设备制造业。

农业的投资力度；必须重视服务业在经济增长中的作用，加大对信息技术服务、金融服务等现代服务业的资本投资。中国产业布局不合理加剧了资本投资的动态无效性与资本配置的低效率。中西部地区自然资源与劳动力资源较为丰富，西部大开发以来，道路、交通、水利、通信等基础设施建设逐步完善，已具备承接东部产业转移能力，东部劳动力、土地等要素成本不断上升，产业竞争力开始弱化，需要进行产业换代升级与产业跃迁。因此，顺应产业发展规律，引导东部部分产业向中西部合理有序转移，合理布局空间产业格局，不仅对推动区域经济转型升级与产业结构的优化调整，促进国民经济向中高端水平跃升，促进产业资本优化配置具有重大意义，而且有助于缩小地区差距，激发经济活力，促进区域协调与公平发展。在承接产业转移过程中，除充分发挥市场在资源配置中的决定性作用，遵循市场规律，开放更多领域鼓励私营部门扩大投资，吸引产业与企业自主转移，激发市场活力外，还应发挥政府"有形的手"在引导产业空间转移与布局中的积极作用，营造承接产业转移的良好"硬环境"和"软环境"。如加快改善中西部道路、交通、信息、能源等基础设施，强化财税、金融等服务，做好人才开发和产业配套及加强环境保护、节约集约用地用水等。

五是推进投资主体多元化，积极鼓励民间资本参与投资，激发市场活力。政府公共投资不以盈利为目的，积极财政政策一方面会由于财政投资规模扩张，导致资本边际报酬降低，出现资本过度积累。另一方面可能产生对私人资本的挤出效应，降低资本积累有效性。为此，一方面，政府应适当降低公共投资比重，特别是生产性公共投资比重，政府投资主要偏向消费和生态建设，主要投向教育、健康、文化、医疗保健等有利于促进消费增长的社会基础设施领域、投向有利于技术进步的更新改造及有利于可持续发展的节能环保产业及大气和水污染治理、生态修复、资源循环利用等产业。另一方面，必须改变公共部门以政府为主的单一投融资主体，引导私人部门进入公共投资领域，形成以政府为主导、以市场为导向、多种投资主体共存的多元化投资机制，特别要鼓励民间资本进入更广的投资领域，实现投资主体多元化。与此同时，各级政府应积极改善民间资本投资环境，破除制度性障碍，放宽市场准入，拓宽民间资本投资领域，打破政府和行业垄断格局，允许民间资本进入垄断行业，积极投资新兴产业，推动资本优化配置。

第六节　加大人力资本投资力度，加快人力资本积累

人力资本作为经济增长最重要的要素性资源，人力资本素质的提高能有效改善资本效率。在绿色经济背景下，人力资本对改善资本效率更为重要。为此，各级政府部门与企业应加大人力资本投资力度，着力提高劳动者素质与技能，促进物质资本与高素质劳动力有效契合。

（1）大力发展基础教育，提高劳动者的整体受教育程度与受教育水平，为经济发展提供充足的、高素质的人力资本积累。加大中央对基础教育的财政支出力度，统筹发展省级义务教育，重点支持财政困难县发展农村义务教育。推行绩效管理，建立结果导向的义务教育质量评估体系，优化教育资源配置，提升基础教育公共服务效果。推行基础教育服务供给的市场化管理，通过引入民间资本，实现教育服务供给的多元化。

（2）鼓励企业重视人力资本教育投资。市场竞争中的企业追求利润增长必须储备作为战略性资源的人力资源，企业应将人力资本投资作为企业的重要投资之一，使企业员工具备最新的技术知识，使企业在日益激烈的市场竞争中具备竞争优势，提升竞争能力。企业人力资本积累的主要途径是增加对人力资本的投资，包括增加企业人力资源数量的外延投资，增加企业人力资本内涵的培训投资及使企业内部个体人力资本得到充分利用和发挥的激励投资。首先，各级政府部门要从政策上鼓励企业举办职业技能培训，培养技术型人才。其次，企业应充分利用国家科技、教育、人才资助项目，鼓励人才交流与人才流动，吸收国外优秀人才，激发研究人员的创造性。最后，通过对企业员工的职业技能培训，及时更新企业员工的知识结构，提高企业员工

的文化素质、技术水平、熟练程度及管理者的管理能力。

（3）提高人力资本向现代生产的转化机制，促进高素质劳动力与物质资本有效契合，实现产业与行业内涵式增长。充分发挥人力资本在知识生产中的规模效应，利用高素质人力资本的创新性和对新技术吸收、传播快的特点，提高资本边际生产力，提升经济增长质量。

第七节　加大科技研发与创新力度，促进技术进步与技术创新

技术进步是资本效率提高的首要因素，技术进步能使任何一种生产要素组合的产出更大（赵国鸿，2006）。技术进步的累积效应，可提高资本效率，促进经济可持续增长。20 世纪 70 年代中期开始，西方发达国家积极采用先进的技术与设备，采用新的生产方法，使资本要素效率大大提高。中国资本效率远低于西方主要发达国家，通过技术进步提高资本效率空间较大。各级政府与企业要加大科技研发与创新力度，鼓励技术创新与技术进步，促进资本有效利用，不断提高资本运营能力。

（1）加强科技队伍建设。建立多渠道、多层次科技人才培养机制，实施选拔专业技术人才和学科带头人制度，为科技人才的成长创造良好条件；鼓励在职培训，岗位成才，对技术人员进行知识更新和继续教育；举办各类国际国内学术交流与培训，选送优秀人才和科研骨干到国内外高校或科研机构进修、访问与交流；深化科技人员激励机制改革，建立科技人员收入与其创造价值和贡献挂钩的分配机制，充分调动科技人员的积极性和创造性；开展多层次、多类型、多形式的职工培训和技术比武，增强职工创新意识与创新能力，提高解决实际问题的能力，为技术进步和技术创新奠定基础。

（2）加大企业科学研发与技术创新力度。自主研发能力的提高，一方面通过促进生产领域的技术进步提高所有要素的产出水平，另一方面促进环保技术的进步和推广应用，降低环境污染程度，促进环境约束下资本效率的改善。提高企业自主创新能力，一要加大企业科研

投入。① 中国企业应在研发机构、机制建设、人员配备、技术条件等方面给予完善，形成产品开发和技术创新的核心力量和攻坚队伍。二要提高专利含金量。中国专利技术含量和产品附加值不高②，中国企业应在充分发挥外观设计和实用新型专利对经济增长促进作用的同时，不断钻研附加值高的尖端领域，掌握核心技术。三要营造有利于创新的环境氛围。允许员工在企业内部自主机构进行技术创新，并为其提供物质保障和动力支持；加强企业信息化建设，实现信息资源共享，促进信息流动与交换；通过采取对企业现有设备在规定期限内"强制报废"，加快企业设备更新，刺激企业技术创新步伐。

（3）与外资企业开展各种形式的研发合作，引进国外先进技术和生产设备，并在此基础上加大企业技术更新改造投资，特别是高新技术设备投资，对企业已有的技术进行升级改造，通过引进技术的消化吸收和再创新，形成具有自主知识产权的技术，在提升企业吸收能力与创新能力的同时，提高企业技术水平，推进企业生产力水平提高。

（4）建立以企业为主体的产学研协同创新机制，推进人才与经济、技术链与产业链的对接和整合。各级政府应积极搭建高校、科研机构与企业之间、科技成果与资金之间的桥梁，鼓励具有市场前景的新产品规模化生产，扶持投资量较大的高技术产业，为科研技术有效转化为现实生产力创造良好环境。科研机构可向企业转制或并入企业形成研发、生产联合体，提从科技成果转化率。建立完善的社会科技服务体系、科技中介机构与技术交易所，通过新技术推广会、展览会和洽谈会为新技术的转化提供迅速有效的渠道。

（5）加强知识产权执法力度，完善技术创新法律法规。进一步加强和完善知识产权和专利的立法工作，通过成立专职部门制定并实施有关知识产权使用和保护的政策和制度。设立知识产权法院，专门审理有关知识产权案件，强力打击和查处侵犯知识产权行为，加大其惩

---

① 自20世纪90年代以来，美国很多企业每年从销售额中提取10%以上用于R&D活动，中国大企业技术开发费用仅占销售收入的1.4%左右，远远落后于发达国家。

② 中国专利申请量90%以上集中于中药、食品、非酒精饮料等传统或低端技术领域；美国、日本等发达国家专利申请量主要集中于生命科学与生物技术、信息技术、新材料等高新技术领域。

罚力度。推动高等院校知识产权专业教育，培训专门人员从事知识产权审判工作，提高企业有关知识产权的法律意识，让知识产权战略深入人心。

第八节　扩大行业开放度，改善外贸结构和外资质量

对外开放程度对资本效率的提升具有促进作用，中国应在进一步扩大开放度的同时，注重外资质量，改善外贸结构。

（1）在积极吸引外资的同时，注重外商投资质量。外资进入不仅能部分缓解国内资本稀缺问题，而且能促进和推动国内企业吸收国外先进技术和经营管理理念，通过在区域或行业内部的正向外溢效应，促进行业技术水平提高，并促使国内企业加快技术自主研发和创新步伐，提高企业研发和创新能力，促使区域或行业技术效率提高，改善国内资本效率。对外商投资实行负面清单管理模式，各类市场主体可依法平等进入清单之外的领域，缓解外资经济领域资源错配、价格扭曲的局面，更好地发挥市场机制的优胜劣汰作用，促进资本资源优化配置。

（2）鼓励国内资本对外直接投资。对外直接投资有利于转移国内过剩资本，避免国内资本过度积累和重复投资，拓宽国内资本投资市场，寻找国外有利投资市场，提高资本投资效率。跨国公司的发展通过国内资本转移，吸收国外市场中的先进技术、先进的市场营销方法与现代化经营管理理念，带动国内企业积极进行技术创新，提高企业的生产技术水平和自主创新能力，提高资本在国内市场和国外市场的投资回报率。

（3）优化进出口商品结构，充分发挥贸易的技术和管理溢出效应。地方政府不仅要关注进出口贸易的规模和增速，同时要通过实施不同产业间的差别金融扶持等政策，积极引导进出口贸易结构调整，促进贸易从转口贸易、经营租赁等劳动密集型或资本密集型的低附加值项目向金融、计算机信息服务、技术咨询等技术密集型的高附加值项目转变。限制高污染、高能源消耗出口产业发展，依靠技术创新开

发新产品，运用新技术改造传统产业与产品，提高出口商品质量、科技含量与附加值，培育具有自主知识产权、拥有核心竞争力的高新技术出口企业。

第九节　优化产业资本配置，提高产业资本配置效率

（1）加大对农业支持力度，提高农业资本配置效率。加大对农业基础设施建设投入力度，优先支持"三农"发展，加大对农业的优惠政策支持，为社会资本向农村流动与注入创造良好的基础设施硬环境和政策软环境，形成多元化农业资本投入体系；加大教育科技支出，提高农民整体素质，为农村经济发展提供更多的人力资本积累，特别是加大对农村留守劳动力的培训技术、技能培训力度，提高农村留守劳动力的素质与技能，促进农村资本投资与农村劳动力更好契合，提高农业生产能力与农业资本效率；加大对农村金融改革发展的扶持和引导，切实加大商业性金融支农力度，充分发挥政策性金融和合作性金融作用，确保持续加大涉农信贷投放，不断完善金融支农机制，提高金融创新能力，引导金融资本向农业渗透，提升农业资本配置效率。

（2）优化工业行业资本配置，提高工业资本配置效率。中国工业固定资产投资额远远高于农业和服务业，但其资本效率却低于农业和服务业，且随着环境约束的加剧，以资本规模扩张的外延型工业增长方式对绿色经济发展构成严峻挑战。因此，工业应在不以牺牲环境为代价的基础上提高资本效率。包括积极推进市场化进程，充分发挥市场在工业资本配置中的决定性作用，通过利润引导资本在工业内部不同行业之间自由流动，减少对饱和产业的投资，加大对资本匮乏的新兴产业投资力度，实现工业资本优化配置。打破国有行政与行业垄断，拓宽市场准入，消除存在于不同所有制与不同行业间的各种显性与隐性壁垒，引入市场竞争机制，培育更多市场主体。加快金融部门和投资体制改革，促进金融市场开放，减少政府对实体经济的干预度，改变资本形成主要发生在公共和国有部门的格局，改革现有的与

国有部门相匹配的金融体制和银行部门体制，改变由各级政府主导的投资选择与决策、相互分割的市场环境和局部的发展目标，通过资本市场配置与自由流动，提升工业资本配置效率。加快对国有工业企业经营机制改革，强化对大型工业行业的财务监督，避免资本闲置；政府部门重视能源、交通等基础设施和基础产业发展，通过相关政策积极引导社会资本对新兴产业、装备制造业的投资力度。加快工业企业人力资本积累，促进工业资本与高素质人力资本结合，通过技术进步提高工业资本边际生产力，促进工业内涵式增长。与此同时，加大对环保工业的支持，引导工业企业注重将环境成本作为企业的重要成本充分内部化，对环境节约型企业给予一定的资金扶持与政策支持，引导企业走资源节约与环境友好型绿色经济发展道路。

（3）积极推动服务业快速发展，提高服务业资本配置效率。一要积极推进市场化进程，充分发挥市场在资源配置中的决定性作用，积极引导金融资本和社会资本向服务业渗透，形成多元化服务业资本投入体系。二要充分发挥银行业在服务业发展中的促进作用，为各类服务业发展创造公开、公平、公正的市场竞争环境与融资机会，加快推进民间资本向现代服务业合法、合规、有序流动，积极支持和鼓励符合条件的服务业企业进入资本市场融资。三要转变经济增长方式，创新经济发展模式，促进服务业资本投资与高素质人力资本有效契合，促进地区经济又好又快发展，提高服务业吸引社会资本的能力。四要打破服务业政府和行业垄断，放宽市场准入，引入竞争机制，增强服务业吸引社会资本和外商资本的能力。五要优化进出口商品与产业结构，积极拓展服务贸易市场空间，扩大服务贸易比重，充分发挥贸易的技术和管理溢出效应，提升服务业资本配置效率。

第十节　扩大居民消费，促进经济向消费驱动型增长方式转变

提高居民消费是消除资本积累动态无效并启动新的增长，促使经济从外向型增长向内需型增长、从投资驱动型增长向消费主导的内需

拉动型增长转变的关键。

消费、投资和出口是拉动经济增长的"三驾马车",长期以来,中国经济增长过度依赖投资,表现为"高出口、高投资和低消费"。2000—2012 年,资本形成总额对 GDP 的平均贡献率为 49.6%,高于最终消费支出对 GDP 的平均贡献率 46.3%。2008 年全球金融危机影响下,出口对 GDP 的贡献率持续为负,依靠出口消费过多产能的模式已告终结。因此,提高消费率,特别是提高居民消费支出是改善中国资本积累动态无效并启动新的经济增长,实现消费主导的内需型经济发展模式的源泉与有效途径。2010 年,中国人均国民收入达 4240 美元,按世界银行最新标准,中国已进入中上等收入阶段。钱纳里(1988)认为,当经济发展到一定水平后,投资率会稳定在 23% 左右,而消费率则逐步提升至 77% 左右。2012 年,中国最终消费率和资本形成率分别为49.5% 和 47.8%,中国居民消费存在巨大的上升空间。

(1)增加居民收入在国民收入中的分配份额。国民收入初次分配形成劳动者报酬、资本收入和政府的生产税净额三部分。一般而言,劳动所得用于消费的边际倾向远高于资本所得,因此,越来越多的学者将中国消费低迷归结于中国劳动收入占比的逐年降低。阻止中国劳动收入占比的持续下降[1]及至稳步提升,对扩大中国居民消费具有重要推动作用。提高劳动收入占比可从两方面着手:一是扩大就业。大力发展具有较高就业弹性的服务业,提高服务业在国民经济中的比重;打破城乡就业的歧视与行业垄断,促进劳动力市场发育;加强教育和技能培训,提高人力资本的素质。二是增强劳动者议价能力。在现有劳方与资方决定报酬水平的博弈中,劳方往往是弱势一方,政府应完善有关最低工资标准的规定,通过制度保护提高劳动者在收入分配中的讨价还价能力。

(2)完善收入再分配机制,缩小居民收入差距。中国居民收入具有在总量上过低,在结构上财富集中度过高[2]、收入差距过大的特点。

---

①　中国劳动收入占比已从 1997 年的 52.9% 下降到 2011 年的 44.9%。
②　世界银行报告显示,中国 70% 的财富掌握在 0.4% 的人手中,财富集中度居世界第一,两极分化尤为严重。

规范收入分配秩序，扩大中等收入者比重，提高低收入者收入水平可从三方面着手：一是缩小行业收入差距。改革公务员工资制度，消灭灰色收入；推进国有企业管理体制改革，消除垄断行业职工不合理的高收入；完善税收制度，加强税收对收入的调节力度。二是缩小城乡收入差距。加大在财政、信贷等方面的支农力度，加大对农业基础设施建设、农业科研与技术推广、农产品信息网络和营销组织建设等方面的投资力度；理顺农产品价格体系，缩小工农业产品价格"剪刀差"；改革现行农村征地制度，引入市场机制，加强立法。三是缩小地区收入差距。改善地区间发展机会的不平等，促进要素在地区间的双向流动；继续支援中西部欠发达地区的基础设施建设，发挥其对经济的正向溢出效应；加快劳动密集型制造业向中西部地区的转移步伐。

（3）加大转移支付力度，健全社会保障制度。财政分权体制下，地方政府财政支出往往偏向建设性支出，医疗、卫生、教育等公共服务支出比重偏低。完善的社会保障制度能通过提高消费的有效需求能力、增强抵御未来风险的信心和改善当期消费支出结构促进居民消费。加快社会保障体系建设，要继续扩大养老保险、医疗保险等的覆盖范围，全面推进城镇居民基本医疗保险、新型农村合作医疗制度建设；丰富社会救助方式，完善城乡居民最低生活保障制度和特殊群体社会救助制度；加大社会救助场所的建设力度，设立紧急救助制度；促进公共服务支出均等化，缩小教育、医疗等在城乡、地区间的差距；鼓励商业保险的推广，提高社会保障水平；推行社会保障制度的法制化、公开化建设，完善社会保障制度的监管机制。

（4）促进资本市场平稳发展，增加居民财产性收入。① 2012 年，城镇居民人均年财产性收入为 707 元，仅占总收入的 2.6%。提高居民消费水平，必须不断增加居民财产性收入，使其成为居民收入新的增长点，成为扩大消费的重要收入来源。一是完善农村财产权保护法

----

① 居民财产性收入是指居民利用其所拥有的银行存款、有价证券等动产及房屋、车辆、土地等不动产获得的非劳动性收入，具体包括利息收入、股息与红利收入、其他投资收入、出租房屋收入、土地经营流转或征用收入等。

律体系。目前，城镇居民出租房屋收入对财产性收入的贡献率超过50%，但农村集体所有土地和农民自有住宅尚不能自由抵押及流转交易，明晰并确认农村土地及住宅个人财产权，杜绝行政权侵犯个人财产权情况的发生，对增加农村居民财产性收入、缩小城乡收入差距具有重要积极影响。二是扩展居民财产性收入投资渠道。鼓励国家大型基础设施建设及重大建设项目通过发行债券向个人筹集资金；开拓境外投资新渠道，逐步让更多居民投资境外证券和股票市场；创新金融机构产品，满足多样化的投资需求。满足中低收入者投资需求，增加涵盖储蓄、投资、保障等多功能的复合型金融产品；加大金融监督力度，增强投资者信心，鼓励更多投资者进入资本市场；强化甚至强制企业分红，尤其是上市公司分红，增加投资者收入。

第十二章 研究结论与研究展望

第一节 研究结论

本书在对国内外关于资本投资与经济增长及资本效率相关理论与研究文献进行系统研读与梳理的基础上，采用理论分析与实证分析相结合、定性分析与定量分析相结合的方法，围绕中国资本投资效率及其影响因素进行系统的理论与实证研究。本书得出如下重要结论：

（1）1952—2010 年，中国资本存量呈逐年扩大趋势，但增长率波动较大；1992 年后，中国资本存量及其增速明显加快，自 2003 年开始，中国资本存量及其增速呈迅速攀升态势。1978—2010 年，中国各省（市、区）资本存量整体均逐年增加，但资本存量绝对额及其增速存在显著省际差异；整体而言，东部各省（市）资本存量较高且增速较快，西部各省（市、区）资本存量较低且增速较慢。1978—2011 年，中国工业资本存量整体呈逐年上升趋势，但不同时期工业资本存量增长速度存在显著差异；自 2003 年开始，中国工业资本存量呈快速攀升态势，工业资本存量增速呈上升—下降—上升的波动特征。

（2）1980—2010 年，中国整体、城镇和农村固定资产投资规模均不断扩张，但城镇固定资产投资规模远高于农村，且二者间的差距呈不断扩大趋势；中国各区域及各省（市、区）固定资产投资均逐年增加，但投资规模及其增长率存在显著区域和省际差异，东部固定资产投资集聚速度远远快于其他区域。1995—2010 年，中国三次产业固定资产投资均逐年增加，但投资规模及增长率存在显著产业差异；整体而言，第二产业固定资产投资额最高，第一产业固定资产投资额增速较快但绝对投资额远低于第二产业、第三产业，第一产业发展长期处于资本稀缺型发展模式。1980—2010 年，中国各类型经济固定资产投资均不断增加，但国有经济、集体经济固定资产投资比重大幅下降，私营个体经济、股份制经济、其他经济类型固定资产投资比重大幅上升，资本形成主要发生在公共和国有部门的格局得到改善。1980—2010 年，中国固定资产投资主要来自自筹资金和国内贷款，但国内贷款在固定资产投资中所占比重逐年下势，自筹资金和其他资金所占比重逐年上升，民间资本在投资中的主导作用逐渐得到发挥。

（3）1998—2010 年，中国整体、区域及省际农业固定资本形成总额和农业增加值均呈逐年上升趋势，农业固定资本形成总额远低于农业增加值，但农业固定资本形成总额增长率远高于农业增加值增长率；农业固定资本形成总额及其增速、农业增加值及其增速均存在显著区域和省际差异。1998—2011 年，中国工业整体、区域、省际及工业内部不同行业固定资产净值及工业行业利润总额均呈逐年增加趋势，但存在显著省际、区域与行业差异；工业行业利润总额增长率高于工业行业固定资产净值增长率，且波动显著；工业行业固定资产净值和工业行业利润总额均呈东中西部梯度递减特征，东部工业行业固定资产净值和工业行业利润总额均显著高于中部和西部；省际工业行业固定资产净值和工业行业利润总额在数量上具有协同性特征，山东、江苏和广东工业固定资产净值和工业行业利润总额均较高，西藏、海南、宁夏和青海工业行业固定资产净值和工业行业利润总额均较低；工业行业固定资产净值增长率和工业行业利润总额增长率存在显著行业差异。2004—2011 年，中国服务业整体、区域、省际及内部不同行业固定资本形成总额和行业增加值均呈逐年增加趋势，但服务业固定资本形成总额增速快于服务业行业增加值增速，且服务业固定资本形成总额及其增速、服务业行业增加值及其增速均存在显著区域、省际和行业差异；服务业固定资本形成总额和服务业增加值具有协同性特征，广东、山东、江苏等东部省份，服务业固定资本形成总额和行业增加值均较高，西藏、青海、宁夏等西部省（区），服务业固定资本形成总额和行业增加值均较低。

（4）1980—2010 年，中国整体、城镇及农村资本—产出比、投资—产出比及边际资本—产出比均不断上升，投资效率均逐渐下降，但农村资本投资效率最低且下降最快；中国三次产业资本投资效率均呈下降趋势，三次产业投资效率呈第二、第一、第三产业梯度递减特征，第三产业资本投资效率最低；中国各区域 I/Y、K/Y 及 $ICOR$ 均呈不断上升趋势，各区域资本投资效率均呈下降趋势，东部资本投资效率最高。1980—2011 年，中国工业资本回报率呈 "U" 形变化轨迹，工业资本回报率并未随工业固定资产投资率上升而下降。1985—2010 年，无论有无环境约束，中国均存在大量无效资本投入，且资本效率整体偏低，资本投资的外延式扩张模式难以实现经济长期可持续增长；东部资本效率及资本利用技术水平最高，中部和东北最低且呈下降趋势，无效资本量最大；有环境约束下，群组和共同前沿下整体、东部和西部资本效率均有所改善，但整体效率仍偏低，提升空间较大；中部和东北资本效率及资本利用技术水平均显著下降，经济发展付出了较大环境代价，西部资本效率及资本利用技术大幅提升，并显著高于中部和东北。

（5）中国整体资本积累出现动态有效和动态无效两阶段。1994—2008 年，资本投资动态有效，但与发达国家比较，动态效率不高且呈下降趋势；2009—2011 年，资本投资净收益率为负，资本积累动态无效且呈恶化态势。中国各区域资本动态效率变动趋势一致，但动态效率呈东中西部梯度递减特征；样本期内东部资本投资均动态有效，2009 年开始中西部出现动态无效。中国资本动态效率存在显著省际、产业与行业差异；资本投资动态无效的省份主要集中在中西部，资本投资净收益率呈第二、第三、第一产业梯度递减特征；工业资本动态效率与中国整体资本动态效率变动趋势一致，工业内部不同行业资本动态效率存在显著差异。

（6）1998—2010 年，中国农业资本配置整体处于无效状态，且表现出显著波动性；农业资本配置效率呈中东西部梯度递减特征，农业经营条件好且农业投资机会成本较低的地区，农业资本配置效率较高；农业资本配置效率存在显著省际差异，农业发展基础好、增长潜力大、特色农业发达的省（区），农业资本配置效率高。1999—2011 年，工业资本配置整体有效且整体呈上升趋势，但配置效率偏低；工业资本配置效率呈东西中部梯度递减特征；工业资本配置效率存在显著省际和行业差异，工业价值创造力和市场竞争力强，工业成长性好、发展潜力大、利润增长快的省（市、区）和行业，工业资本配置效率较高；反之工业资本配置效率低甚至无效。2004—2011 年，中国服务业资本配置整体有效，但表现出较为显著的波动性；服务业资本配置效率存在显著区域、省际和行业差异，东部和中部服务业资本配置有效，西部无效；城市化与经济发展水平较低的地区、工业成长性和价值创造力弱的省份、垄断性质或公共服务性质较高的行业，资本配置效率低或无效。

（7）无论有无环境约束，产业结构对全要素资本效率均具有显著负效应，人力资本、金融发展及市场化程度对全要素资本效率均具有显著积极影响，财政支出对全要素资本效率的影响均不显著；有环境约束下金融发展与人力资本对资本效率的影响程度更大，无环境约束下市场化程度对全要素资本效率的影响更大。短期内，工业资本回报率与资本利用型技术进步、市场化进程负相关，与宏观经济景气程度正相关，且市场化水平提高对原本"高估"的工业资本回报率具有一定修正作用；长期内，工业资本回报率与市场化进程、宏观经济景气程度正相关，与资本利用型技术进步、工业投入品价格、资本深化程度负相关；市场化进程通过加剧企业间竞争，促使资本流向利润更高的行业和企业，提高工业资本回报率。二元经济结构、资本深化型经济增长方式、政府生产性公共支出规模与资本投资净收益率负相关，且政府干预对资本动态效率的影响最大；市场化程度、资本利用型技术进步、人力资本与资本投资净收益率正相关，且人力资本对动态效率的积极作用最大。

（8）经济发展水平、市场化进程、人力资本积累和二元结构对农业资本配置效率具有正向作用，农业金融服务和农业分散化经营对农业资本配置效率具有负向影响。非国有企业信贷比重、市场化程度、人力资本积累、基础设施建设、外贸依存度与省际工业资本配置效率显著正相关；股票交易规模、政府财政干预与省际工业资本配置效率显著负相关；银行存贷款规模、人均保险收入、外资依存度对省际工业资本配置效率影响不显著。非国有经济发展、行业外贸开放度对工业行业资本配置效率具有显著正向影响；行业外资开放度和 R&D 活动内部支出规模与工业行业资本配置效率负相关；政府税收支持对工业行业资本配置效率的积极影响有限。市场化水平和银行存贷款额、贷存比率与服务业资本配置效率正相关；保险密度与服务业资本配置效率负相关；股票交易额和保险深度对服务业资本配置效率的影响不显著；地区 GDP 增长对服务业固定资本形成额增长有显著正向作用；人力资本积累对服务业固定资本形成额有显著负向影响；外贸水平对服务业固定资本形成额的影响不显著。

（9）提高中国资本效率应从以下方面着手：树立投资规模与投资效率并重的经济增长和经济发展观；加快市场化进程，促进企业平等竞争与要素合理配置；打破国有行业与行政垄断，大力发展非公有制经济；加快金融市场开放，充分发挥金融体系资本配置功能；引导资本合理流动，减少政府对实体经济的干预度；加大人力资本投资力度，加快人力资本积累；加大科技研发与创新力度，促进技术进步与技术创新；扩大行业开放度，改善外贸结构和外资质量；优化产业资本配置，提高产业资本配置效率；扩大居民消费，促进经济增长从投资驱动型向消费驱动型转变。

第二节　研究展望

本书涉及的数据采集范围广、层次多，由于统计口径的调整和部分省际单位（或行业）统计数据的缺失与不完善，使不同层次的资本效率研究只能在可获得数据的时序范围或领域内展开。这不仅造成不同层次的资本效率研究数据不平稳，影响不同层次资本效率间的比较与研究结论的可靠性，也在一定程度上限制了资本效率相关问题研究的深化和拓展，这既是本课题研究的遗憾，也是本课题研究的局限。随着研究工具、研究方法、研究视角的不断创新，随着各级政府部门与研究单位对微观调研的重视，随着相关微观调研数据的逐渐公开或有偿使用，以此研究为基础，进一步深化对资本效率相关问题的研究不仅非常必要也将成为可能。笔者将及时关注这一领域的研究进展，并在不断探索中继续深化以下问题的研究。

（1）在研究资本积累动态效率影响因素时，本书仅从整体视角对影响资本积累动态效率的因素进行实证分析，选择的研究方法较为简单，指标选择与数据处理较为粗放，如何选择更科学的方法、更合理的指标、更准确的数据，并深入产业、行业、区域（省际）内部，就影响资本积累动态效率的因素进行全面、深入的实证研究是后续研究的重要内容。

（2）本书对资本配置效率与工业资本回报率的测算均未考虑环境约束问题，因此，对环境约束下的资本配置效率及工业资本回报率进行测度，并实证研究其影响因素与作用机理是一项具有挑战性的研究工作；从服务业行业面板数据与服务业省际面板数据角度，对影响服务业资本配置效率的因素进行实证检验与比较研究也是一项非常有意义的工作。

（3）本书虽对农业与服务业资本配置效率进行了测算，但由于缺少其他典型国家农业与服务业资本配置效率的参照数据，无法进行中国与典型国家农业与服务业资本配置效率的比较研究。收集典型国家农业投入产出数据，采用类似跨国研究的方法，测算典型国家农业与服务业资本配置效率，并与中国进行比较研究是一项重要的后续研究内容。

（4）国内众多的研究文献均得出中国农业资本投入严重不足，农业发展长期处于资本稀缺型发展模式的结论，本书的统计性分析也支撑了这一结论；但对农业资本投资及配置效率进行的实证研究发现，在三次产业中，随农业资本投资规模扩大，资本投资效率快速下降，农业资本配置整体处于无效状态。如果实际情况果真如此，那么导致农业资本配置无效的根本原因到底是什么？如何才能化解这一困境？如何才能通过提高农业资本配置效率实现资本要素在农业的注入和积累？这又是一项非常具有价值的研究工作。

（5）中国资本投资的城市、产业及区域偏向，导致资本投资大量向城市、工业和东部集聚，由此造成资本在城乡、产业、区域间的配置严重失衡，影响区域经济协调发展、城乡统筹发展、产业结构与行业结构平衡。那么，在资本投资与配置中，应如何兼顾效率与平衡，促进经济社会协调发展，也是值得深入研究的重要课题。

（6）本书仅估算了物质资本投资与配置的效率问题，伴随人口结构转型，中国劳动力告别了无限供给状态。因此，从长远考虑，如何有效配置和充分利用劳动力资源，促进人力资本优化配置，提高人力资本配置与利用效率成为重要的研究议题。如果能将物质资本配置效率的测算方法拓展到人力资本，深入研究人力资本配置效率及其影响因素与影响机理，那将是一项非常有趣和有价值的工作。

（7）国内外众多的理论与实证研究文献及本研究结果都支撑市场化发展能提高资本效率、政府干预会阻碍资本效率提高的命题。为此，合理划分和明确界定政府与市场的边界，对解决政府的"越位"、"缺位"和"错位"，充分发挥市场在资源配置中的决定性作用，提高资本效率具有重要意义。那么，对正处在转型期的中国而言，政府与市场的合理边界在哪里？哪些是市场和企业能做的事，哪些是政府可投资的领域？对这些问题进行深入系统的理论研究是一项非常重要并具有挑战性的工作。

参考文献

白重恩：《投资环境对外资企业效益的影响——来自企业层面的证据》，《经济研究》2004 年第 9 期。

白重恩、谢长泰、钱颖一：《中国存在投资过度吗?》，《第一财经日报》2007 年 2 月 16 日第 B01 版。

CCER "中国经济观察" 研究组、卢锋：《我国资本回报率估测（1978—2006）——新一轮投资增长和经济景气微观基础》，《经济学》（季刊）2007 年第 3 期。

陈钊：《经济转轨中的企业重构：产权改革与放松管制》，上海三联书店、上海人民出版社 2004 年版。

陈志广：《是垄断还是效率——基于中国制造业的实证研究》，《管理世界》2004 年第 12 期。

陈仲常、吴永球：《中国工业部门资本利润率变动趋势及原因分析》，《经济研究》2005 年第 5 期。

丁建勋：《产业结构与全要素生产率对能源利用效率影响的实证研究》，《当代经济》2009 年第 15 期。

樊纲：《国资国企改革：重组·退出·发展》，《中国改革论坛文集》2003 年。

樊纲、王小鲁、马光荣：《中国市场化进程对经济增长的贡献》，《经济研究》2011 年第 9 期。

樊纲、王小鲁、朱恒鹏：《中国市场化指数——各地区市场化相对进程 2011 年报告》，经济科学出版社 2011 年版。

樊潇彦、袁志刚：《我国宏观投资效率的定义与衡量：一个文献综述》，《南开经济研究》2006 年第 1 期。

方军雄：《市场化进程与资本配置效率的改善》，《经济研究》2006 年第 5 期。

方军雄：《所有制、市场化进程与资本配置效率》，《管理世界》2007
　　年第 11 期。

方文全：《中国的资本回报率有多高？——年份资本视角的宏观数据
　　再估测》，《经济学》（季刊）2012 年第 2 期。

耿明斋：《论投资、投资体制及其改革的目标模式》，《河南大学学
　　报》（社会科学版）2001 年第 2 期。

郭庆旺、吕冰洋、张德勇：《财政支出结构与经济增长》，《经济理论
　　与经济管理》2003 年第 11 期。

郭玉清：《资本积累、技术变迁与总量生产函数——基于中国 1980—
　　2005 年经验数据的分析》，《南开经济研究》2006 年第 3 期。

韩立岩、王哲兵：《我国实体经济资本配置效率与行业差异》，《经济
　　研究》2005 年第 1 期。

何枫、陈荣、何林：《我国资本存量的估算及其相关分析》，《经济学
　　家》2003 年第 5 期。

贺菊煌：《我国资产的估算》，《数量经济技术经济研究》1992 年第
　　8 期。

胡凯、吴清：《制度环境与地区资本回报率》，《经济科学》2012 年第
　　4 期。

胡乃武、闫衍：《中国经济增长区际差异的制度解析》，《经济理论与
　　经济管理》1998 年第 1 期。

黄德春、刘志彪：《环境规制与企业自主创新——基于波特假设的企
　　业竞争优势构建》，《中国工业经济》2006 年第 3 期。

黄伟力：《中国资本利润率的变动趋势及其影响因素》，《山西财经大
　　学学报》2007 年第 8 期。

黄先海、杨君：《中国工业资本回报率的地区差异及其影响因素分
　　析》，《社会科学战线》2012 年第 3 期。

黄先海、杨君、肖明月：《资本深化、技术进步与资本回报率：基于
　　美国的经验分析》，《世界经济》2012 年第 9 期。

黄勇峰、任若恩、刘晓生：《中国制造业资本存量永续盘存法估计》，
　　《经济学》（季刊）2002 年第 1 期。

蒋殿春、张宇:《行业特征与外商直接投资的技术溢出效应:基于高新技术产业的经验分析》,《世界经济》2006 年第 10 期。

金玉国:《1984—1995 年中国经济增长的宏观制度解析》,《统计研究》1998 年第 5 期。

康继军、王卫、傅蕴英:《中国各地区市场化进程区位分布的空间效应研究》,《统计研究》2009 年第 5 期。

雷辉:《我国资本存量测算及投资效率的研究》,《经济学家》2009 年第 6 期。

李宾:《我国资本存量估算的比较分析》,《数量经济技术经济研究》2011 年第 12 期。

李敬、冉光和、万广华:《中国区域金融发展差异的解释——基于劳动分工理论与 Shapley 值分解方法》,《经济研究》2007 年第 5 期。

李青原、李江冰、江春、Kevin X. D. Huang:《金融发展与地区实体经济资本配置效率——来自省级工业行业数据的证据》,《经济学》(季刊)2013 年第 2 期。

李青原、潘雅敏、陈晓:《国有经济比重与我国地区实体经济资本配置效率——来自省级工业行业数据的证据》,《经济学家》2010 年第 1 期。

李治国、唐国兴:《资本形成路径与资本存量调整模型——基于中国转型时期的分析》,《经济研究》2003 年第 2 期。

林毅夫、蔡昉、李周:《中国的奇迹:发展战略与经济改革》,上海三联书店 1994 年版。

林毅夫、徐朝阳:《发展战略与经济增长》,《中国社会科学》2010 年第 3 期。

刘俊英:《公共支出结构与经济增长关系的实证分析》,《经济问题》2008 年第 1 期。

刘宪:《中国经济中不存在资本的过度积累——兼与史永东、袁志刚商榷》,《财经研究》2004 年第 10 期。

刘小玄、郑京海:《国有企业效率的决定因素:1985—1994》,《经济研究》1998 年第 1 期。

陆军荣：《从新经济史到新制度经济学——诺斯的经济思想变迁》，《江西财经大学学报》2003 年第 5 期。

毛英、赵红：《基于 EVA 我国上市公司资本结构与经营绩效关系的实证研究》，《经济问题》2010 年第 5 期。

钱纳里：《发展的形式：1950—1970》，经济科学出版社 1988 年版。

单豪杰、师博：《中国工业部门的资本回报率：1978—2006》，《产业经济研究》2008 年第 6 期。

单豪杰：《中国资本存量 K 的再估算：1952—2006 年》，《数量经济技术经济研究》2008 年第 10 期。

沈坤荣：《中国经济增长的潜在动力与战略选择》，《福建论坛》（经济社会版）2001 年第 4 期。

沈坤荣：《中国制度创新的增长效应分析》，《生产力研究》2002 年第 2 期。

石风光：《基于全要素生产率视角的中国省际经济差距研究》，博士学位论文，南京航空航天大学，2010 年。

史永东、齐鹰飞：《中国经济的动态效率》，《世界经济》2002 年第 8 期。

舒元、徐现祥：《中国经济增长模型的设定：1952—1998》，《经济研究》2002 年第 11 期。

孙辉、支大林、李宏瑾：《对中国各省资本存量的估计及典型性事实：1978—2008》，《广东金融学院学报》2010 年第 3 期。

孙文凯、肖耿、杨秀科：《资本回报率对投资率的影响：中美日对比研究》，《世界经济》2010 年第 6 期。

王小鲁、樊纲：《中国地区差距的变动趋势和影响因素》，《经济研究》2004 年第 1 期。

王永剑、刘春杰：《金融发展对中国资本配置效率的影响及区域比较》，《财贸经济》2011 年第 3 期。

威廉·哈勒根、张军：《转轨国家的初始条件、改革速度与经济增长》，《经济研究》1999 年第 10 期。

魏后凯：《中国制造业集中与利润率的关系》，《财经问题研究》2003 年第 6 期。

谢千里、罗斯基、郑玉歆、王莉:《所有制形式与中国工业生产率变动趋势》,《数量经济技术经济研究》2001 年第 3 期。

许宪春:《我国 GDP 核算与现行 SNA 的 GDP 核算之间的若干差异》,《经济研究》2001 年第 11 期。

颜鹏飞、王兵:《技术效率、技术进步与生产率增长:基于 DEA 的实证分析》,《经济研究》2004 年第 12 期。

杨建芳、龚六堂、张庆华:《人力资本形成及其对经济增长的影响——一个包含教育和健康投入的内生增长模型及其检验》,《管理世界》2006 年第 5 期。

杨剑波:《R&D 创新对全要素生产率影响的计量分析》,《经济经纬》2009 年第 6 期。

姚洋、章奇:《中国工业企业技术效率分析》,《经济研究》2001 年第 10 期。

叶飞文:《建设海峡西岸经济区的战略考量》,《发展研究》2004 年第 4 期。

尹希果、桑守田:《地方政府财政干预、金融发展与区域资本配置效率》,《贵州财经学院学报》2010 年第 1 期。

余长林:《人力资本投资结构与经济增长——基于包含教育资本、健康资本的内生增长模型理论研究》,《财经研究》2006 年第 10 期。

袁志刚、何樟勇:《20 世纪 90 年代以来中国经济的动态效率》,《经济研究》2003 年第 7 期。

张军:《增长、资本形成与技术选择:解释中国经济增长下降的长期因素》,《经济学》(季刊)2002 年第 1 期。

张军:《资本形成、工业化与经济增长:中国的转轨特征》,《经济研究》2002 年第 6 期。

张军、金煜:《中国的金融深化和生产率关系的再检测:1987—2001》,《经济研究》2005 年第 11 期。

张军、吴桂英、张吉鹏:《中国省际物质资本存量估算:1952—2000》,《经济研究》2004 年第 10 期。

张军扩:《"七五"期间经济效益的综合分析——各要素对经济增长贡

献率测算》,《经济研究》1991 年第 4 期。

赵国鸿:《"十一五"产业发展导向:走新型工业化道路》,《中国金融》2006 年第 1 期。

赵志耘、杨朝峰:《中国全要素生产率的测算与解释:1979—2009年》,《财经问题研究》2011 年第 9 期。

郑京海、胡鞍钢:《中国改革时期省际生产率增长变化的实证分析(1979—2001 年)》,《经济学》(季刊)2005 年第 2 期。

郑京海、刘小玄、Arne Bigsten:《1980—1994 年期间中国国有企业的效率、技术进步和最佳实践》,《经济学》(季刊)2002 年第 2 期。

Alicia N. Rambaldi, D. S. Prasada Rao and David Dolan, "Measuring Productivity Growth Performance Using Meta – Frontier with Applications to Regional Productivity Growth Analysis in a Global Context", *Esam*, *The University of Queensland*, January 2007.

Andrew B. Abel, N. Gregory Mankiw, Lawrence H. Summers and Richard J. Zeckhauser, "Assessing Dynamic Efficiency: Theory and Evidence", *The Review of Economic Studies*, Vol. 56, No. 1, January 1989.

Andrew Steven Gordon, "The Design of Knowledge – Rich Browsing Interfaces for Retrieval in Digital Libraries", *International Symposium on Physical Design*, Northwestern University, January 1999.

Anthony E. Boardman and Aidan R. Vining, "Ownership and Performance in Competitive Environments: A Comparison of the Performance of Private, Mixed and State Owned Enterprises", *The Journal of Law & Economics*, Vol. 32, No. 1, April 1989.

Bagehot Walter, *Lombard Street: A Description of the Money Market*, New York: Scribner, Armstrong Co., 1874.

Carsten A. Holz, "New Capital Estimates for China", *China Economic Review*, Vol. 17, No. 2, June 2006.

Chong – En Bai, Chang – Tai Hsieh and Yingyi Qian, "The Return to Capital in China", *Brookings Papers on Economic Activity*, Vol. 2006,

No. 2, December 2006.

Christopher J. O' Donnell, D. S. Prasada Rao and George E. Battese, "Meta – Frontier Frameworks for the Study of Firm – Level Efficiencies and Technology Ratios", *Empirical Economics*, Vol. 34, No. 2, March 2008.

Daron Acemoglu and James A. Robinson, "Economic Backwardness in Political Perspective", *The American Political Science Review*, Vol. 100, No. 1, February 2006.

Dimitris K. Christopoulos and Efthymios G. Tsionas, "Financial Development and Economic Growth: Evidence from Panel Unit Root and Co – integration Tests", *Journal of Development Economics*, Vol. 73, No. 1, February 2004.

Dipak Ghush, "Development Economics: from the Poverty to the Wealth of Nations", *Journal of Economic Studies*, Vol. 27, No. 3, June 2000.

Douglas D. Perkins and D. Adam Long, *Neighborhood Sense of Community and Social Capital: A Multi – level Analysis*, New York: Plenum, 1998.

Gary S. Becker, *Human Capital: A Theoretical and Empirical Analysis*, J Polit Econ., 1964.

George E. Battese and D. S. Prasada Rao, "Technology Gap, Efficiencyand a Stochastic Meta – Frontier Function", *International Journal of Business & Economics*, Vol. 1, No. 2, 2002.

George E. Battese, D. S. Prasada Rao and Christopher J. O' Donnell, "A Meta – Frontier Production Function for Estimation of Technical Efficiencies and Technology Gaps for Firms Operating under Different Technologies", *Journal of Productivity Analysis*, Vol. 21, No. 1, January 2004.

Gregory C. Chow and Kui – Wai Li, "China's Economic Growth: 1952 – 2010", *Economic Development and Cultural Change*, Vol. 51, No. 1, October 2002.

Gregory C. Chow, "Capital Formation and Economic Growth in China",

The Quarterly Journal of Economics, Vol. 108, No. 3, August 1993.

Haines – Young R., "Sustainable Development and Sustainable Land-scapes: Defining a New Paradigm for Landscape Ecology", *Fennia*, Vol. 178, No. 1, January 2000.

Hayami Yujiro and Vernon W. Ruttan, "Agricultural Productivity Differences among Countries", *The American Economic Review*, Vol. 60, No. 5, February 1970.

Hayami Yujiro, "Sources of Agricultural Productivity Gap among Selected Countries", *American Journal of Agricultural Economics*, Vol. 51, No. 3, August 1969.

Jahangir Aziz and Christoph K. Duenwald, "Growth – Financial Intermediation Nexus in China", *IMF Working Papers*, No. 02/194, November 2002.

James A. Brander, "Comparative Economic Growth: Evidence and Interpretation", *The Canadian Journal of Economics*, Vol. 25, No. 4, November 1992.

John Stuart Mill, *The Principles of Political Economy*, John W. Parker, 1848.

Joseph A. Schumpeter, *The Theory of Economic Development*, Cambridge, MA: Harvard University Press, 1912.

Kathryn L. Dewenter and Paul H. Malatesta, "State – Owned and Privately Owned Firms: An Empirical Analysis of Profitability, Leverage and Labor Intensity", *The American Economic Review*, Vol. 91, No. 1, March 2001.

Lucas Jr. and Robert E., "On the Mechanics of Economic Development", *Journal of Monetary Economics*, Vol. 22, No. 88, July 1988.

Marco Pagano, "Financial Markets and Growth: An Overview", *European Economic Review*, Vol. 37, No. 2/3, April 1993.

Mckinnon Ronald I., *Money and Capital in Economic Development*, Washington, D. C.: The Brookings Institution, 1973.

Moses Abramovitz, "The Search for the Sources of Growth: Areas of Ignorance, Old and New", *The Journal of Economic History*, Vol. 53, No. 2, June 1993.

Paul M. Romer, "Endogenous Technological Change", *Journal of Political Economy*, Vol. 98, No. 5, October 1990.

Paul M. Romer, "Increasing Returns and Long – Run Growth", *Journal of Political Economy*, Vol. 94, No. 5, October 1986.

Peneder Michael, "Industrial Structure and Aggregate Growth", *Structural Change & Economic Dynamics*, Vol. 14, No. 2, December 2003.

Richard R. Nelson and Edmund S. Phelps, "Invest in Humans, Technological Diffusion, and Economic Growth", *The American Economic Review*, Vol. 56, No. 1/2, March 1966.

Robert E. Hall and Charles I. Jones, "Why do Some Countries Produce So Much More Output Per Worker than Others?" *The Quarterly Journal of Economic*, Vol. 114, No. 1, February 1999.

Robert E. Hall and Dale W. Jorgenson, "Tax Policy and Investment Behavior", *The American Economic Review*, Vol. 57, No. 3, June 1967.

Robert J. Barro and Jong – Wha Lee, "International Data on Educational Attainment Updates and Implications", *Oxford Economic Papers*, Vol. 53, No. 3, July 2001.

Robert J. Barro, N. Gregory Mankiw and Xavier Sala – Martin, "Capital Mobility in Neoclassical Models of Growth", *The American Economic Review*, Vol. 85, No. 1, March 1995.

Robin Grier, "On the Interaction of Human and Physical Capital in Latin America", *Economic Development and Cultural Change*, Vol. 50, No. 4, July 2002.

Stiglitz J. E., "Economics of Information and the Theory of Economic Development", *Revista de Econometria*, Vol. 5, No. 1, April 1985.

Theodore W. Schultz, "Investment in Human Capital", *The American Economic Review*, Vol. 51, No. 1, March 1961.

Theodore W. Schultz, "The Economic Importance of Human Capital in Modernization", *Education Economics*, Vol. 1, No. 1, April 1993.

Thomas Clive S. , "Interest Group Regulation across the United States: Rationale, Development and Consequence", *Parliamentary Affairs*, Vol. 51, No. 4, October 1998.

Thomas G. Rawski, "Will Investment Behavior Constrain China's Growth?" *China Economic Review*, Vol. 13, No. 4, December 2002.

Tone K. , "Dealing with Undesirable Outputs in DEA: A Slacks – based Measure (SBM) Approach", *GRIPS Resaerch Report Series* I – 2003 – 0005, December 2003.

Wurgler J. , "Financial Markets and the Allocation of Capital", *Journal of Financial Economics*, Vol. 58, No. 1/2, Ocotober/November 2000.

Yan Wang and Yudong Yao, "Sources of China's Economic Growth 1952 – 1999: Incorporating Human Capital Accumulation", *China Economic Review*, Vol. 14, No. 2, March 2003.

后　记

　　本书是国家社会科学基金项目《我国资本投资效率研究》（项目批准号：12BJL021）重要的支撑性研究成果之一。本项目的研究还有幸得到重庆大学中央高校基本科研业务费科研专项重大招标课题《资源配置与城乡收入差距：基于政府与市场双重作用的视角》的经费支持（项目编号：CDJSK100202）。课题由蒲艳萍教授主持完成，专著由蒲艳萍教授主撰、修改并负责最后定稿。重庆大学公共管理学院张鹏教授、丁从明博士、刘燕博士、文争为博士及重庆大学经济与工商管理学院吴永求博士、吴颖博士、周菁华博士为支持本课题的申报和研究给予了大力支持；重庆大学社会科学处蔡珍红处长、石磊科长给课题的申报与研究提供了大力支持与帮助；重庆大学公共管理学院研究生成肖、戴小红、江娅、蒋林萍、杨帆等为项目的研究付出了艰辛的、创造性的劳动，撰写了部分章节的初稿；成肖博士主撰了第五章、第八章和第十章的内容，还为本书的校稿和顺利出版付出了大量劳动；课题研究报告匿名评审专家对成果出版提出了中肯的修改建议。在此向他们表示由衷的感谢和诚挚的谢意！

　　在课题研究过程中，阅读了大量相关研究文献，从中获得了许多启发、思路和灵感。所引用的文献已在随文注解或参考文献中列出，在此也向众多的文献作者致谢！

　　在本书付梓之际，感谢中国社会科学出版社经济与管理出版中心刘晓红老师为本书顺利出版付出的辛勤劳动、提供的大力支持和所做的出色工作。

　　对资本投资效率的研究是经济学的经典选题，对发展中的中国而言，构建科学的指标体系，准确测度与客观评价中国资本投资效率，深入揭示影响资本投资效率的因素，积极寻求提升资本投资效率的路径选择，是一个永恒的、具有重要研究价值的主题。课题组在研究内容、研究方法、研究视角等方面进行了大量的尝试与创新，力图从多层次、多视角对中国资本投资效率进行全方位分析与客观评价，以推进资本效率问题研究的深度、广度和精度，但由于能力和条件的限制，对资本效率问题的研究仍存在诸多不足之处，以期抛砖引玉，祈望专家学者不吝赐教，相互切磋，继续深化与丰富对这一领域的研究。

蒲艳萍

2016 年 5 月于重庆